THE LOGIC OF
POLICY SCIENCE
Re-illuminating the Lasswell Paradigm of Policy Science

Lasswell 정책학의 현대적 재조명 **제2판**

정책학의 논리

권기헌

박영사

제2판 머리말

정책학은 우리 사회의 근본적인 문제에 대해서 과연 얼마나 고민하는 학문인가? 정책학은 과연 얼마나 현실 적합한 방법론을 개발하였는가? 정책학은 과연 얼마나 인간의 존엄성 실현이라는 그 본래의 가치에 충실하였는가?

Lasswell이 정책학이라는 독창적인 학문체계를 주창한지도 빈 백년이 넘었다. 그동안 정책학이 학문체계로서 이룬 성과는 외견상 눈부신 것이었다. 국가문제를 연구하는 대학과 대학원에서 많은 정책학 프로그램들이 생겨나고 정책대학원도 많이 신설되었다. 정책학을 공부한 학자나 실무가들도 많이 배출되어 정부뿐만 아니라 국책 연구소 혹은 컨설팅 회사 등에서 많은 활약을 펼치고 있다. 하지만 이러한 외견상의 성공과 도약이 실질적인 내용면에서도 독창적인 학문체계로서의 정책학의 목적과 이상을 실현시켜주었는지에 대해서는 매우 비판적이다.

정책학은 우리 사회의 근본적인 문제에 대해서 과연 얼마나 고민하는 문제지향적 학문체계를 발전시켜 왔는가? 정책학은 과연 얼마나 맥락지향적 방법을 통해 좁은 의미의 인과관계를 넘어서는 탈실증구조의 맥락지향적 학문체계를 제안하고 있는가? 정책학은 과연 얼마나 인간의 존엄성 실현이라는 목적구조를 충실히 구현하는 방법론적 학문체계를 발전시켜 왔는가? 하는 일련의 정책학의 이상과 도전은 우리 정책학도들의 큰 숙제로 남아있다.

따라서 이 책에서는 인간의 존엄성을 실현하는 민주주의 정책학의 이상가치를 실현하기 위한 학문체계로서의 Lasswell 정책학의 현대적 재조명을 시도하며, Lasswell이 제시한 정책학의 이상이 현대에 있어서 풍요롭게 구현되기 위한 방법론적인 과제들에 대해 고찰한다. 구체적으로 Lasswell 정책학이 기반하고 있는 인식론적 근거와 정책학의 방법론(과거, 현재 및 미래)을 검토하고, Lasswell의 정책학 패러다임이 현재 정책학 현실에 얼마나 착근하고 있는 지를 진단하고자 한다. 이러한 비판적 인식을 통해 향후 정책학 연구가 지향해야 할 이론·인식 및 방법론적 토대를 논의하고자 하며, 이 논의과정에서 정책학의 이상과 미래에 대한 희망을 논의하고자 한다. 이를 통해 Lasswell이 제시한 독특한 가치를 담은 학문체계로서의 정책학, 즉 인간의 존엄성과 민주주의 정책학이라고 하는 가치를 선언한 사회과학으로서의 정책학이 지금 이 시점에서 우리나라의 정책현상에 착근되고, 착근을 토대로 더욱 풍성한 발전을 이루었으면 하는 소망을 가지고 서술되었다.

정책학의 논리 제2판(개정판)을 준비하면서 특히 다음의 사항에 중점을 두고자 했다.

첫째, 기존의 혁신관리, 성과관리, 갈등관리, 지식관리에 해당하는 행정학적 역량기반을 과감히 삭제하면서 책을 분량을 조절하는 한편 성찰적 정책기반을 부각시키고자 하였다. 아울러 정책품질관리에 대한 기존의 논의를 새롭게 개정하였다. 둘째, 불필요한 논의는 삭제하고 문구의 논리적 배열을 재정렬하였으며, 전체적인 책의 디자인과 색을 새롭게 정리하여 독자들의 이해도를 높이기 위해 노력하였다.

이 책을 쓰는데 도움을 주신 많은 분들에게 감사의 뜻을 전하고 싶다. 제일 먼저 성균관대학교에서 "Lasswell 정책학의 계승과 발전"이라는 학문적 주제를 두고 평생동안 헌신하신 허범 교수님께 제일 먼저 깊은 감사의 마음을 담은 헌사를 올리고 싶다.

또한, 정신적으로나 학문적으로 많은 가르침과 은혜를 베풀어 주신 성균관대학교 행정학과의 김현구 교수님, 그리고 김광식, 유민봉, 박재완, 김성태, 이명석, 이숙종, 공동성, 김근세, 정문기, 박형준, 배수호, 박성민, 조민효, 박지영 교수님께 감사의 말씀을 올린다. 또한, 책이 완성되기까지 많은 도움을 아끼지 않은 이홍재 교수, 이동규 교수에게 고마움을 표하며, 성균관대학교의 이종구, 김태진, 이현철, 서인석, 이미애, 조일형, 임다희, 오정민, 이대웅, 손주희, 이효주, 이찬희 군에게 고마움을 전한다.

이 책의 출판을 기꺼이 맡아주신 박영사의 안종만 회장님과 안상준 상무님, 강상희 대리님, 그리고 출판과정에서 세심하게 원고를 숙독하고 좋은 편집을 위해 많은 수고를 아끼지 않았던 박영사 편집진들께도 깊은 감사의 마음을 전한다.

가족 모두에게 깊은 사랑을 전하고 싶다. 늘 뜨거운 지지와 사랑을 보내 주시는 부모님들과 언제나 깊은 애정으로 나를 도와준 나의 가족들에게 사랑과 고마움을 전하고 싶다.

2014년 7월

성균관대학교 행정학과 연구실에서

권 기 헌

머리말

정책학의 논리: Lasswell 정책학의 현대적 재조명

정책학의 궁극적 목적은 인간 존엄성을 실현하는데 있다. 인간의 존엄(*dignity*)을 실현하고 인간의 가치(*value*)를 고양시키는데 있다. 이를 H. Lasswell은 민주주의 정책학이라고 불렀다. 생산성(*productivity*)과 민주성(*democracy*)을 토대로 성찰성(*reflexivity*)을 추구하는 학문이 정책학이다. 이를 당위성, 실현성, 능률성이라고 부를 수 있다. 규범적이고 당위적인 정책이상을 바라보면서 능률적이고 효과적인 정책을 추구하되 실현가능한 정책수단을 개발하는데 있어서 민주적 절차와 가치를 추구해 나가는 것이 민주주의 정책학의 존재이유이다.

정책학은 문제해결을 지향하면서(*problem-oriented*), 시간성과 공간성의 맥락성(*contexuality*)을 가지면서, 순수학문이면서 응용학문으로서 연합학문지향성(*multidisciplinary*)을 지닌다. 정책학을 바르게 이해하려면 계량분석과 정책분석 기법뿐만 아니라, 정치학, 조직학, 심리학 등 다양한 학문에 기초한 정책네트워크 이론, 신제도주의 이론, 숙의적 정책분석 이론 등 맥락지향적 정책연구에 대한 접근이 필요하며, 정책학과 거버넌스에 대한 바른 관계 정립이 필요하다. 정책이란 이성과 합리성, 효율과 과학의 산물이면서 동시에 가치와 갈등, 권력과 협상의 산물이기도 하므로 정책연구는 단순한 계량기법이나 관리과학적인 부분 축소지향적인 연구로는 한계가 있다. 정책이란 정치적 요소와 합리적 요소가 상호 역동적이고 동태적인 과정을 거치면서 만들어지며, 정책과정은 가치 있는 자원의 배분을 놓고 이해관계자들이 경쟁하고 타협하는 과정으로서, 본질적으로 가치, 갈등, 권력 등의 요소들이 내포하고 있는 것이다.

과거 전통적 관료제 모형하에서는 정책의제설정이 동원형·내부주도형이 많은 비중을 차지하였고, 정책결정에 있어서도 기술적 합리성(효율성)이 중시되었으나, 현대 정책이론에서 강조되는 거버넌스 패러다임하에서는 정책의제설정에 있어 외부주도모형의 중요성이 상대적으로 부각되고 있고, 정책결정에 있어서도 정치적 합리성(민주성)의 중요성이 강조되고 있다. 또한 거버넌스 패러다임 하에서는 정책의제설정에 있어서 조직 구성원들 간의 대화 및 커뮤니케이션을 통한 의견수렴 및 합의도출이 더욱 더 강조되고, 정책결정에 있어서도 정책 행위자들의 참여·숙의·합의를 통한 정책결정의 민주성 확보가 강조되며, 정책실명제, 정책토론 및 정책학습의 중요성이 부각되고 있다.

따라서 우리는 이러한 문제제기를 기초 인식으로 하여 정책학 연구의 과거, 현재, 미래를 고민해 보아야 한다. 이를 위해 이 책은 정책학의 인식론적 기초, Lasswell이 제시한 정책학의 학문체계, 정책학의 이상과 윤리 및 방법론, 정책네트워크 이론, 정책학적 신제도주의 이론, 숙의적 정책분석, 정책학과 거버넌스 등에 대해서 논구한다.

정책학은 H. Lasswell(1951)이 제안하고, 그와 그의 동료들이 발전시켜온 독창적인 학문체계이다. H. Lasswell은 행태주의가 풍미하던 당시 사회과학의 풍토 속에서 탈실증주의적 학문으로서의 정책학을 제창하였다. 문제지향성, 맥락지향성, 연합학문성이라는 독특한 패러다임 구조 하에서 정책과정에 대한 연구와 정책내용에 대한 연구를 통해 인간의 존엄성을 실현하는 학문으로서의 민주주의 정책학을 제창하였다.

정책학은 학문 태동 자체가 윤리적인 학문이다. 논리적 실증주의가 풍미하던 당시에 가치중립성을 포기하고 "인간의 존엄성 구현"이라는 가치를 공개적으로 명확하게 선언한 학문체계이다. H. Lasswell은 "인간이 사회 속에서 봉착하는 근본적인 문제"를 해결하기 위해서는, 좁은 의미의 실험실 과학을 벗어나 탈실증주의적인 문제해결지향이 필요하다고 강조하였다. 그는 또한 역사적 맥락, 세계적 관점, 사회과정모형의 관점에서 맥락지향적 학문을 제안하였으며, 이를 위해 정치학, 심리학, 인류학 등 연합학문지향적인 방법론을 제창하였다.

Lasswell이 정책학이라는 독창적인 학문체계를 주창한 지도 반백년이 넘었다. 그 동안 정책학이 학문체계로서 이룬 성과는 외견상 눈부신 것이었다. 국가문제를 연구하는 대학과 대학원에서 많은 정책학 프로그램들이 생겨나고 정책대학원도 많이 신설되었다. 정책학을 공부한 학자나 실무가들도 많이 배출되어 정부뿐만 아니라 국책 연구소 혹은 컨설팅 회사 등에서 많은 활약을 펼치고 있다. 하지만 이러한 외견상의 성공과 도약이 실질적인 내용면에서도 독창적인 학문체계로서의 정책학의 목적과 이상을 실현시켜주었는지에 대해서는 매우 비판적이다.

국방정책, 경제정책, 사회정책, 복지정책 등 분과학문 차원에서 정책이라는 단어를 많이 사용하고 있지만, 우리가 정책학이라고 할 때의 정책학은 본질적으로 H. Lasswell과 그의 동료들, 예컨대, D. Lerner, Y. Dror, A. Kaplan, M. McDougal 등이 주도하여 발전시켜온 독특한 학문체계를 의미한다. 즉, 인간 존엄성의 실현을 위하여 정책 과정과 정책 내용의 연구에 문제지향적, 맥락지향적, 그리고 연합학문지향적 접근을 적용하는 학문을 의미하며, 이 개념에서 벗어난 정책학의 개념은, 그것을 무엇으로 부르는가에 상관없이, 정통적인 정책학으로 볼 수 없다.

정책학은 우리 사회의 근본적인 문제에 대해서 과연 얼마나 고민하는 문제지향적 학문체계를 발전시켜 왔는가? 정책학은 과연 얼마나 맥락지향적 방법을 통해 좁은 의미의 인과관계를 넘어서는 탈실증구조의 맥락지향적 학문체계를 제안하고 있는가? 정책학은 과연 얼마나 인간의 존엄성 실현이라는 목적구조를 충실히 구현하는 방법론적 학문체계를 발전시켜 왔는가? 하는 일련의 정책학의 이상과 도전은 우리 정책학도들의 큰 숙제로 남아있다.

한국 정책학계의 현실이 아직도 계량주의적 정책분석과 정책연구가 상대적으로 더 쉽게 학술지에 게재(*publish*)되고, 그로 인해 정책연구의 학술적 경향은 근본적인 문제들에 대한 맥락지향적 연구보다는 보다 단편적이고 부분최적화적인 분석이 더 주종을 이루고 있다는 생각은 비단 저자만이 안고 있는 문제의식은 아닐 것이다.

또한 다른 한편으로는, 정책학 패러다임의 목적과 이상을 중심으로 한 통합지향적 학문체계가 제대로 정착되고 발전되기도 전에, 그간 우리 학문세계에서는 정책네트워크 이론, 신제도주의 이론, 숙의적 정책분석, 해석학적 정책분석, 거버넌스 이론 등 많은 이론 내지는 개념적 도구들이 제안되고 나름대로의 발전과정을 거치고 있는 상황이 전개되었다. 정책현상을 설명하고 예측하는데 필요한 이론적 도구들이 풍부하게 제안되고 경합되는 현상은 한편 좋은 일이지만, 때로는 중첩되는 개념을 다른 시각에서 설명하기도 하는 등 혼란스러운 점도 없지 않았던 것 또한 사실이다.

이러한 문제제기가 이 책의 중심 문제의식이다. 즉, 이 책에서는 인간의 존엄성을 실현하는 민주주의 정책학의 이상가치를 실현하기 위한 학문체계로서의 Lasswell 정책학의 현대적 재조명을 시도하며, Lasswell이 제시한 정책학의 이상이 현대에 있어서 풍요롭게 구현되기 위한 방법론적인 과제들에 대해 고찰한다.

이 책은 Lasswell이 제시한 독특한 가치를 담은 학문체계로서의 정책학, 즉 인간의 존엄성과 민주주의 정책학이라고 하는 가치를 선언한 사회과학으로서의 정책학이 지금 이 시점에서 우리나라의 정책현상에 착근되고, 착근을 토대로 더욱 풍성한 발선을 이루었으면 하는 바램을 안고 서술되었다. 이는 쉽지 않은 과제일 것이다. 연구하는 학자마다 방법론이 다르고, 문제의식 또한 일치하지 않을 수 있다. 그러나 적어도 정책학이 제창된 지 50여 년이 지난 지금 그 학문체계가 제시했던 윤리적 가치체계가 오늘날 정책분석에서 제대로 구현되었는지에 대한 반성적 성찰을 토대로 향후 우리나라 정책학이 방법론으로도 풍성하지만, 그 지향하는 내용면에 있어서도 부끄러움이 없는 훌륭한 학문기반을 다져야 한다는 문제의식은 정책이론을 공부하는 정책학도라면 가지지 않을 수 없을 것이다.

이 책은 Lasswell 정책학이 기반하고 있는 인식론적 근거와 정책학의 방법론(과거, 현재 및 미래)을 검토하고, Lasswell의 정책학 패러다임이 현재 정책학 현실에 얼마나 착근하고 있는지를 진단하고자 한다. 이러한 비판적 인식을 통해 향후 정책학 연구가 지향해야 할 이론·인식 및 방법론적 토대를 논의하고자 하며, 이 논의 과정에서 정책학의 이상과 미래에 대한 희망을 논의하고자 한다.

이 책이 분석하는 Lasswell 정책학의 현대적 재조명의 구체적 분석단위는 크게 네 가지 단계로 나뉜다. 이는 이상가치, 상위목표, 연구지향, 행동지향으로 요약된다.

첫째, 정책학의 이상가치로서 인간의 존엄성 실현이라는 민주주의 정책학의 규범적 가치에 대해 고찰한다.

둘째, 정책학의 상위목표로서 국가경쟁력과 삶의 질을 고려하며, 이를 실현시키는 이론적 도구로서 정책역량, 관리역량, 인프라역량을 고찰하며, 이들과 거버넌스의 연계구조를 고찰한다.

셋째, 정책학의 연구지향으로서 정책네트워크, 신제도주의, 숙의적 정책분석을 방법론적인 도구로서 고찰한다. 이와 함께 이러한 맥락지향 및 탈실증주의 연구방법과 함께 계량분석 및 실증주의 연구방법의 통합적 과제들을 고찰한다.

넷째, 정책학의 행동지향으로서 정책 실천의 장에서 이루어지는 정책윤리와 정책토론에 대해서 고찰한다.

이 책의 문제의식이 Lasswell 정책학의 현대적 재조명이라는 쉽지 않은 이상과 도전을 성취하는데 필요한 작은 불씨가 되길 바라는 마음이다. 또한 Lasswell 정책학의 한국적 착근이라는 쉽지 않은 과제를 여러 방법론으로 접근하는 다양한 학도들이 정책학을 연구하는 학회를 통해 진지한 논의와 토의를 거쳐 공통 구심점을 찾아보는 성실한 노력을 하는데 하나의 작은 밑거름이 되었으면 하는 소망을 갖는다.

이 책을 쓰는데 도움을 주신 많은 분들에게 감사의 뜻을 전하고 싶다. 제일 먼저 성균관대학교에서 "Lasswell 정책학의 계승과 발전"이라는 학문적 주제를 두고 평생 동안 헌신하신 허범 교수님께 제일 먼저 깊은 감사의 마음을 담은 헌사를 올리고 싶다.

H. Lasswell이 제시한 정책학이라는 독창적 학문체계에 그토록 진지하게 천착하면서, 정책학이라는 윤리규범을 둘러싼 정책학의 이상과 도전, 창조적 정책설계, 가치비판적 발전관, 정책윤리분석 등의 이슈들에 대해서 평생토록 고민하고 성찰하신 분을 만나보지도 못했을 뿐더러, 그런 분을 학문적으로 모실 수 있는 기회를 가졌다는 것 자체만으로도 큰 행복과 기쁨을 느낀다. 아울러, 허범 교수님의 제자로서 Lasswell 정책연구 및 정책분석에 많은 노력을 하고 계신 충남대학교 강근복 교수님께도 감사드리고 싶다.

또한, 성균관대학교 행정학과의 문상호 교수님께도 특별한 감사를 드리고 싶다. 성균관대학교 국정관리대학원에서는 BK21 사업의 일환으로 정책학 콜로퀴엄을 진행해오고 있다. 저자는 이 콜로퀴엄에서 이 글의 일부를 발제한 적이 있는데, 발제의 토론에 참가했던 문상호 교수는 이 글의 출간을 권유하였다. 우연인지 필연인지, 이러한 권유와 격려가 이 책을 완성시키는데 중요한 정신적 계기가 되었다. 이 자리를 빌려 특별한 감사의 마음을 전하고 싶다.

또한, 정신적으로나 학문적으로 많은 가르침과 은혜를 베풀어 주신 성균관대학교 행정학과의 김현구 교수님, 그리고 한원택, 김광식, 김성태, 유민봉, 박재완, 이명석, 권혁주, 김근세, 공동성, 이숙종 교수님께 감사의 말씀을 올린다. 또한, 책이 완성되기까지 많은 도움을 아끼지 않은 이홍재 박사, 이영안, 현혜진, 이준희,

송영석, 김석윤, 이현태 학생에게 고마움을 표하며, 성균관대학교의 이경호, 류은영, 이은진, 이현철, 김재근, 최윤석, 서인석, 황혜성, 이대연, 이동규, 김풍식, 유창선, 조성룡, 한선미, 이미애, 최현정, 조현희 대학원생에게 고마움을 전한다.

이 책의 출판을 기꺼이 맡아주신 박영사의 안종만 회장님, 출판과정에서 세심하게 원고를 숙독하고 좋은 편집을 위해 많은 수고를 아끼지 않았던 박영사 편집진들께도 깊은 감사의 마음을 전한다.

가족 모두에게 깊은 사랑을 전하고 싶다. 늘 뜨거운 지지와 사랑을 보내 주시는 부모님들과 언제나 깊은 애정으로 나를 도와준 아내와 지민, 지은, 지수에게 사랑과 고마움을 전하고 싶다. 사랑하는 이들과 친가, 처가의 부모님께 이 책을 바친다.

2007년 3월
명륜동 연구실에서
권 기 헌

차 례

제 3 장

정책학의 상위목표: 국가경쟁력과 삶의 질, 그리고 정책역량

제 4 장

정책학의 연구지향: 민주주의 정책학과 탈실증주의의 접목

제 5 장

정책학의 행동지향: 정책윤리와 정책토론

제 6 장

정책학의 통치원리, 거버넌스

제 7 장

요약 및 결론: 논점 및 함의

제 1 장

Lasswell 정책학의 현대적 재조명: 정책이론의 정향 및 과제

정책학의 궁극적인 목적은 인간의 존엄성을 충실히 실현시키는 것이다.

- H. D. Lasswell

논의 개요

H. Lasswell이 정책학이라는 독창적인 학문체계를 주창한지도 반백년이 넘었다. 그동안 정책학이 학문체계로서 이룬 성과는 외견상 눈부신 것이었다. 국가문제를 연구하는 대학과 대학원에서 많은 정책학 프로그램들이 생겨나고 정책대학원도 많이 신설되었다. 하지만 이러한 외견상의 성공과 도약이 실질적인 내용면에서도 독창적인 학문체계로서의 정책학의 목적과 이상을 실현시켜 주었는지에 대해서는 매우 비판적이다.

이 장에서는 이러한 문제의식과 논의의 틀을 제시하고, Lasswell 정책학의 목적구조에 대해 논의한다. 정책학이 기반하는 인식론적 근거와 정책학의 방법론(과거, 현재, 미래)에 대해서 고민하며, 이러한 논의를 토대로 정책학의 정향과 과제를 도출하고, 이를 정책학의 이상가치, 정책학의 상위목표, 정책학의 연구지향, 정책학의 행동지향 등 네 가지 차원으로 나누어 논구하기로 한다.

제 1 절 문제의식 및 논의의 틀

정책학은 H. Lasswell(1951)이 제안하고, 그와 그의 동료들이 발전시켜온 독창적인 학문체계이다. H. Lasswell은 행태주의가 풍미하던 당시 사회과학의 풍토 속에서 탈실증주의적 학문으로서의 정책학을 제창하였다. 문제지향성, 맥락지향성, 연합학문성이라는 독특한 패러다임 구조 하에서 정책과정에 대한 연구와 정책내용에 대한 연구를 통해 인간의 존엄성을 실현하는 학문으로서의 민주주의 정책학을 제창하였다.

정책학은 학문 태동 자체가 윤리적인 학문이다. 논리적 실증주의가 풍미하던 당시에 가치중립성을 포기하고 "인간의 존엄성 구현"이라는 가치를 공개적으로 명확하게 선언한 학문체계이다 (W. Ascher, 1987: 365). 즉, 정책학은 우리 사회에 존재하는 근본적인 문제해결을 통해 인간의 존엄성을 실현하는 학문이다. H. Lasswell은 "인간이 사회 속에서 봉착하는 근본적인 문제"를 해결하기 위해서는, 좁은 의미의 실험실 과학을 벗어나 탈실증주의적인 문제해결지향이 필요하다고 강조하였다. 그는 또한 역사적 맥락, 세계적 관점, 사회과정모형의 관점에서 맥락지향적 학문을 제안하였으며, 이를 위해 정치학, 심리학, 인류학 등 연합학문지향적인 방법론을 제창하였다.

Lasswell이 정책학이라는 독창적인 학문체계를 주창한 지도 반 백년이 넘었다(허범, 2002: 293). 그동안 정책학이 학문체계로서 이룬 성과는 외견상 눈부신 것이었다. 국가문제를 연구하는 대학과 대학원에서 많은 정책학 프로그램들이 생겨나고 정책대학원도 많이 신설되었다. 정책학을 공부한 학자나 실무가들도 많이 배출되어 정부뿐만 아니라 국책 연구소 혹은 컨설팅 회사 등에서 많은 활약을 펼치고 있다. 하지만 이러한 외견상의 성공과 도약이 실질적인 내용면에서도 독창적인 학문체계로서의 정책학의 목적과 이상을 실현시켜 주었는지에 대해서는 매우 비판적이다(Ascher, 1986: 371; Brunner, 1991: 65-66; 허범, 2002: 305).

국방정책, 경제정책, 사회정책, 복지정책 등 분과학문 차원에서 정책이라는 단어를 많이 사용하고 있지만, 우리가 정책학이라고 할 때의 정책학은 본질적으로 H. Lasswell과 그의 동료들, 예컨대, D. Lerner, Y. Dror, A. Kaplan, M. McDougal 등이 주도하여 발전시켜온 독특한 학문체계를 의미한다. 즉, 인간존엄성의 실현을 위하여 정책과정과 정책내용의 연구에 문제지향적, 맥락지향적, 그리고 연합학문지향적 접근을 적용하는 학문을 의미하며, 이 개념에서 벗어난 정책학의 개념은, 그것을 무엇으로 부르는가에 상관없이, 정통적인 정책학으로 볼 수 없다(허범, 2002: 1; Brunner, 1996: 65-66).

정책학은 우리 사회의 근본적인 문제에 대해서 과연 얼마나 고민하는 문제지향적 학문체계를 발전시켜 왔는가? 정책학은 과연 얼마나 맥락지향적 방법을 통해 좁은 의미의 인과관계를 넘어서는 탈실증구조의 맥락지향적 학문체계를 제안하고 있는가? 정책학은 과연 얼마나 인간의 존엄성 실현이라는 목적구조를 충실히 구현하는 방법론적 학문체계를 발전시켜 왔는가? 하는 일련의 정책학의 이상과 도전은 우리 정책학도들의 큰 숙제로 남아있는 것이다.

정책학 패러다임의 목적과 이상을 중심으로 한 통합지향적 학문체계가 제대로 정착되고 발전되기도 전에, 그간 우리 학문세계에서는 정책네트워크 이론, 신제도주의 이론, 숙의적 정책분석, 해석학적 정책분석, 거버넌스 이론 등 많은 이론 내지는 개념적 도구들이 제안되고 나름대로의 발전과정을 거치고 있는 상황이 전개되었다.

정책현상을 설명하고 예측하는데 필요한 이론적 도구들이 풍부하게 제안되고 경합되는 현상은 한편 좋은 일이지만, 정책학 이론에 대한 하나의 통합적 틀이 없었기에 때로는 중첩되는 개념을 다른 시각에서 설명하기도 하는 등 혼란스러운 점도 없지 않았던 것 또한 사실이다(DeLeon, 1994: 86).

이러한 문제제기가 이 책의 중심 문제의식이다. 즉, 이 책에서는 인간의 존엄성을 실현하는 민주주의 정책학의 이상가치를 실현하기 위한 학문체계로서의 Lasswell 정책학의 현대적 재조명을 시도하며, Lasswell이 제시한 정책학의 이상이 현대에 있어서 풍요롭게 구현되기 위한 방법론적인 과제들에 대해 통합지향적인 고찰을 시도한다.

이 책이 분석하는 Lasswell 정책학의 현대적 재조명의 구체적 분석단위는 크게 네 가지 단계로 나뉜다. 이는 이상가치, 상위목표, 연구지향, 행동지향이다.

첫째, 정책학의 이상가치로서 인간의 존엄성 실현이라는 민주주의 정책학의 규범적 가치에 대해 고찰한다.

둘째, 정책학의 상위목표로서 국가경쟁력과 삶의 질을 고려하며, 이를 실현시키는 이론적 도구로서 정책역량, 역량, 인프라역량을 고찰하며, 이들과 거버넌스의 연계구조를 고찰한다.

셋째, 정책학의 연구지향으로서 정책네트워크, 신제도주의, 숙의적 정책분석을 방법론적인 도구로서 고찰한다. 이와 함께 이러한 맥락지향 및 탈실증주의 연구방법과 함께 계량분석 및 실증주의 연구방법의 통합적 과제들을 고찰한다.

넷째, 정책학의 행동지향으로서 정책실천의 장에서 이루어지는 정책윤리와 정책토론에 대해서 고찰한다.

제 2 절 Lasswell 정책학의 현대적 재조명: 정책이론의 목적, 정향, 그리고 과제

1. Lasswell 정책학의 목적구조

정책학의 궁극적인 목적은 인간의 존엄성을 충실히 실현시키는 것이다(Lasswell, 1951). 이러한 목적을 위해서 정책학은 "인간이 사회 속에서 봉착하는 근본적인 문제", 즉 문명사적 갈등, 시대사적 사회변동, 세계적 혁명추세, 체제질서 차원에서 일어나는 문제 등의 해결에 초점을 맞추어야 한다. 이와 같은 근본적인 문제를 해결하기 위해서는 정책과정 지향성과 정책내용 지향성이 통합된 형태의 정책지향성(*policy orientation*)의 완성이 필요하다. 따라서 정책학은 인간의 존엄성을 충실히 실현시키기 위하여 체제질서 차원에서 일어나는 공공부문의 정책과정과 정책내용에 관한 지식을 문제지향적, 맥락지향적, 연합학문적으로 연구하는 학문이라 할 수 있다.

Lasswell은 다시금 1970년의 논문, "The Emerging Conception of the Policy Sciences"와 1971년에 저술한, 「Preview of Policy Sciences」(1971)에서 정책학의 연구대상은 정책결정 과정에 관한 지식과 정책결정 과정에 필요한 지식이라고 주장하면서, 정책학의 연구목적이 현실적합성(*relevance*)을 고려한 맥락성(*contextuality*), 문제 지향성(*problem orientation*), 방법의 다양성(*diversity*)이라고 강조하였다.

문제지향성에 해당하는 지적 활동으로는 1) 목표의 명시, 2) 경향의 파악, 3) 여건의 분석, 4) 미래의 예측, 5) 대안의 개발·평가·선택을 들었으며, 근본적 문제해결을 통해 인간존엄성의 실현을 강조하였다(Lasswell, 1970: 11). 즉, 정책학은 사회현상에 존재하는 인간의 행위와 관련되는 학문분야이기에 자연과학에서 추구하는 논리적·실증주의적·보편적 인과법칙의 발견은 사실상 어려우며, 인간의 간주관적 맥락(*interpersonal contexts*)을 기초로 한 문제해결 지향성이 필요하다는 점을 강조하고, 이를 위해서는 탈실증주의(*beyond positivism*)와 민주주의 정책학의 접목이 필요하다고 보았다.

Lasswell은 정책이 과정과 내용의 지식을 통해 사회의 민주적 가치실현에 기여하기 위해서는 정책연구에 있어서 시간적 맥락(역사적 맥락), 공간적 맥락(세계적 관점), 사회과정모형 등 정책이 처한 맥락에 대한 분석이 매우 중요하다고 강조하였다. 이는 행태주의에서 강조하는 계량화와 모형화를 통한 좁은 의미의 학문적 발견에 대칭되는 개념이며, 정책과학은 좁은 의미의 행태주의를 넘어 사회과정 속에 존재하는 가치와 제도, 행위와 전망,

결과와 효과 등에 대한 종합적 관점의 맥락이 필요하다고 보는 것이다(Lasswell, 1970: 8-9).

정책학을 추구하는 방법론도 단순한 관리과학(OR), 비용편익분석, 체제분석 등 계량분석뿐만 아니라 정치학, 심리학, 인류학, 생물학 등에 대한 포괄적인 연구접근, 즉 최근에 강조되고 있는 통섭(*consilience*)의 접근이 필요하다고 강조하였다. 더 나아가 Lasswell은 학자들만이 정책학 발전에 기여하는 것이 아니라 정책실무자들도 함께 정책학의 발전에 기여하는 것이 바람직하며, 이러한 총체적인 접근만이 정책학을 통한 인간존엄성 실현에 한 걸음 더 가까이 다가갈 수 있다고 보았다(Lasswell, 1970: 11-15). 이러한 방법의 다양성은 문제해결 및 맥락분석에 공여한다. 이 중 방법의 다양성은 후에 Y. Dror(1970)가 제시한 연합학문지향성(*interdisciplinary*)과 유사한 개념으로,[1] 이를 종합하여 문제지향성, 맥락지향성, 연합학문성은 정책학의 세 가지 지향점으로 여겨진다.

---

1 Y. Dror(1970)는 정책학의 목적은 정책결정체제에 대한 이해를 증진시키고 이를 개선하는 것이며, 이를 위해 정책학은 바람직한 정책결정을 위한 방법(Methods), 지식(Knowledge), 체제(System)에 직접적인 관심을 가지며, 연구의 초점은 대안의 개발, 대안의 비교·선택을 위한 정책분석, 정책결정의 전략(Mega-Policy Making: 혁신적인 것이냐 아니면 점진적인 개선이냐, 많은 위험을 무릅쓰느냐 아니면 위험을 회피하느냐 등)에 두었다. 이러한 기본적인 정책결정의 전략(Mega-Policy Making)의 기초 하에, 정책결정에 대한 최적모형을 초정책결정(Meta-Policy Making: 정책결정체제의 설계, 정책결정자의 자질향상, 정보와 의사전달망의 개편 등), 정책결정(Policy Making), 정책결정 이후 단계(Post-Policy Making) 등으로 나누었다. 또한, 정책학은 방법론상 처방적 접근을 채택하며, 순수연구와 응용연구를 연계시키고, 역사적인 접근도 병행하며 범학문적 접근을 해야 한다고 지적하였다.

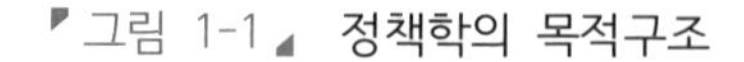

그림 1-1 정책학의 목적구조

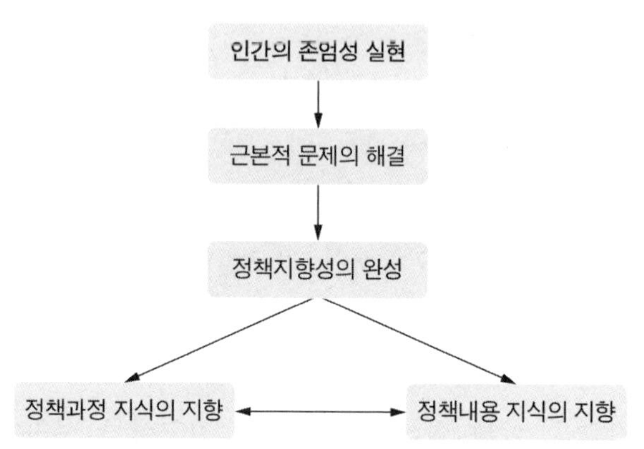

* 자료: 허범(2002: 298).

2. Maslow(1954)의 욕구 5단계

Abraham Maslow는 임상경험에서 얻은 자료를 근거로 1954년 인간의 동기유발에 관한 몇 가지 가정을 발표하였다. 〈그림 1-2〉에서도 알 수 있듯이 자아실현욕구가 인간의 욕구 중 가장 상위차원의 욕구이자 근본적인 욕구이다. 자아실현욕구란 능력, 기술, 잠재력을 마음껏 발휘하여 자신을 실현시켜 보려는 욕구이다. 자아실현욕구에 충만한 자는 자신의 능력과 자아능력을 실험할 수 있고 창의적이고 혁신적인 방법을 이용할 수 있으며, 이로써 스스로를 성숙시키고 완성할 수 있는 일을 찾는 인간이다.

『그림 1-2』 Maslow의 욕구 5단계 이론

	← 소실점(Disappearing Point)
Self-actualization	morality, creativity, spontaneity, problem solving, lack of prejudice, acceptance of facts
Self-esteem	self-esteem, confidence, achievement, respect of others, respect by others
Social	friendship, family, sexual intimacy
Safety	security of body, of employment, of resources, of motality, of the family, of healty, of property
Physiologocal	breathing, food, water, sex, sleep, homeostasis, excretion

Maslow(1954)의 모델에서 다섯 가지 욕구수준은 ① 생리적 욕구(*Physiological Needs*), ② 안전적 욕구(*Security Needs*), ③ 사회적 욕구(*Social Needs*), ④ 자기존중(*Self-Esteem*), ⑤ 자아실현(*Self-Actualization*)이다. 이를 도식화하면 〈그림 1-2〉와 같다.

Maslow는 가장 하위욕구인 생리적 욕구에서 자아실현욕구에 이르기까지 계층적인 순서로 만족되고 다음 욕구수준으로 이동한다고 주장하였다. 즉, 생리적 욕구와 안전적 욕구가 충족되면, 사회적 욕구와 자기존중욕구 등을 추구한다고 보았으며, 자기존중욕구가 충족되면 자아실현욕구로 나아간다고 보았다. 또한, 자아실현이 완성된 극소수는 자아실현욕구마저 사라지는 소실점(*disappearing point*) 단계에까지 이르게 된다고 보았다.

국가사회의 정책구조도 이와 유사한 연계구조를 띠고 있다. 즉, 국가사회의 정책구조 역시 국방과 치안을 통한 안보의 강화(*security needs*), 경제를 통한 국부의 창출(*physiological needs*), 외교를 통한 국가의 명예 제고(*social needs*), 사회문화정책을 통한 국민의 인권과 정의 보장(*self-esteem*), 자아실현의 완성(*self-actualization*)의 구조를 보인다. 이는 정책구조의 능률성-실현성-당위성으로 표현할 수 있으며, 효율성-민주성-성찰성으로 표현할 수 있다. 따라서 보다 국가사회의 혁신과 발전을 이루고 혁신과 발전의 주체로서 인간의 근본적인 욕구를 충족시키기 위해서는 국가 구성원 개개인의 창의와 다양성을 존중하고 이를 토대로 효율성을 추구하는 국가시스템을 구축해야 한다.

3. 정책학의 이념구조

Lasswell과 Maslow의 논의를 종합해 보면, 정책의 궁극적인 목적은 인간의 존엄성 실현이며, 이를 구체적으로 실현하기 위해서는 국가차원의 생산성과 민주성, 신뢰성이 확보되어야 한다. 정책학의 이념구조 역시 이러한 논의의 연장선상에서 발견할 수 있다.

우선 정부차원에서 생산성이 확보되어야 한다. 정부조직 내 관료주의 및 형식주의를 타파하고 관리주의와 시장의 경쟁원리를 도입하여 "일하는 시스템", "일 잘하는 시스템"을 구축함으로써 효율성을 확보하고, 정부조직 내 행정 및 정책과정의 참여성·투명성을 제고해야 하며, 정부조직 내부의 효율성과 투명성을 토대로 국가사회 및 시장의 자율성과 창의성을 창출해야 한다.

또한 전자민주주의(*e-democracy*)를 통해 진정한 민주주의를 실현함으로써 정치적 차원에서 민주성이 확보되어야 하며, 정책과정에서도 참여가 확대되고 숙의와 토의의 과정을 거친 합의의 정신이 실현되어야 한다.

더 나아가, 사회적 차원에서 신뢰성과 성찰성이 확보되어야 한다. 절차적 가치로서의 민주성이 꽃 핀 상태가 성찰성이다. 사회 구성원들의 진정한 주체성과 독립성이 보장되는 사회, 그리고 사회의 열린 의사소통을 활성화(*social networking*)시킴으로써 구성원들 간의 신뢰성을 확보하고, 성찰하는 시민, 주체적인 시민을 통해 보다 신뢰받고 성숙한 사회 공동체를 구현해야 한다. 이것이 바로 Lasswell이 주장한 정책의 최상위가치인 인간의 존엄성(인권·정의·존엄) 실현이며, 정책의 최상위차원인 당위성의 실현이다.

4. Lasswell 정책학의 현대적 재조명

Lasswell 정책학을 현대적으로 조명하고자 할 때, 제일 우선적으로 고려해 보아야 할 것은 정책학의 이상과 목적론적 구조를 다시금 분명하게 세워야 한다는 것이다. 이런 맥락에서 허범 교수(2002: 308)는 민주주의 정책학과 탈실증주의의 접목이야말로 분명히 하나의 중대한 학설사적 전환이 될 것으로 내다보았다 (DeLeon, 1994: 82; Torgerson, 1985: 241; Throgmorton, 1991: 153, 174-175). 민주주의 정책학과 탈실증주의의 접목, 인간존엄성의 실현을 지향하는 정책윤리분석에 대한 관심 제고, 근본적으로 중요한 문제의 탐색과 함께 가치비판적 정책설계 이론과 방법의 강조가 우선 주목받아야 할 것이다. 도구적 합리성, 기술관료적 지향성, 분석적 오류를 넘어선 민주주의 정책학, 좁은 의미의 인과구조를 넘어선 탈실증주의 정책학, 정책연구와 정책형성에서 '참여와 숙의(*deliberation*)', '토론과 논증(*argumentation*)'이 강조되는 실천적 참여 정책분석(*participatory policy analysis*)과 함께 토의민주주의(*deliberative democracy*)가 신장되어야 할 것이다(DeLeon, 1990; Durning, 1993; Forester, 1993, 1999; Fischer, 1998; Hajer, 1993; Roe, 1994).

5. 정책학의 이론적 과제: 다섯 가지 과제

이상의 논의를 종합해 보면 정책학이 지향해야 할 이론적 과제는 다음과 같이 추출할 수 있다. 정책이론의 정향은 규범·인식과 처방·역량이라는 양대 축에서 재조명될 필요가 있으며, 이를 방법론 측면에서 지원해 주어야 한다. Lasswell 정책이론의 현대적 재조명이라는 관점이 전자의 중요한 이슈라면, 이러한 상부구조의 인식론을 뒷받침하는 하부구조의 정책역량이라는 부분도 처방적 측면에서 중요하게 다루어져야 할 부분이다. 거버넌스의 정책역량, 그리고 이를 위한 정부혁신론과 국가혁신론은 그래서 중요한 요소가 된다.

첫째, 정책이론은 먼저 거버넌스의 정책역량(*capacity to govern*)이라는 측면이 중요하게 다루어져야 한다. 이는 정책이론의 규범성·인식론을 뒷받침하는 하부구조의 역할을 하게 된다. 이는 국가혁신론과도 불가분의 연관관계를 맺고 있는데, 국가혁신론은 정부혁신론을 핵심개념(*core concept*)으로 해서 국가 전체에 혁신을 확산시키는 전략적 접근을 취하며, 이는 정부 조직의 일하는 시스템(제도), 기술(IT), 절차(과정), 행태(태도) 등의 혁신을 통해 이루어지는 정부혁신을 중심으로 국가혁신을 국가 전반에 확산시키는 것을 말한다. 이러한 제도적 접근은 제도의 내용에 해당하는 정책혁신과 결부되어야만 비로소 원래 의도한 '인간의 존엄성 실현'이라는 국가혁신의 목적은 완성될 수 있다.

둘째, 정책이론은 Lasswell이 강조한 민주주의 정책학과 탈실증주의의 접목을 기초로 해야 한다. 민주주의 정책학은 체계질서 차원에서 근본적으로 중요한 문제의 탐색과 해결을 중시하고 궁극적으로는 인간의 존엄성의 실현을 지향한다. 탈실증주의는 좁은 의미의 실험실 과학을 넘어서서 해석과 논증, 사례와 실용까지를 고려한 과학의 합리성을 강조한다(허범, 2002: 308). 현대 정책이론은 사회과학의 실사구시적 전통을 기반으로 우리 국가사회에 존재하는 실천적 문제해결을 지향하며, 국가혁신·거버넌스·전자정부 등의 이론적 토대를 응용하는 연합학문적 접근을 지향하며, 시민사회의 도래에 따라 강조되는 참여성·숙의성·합의성에 기초한 민주지향성을 지향한다. 정책이론의 이러한 민주성 강조는 뉴 거버넌스의 민주성 강조, 전자정부 패러다임의 민주성 강조와 맥이 닿아있다.

셋째, 정책이론은 시장, 참여, 연결을 중심개념으로 하는 뉴 거버넌스 접근방식을 토대로 수립되어야 한다. 즉, 정부관료제의 내부 비효율성과 경직성을 타파하기 위해 새로 도입된 신공공관리론(NPM)의 관리주의 요소에다가, 경쟁, 고객, 가격체제, 유인체제 등을 활용하는 시장주의 요소(시장중심 거버넌스 기법)의 도입, 이와 더불어 참여와 연결, 신뢰와 협동, 조정과 네트워크를 강조하는 시민사회 요소(시민사회중심 거버넌스 정신)를 중시하는 뉴 거버넌스적 문제해결방식과 밀접한 연관관계를 갖고 있다.

넷째, 정책이론의 정부모형은 전자정부, 지식정부 등 Post-관료제 모형에 기초한다. 즉, Post-관료제의 모형에서 대두되고 있는 전자정부의 일하는 시스템 혁신과 참여지향적 민주성 개념, 그리고 더 나아가 전자정부의 열린 의사소통 및 담론형성의 정책기제를 통해 우리 사회를 좀 더 신뢰받고 성숙한 사회로 업그레이드 시키는 성찰성 개념은 정책이론의 정신에서도 그대로 이어진다. 즉, 정책이론은 궁극적으로 개인의 자유와 창의, 신뢰와 등권이 실현되는 사회적 꿈과 비전(Habermas가 그의 "Unfinished Project"에서 강조했던 바로 그 Social Vision and Dream)을 지향하며, 정책이론은 정부혁신이라는 수단적 개념을 통해 개인의 자아실현과 자아완성의 가능성이 열려 있는 사회의 실현을 지향한다.

마지막으로, 정책이론은 정책윤리와 정책토론을 강조한다. 학문으로서의 정책학의 태동은 정책의 윤리성에 대한 특별한 관심에서 출발한다. 정책학은 윤리적 학문이며 이것이 정책학의 정체성을 구성하는 본질이다. Lasswell이 소망하는 정책학의 이상도 "인간의 존엄성을 보다 충실하게 실현하는 것"이었으며, 그가 정책학의 주창을 통하여 진정으로 의도하였던 것은 과학적 방법을 통하여 인도주의적 이상을 구현할 수 있는 당위적 학문을 성립시키는 것이었다. 이를 Forester(1999)는 '숙의적 정책분석'(*deliberative policy analysis*), DeLeon(1994)는 '참여적 정책분석'(*participative policy analysis*), Hajer(1993)는 '정책담론'(*policy discourse*), Fischer와 Forester(1993)는 '정책논증'(*policy argumentation*), Roe(1994)는 '해석학적 정책분석'(*interpretative and narrative policy analysis*)이라고 불렀다. 이것은 허범(2002: 307-308)에서 정확하게 강조되듯이, 민주주의 정책학과 탈실증주의의 접목을 위한 중요한 방향 설정이 될 것이다. 정책윤리에 대한 강조는, 참여, 토론, 그리고 합의에 기초한 숙의민주주의(*discursive democracy*)의 신장과 함께, 인간의 존엄성의 실현을 위한 중요한 방향 설정이 될 것이다. 즉, 정책이론은 인간의 인권과 존엄, 그리고 개인의 자아실현을 지향하며, 사회 구성원의 자아실현을 통해 정책이론의 목적구조는 완성될 수 있을 것이다.

이상에서 논의한 정책이론의 정향과 과제를 규범·역량·방법이라는 관점에서 정리해 보면 〈그림 1-3〉과 같다.

『그림 1-3』 정책학의 이론적 정향과 과제: 규범, 역량, 방법

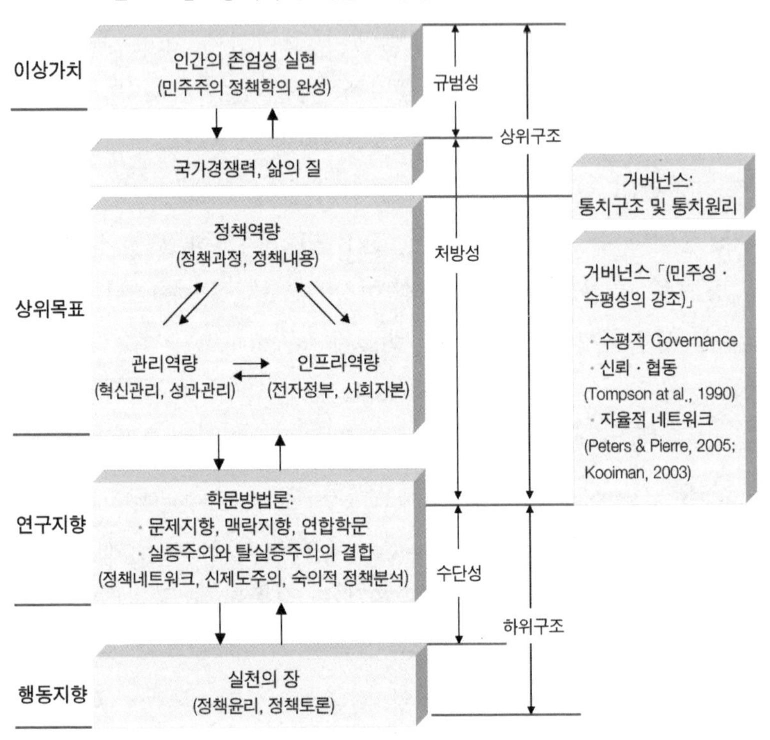

행정이론의 발달과 거버넌스의 대두

• 정치 · 행정이원론(과학화의 원리) • 정치 · 행정일원론(기술성의 강조) • 새이원론: 행정행태주의(과학화에의 재집념) • 후기행태주의(민주성 · 형평성의 강조) 발전행정론(기술성의 재강조) • 신공공관리: NPM(시장성 · 경영화의 원리)	수직적 Governing: 계층제적 관료제
• 거버넌스(민주성 · 수평성의 강조)	수평적 Governance: 신뢰 · 협동(Tompson et al., 1990) 자율적 네트워크(Peters & Pierre, 2005; Kooiman, 2003)

6. 정책학의 이론적 정향: 규범, 역량, 방법

인간의 존엄성 실현은 정책학의 이상가치로서 정책학이 구현하고자 하는 최종의 규범적 가치이며, 이것이 실현될 때 민주주의 정책학의 목적구조는 완성된다. 인간의 존엄성을 구현하기 위한 정책의 상위목표로는 국가경쟁력과 삶의 질이 있을 수 있다. 경제정책, 산업정책, 과학기술정책 등은 국가경쟁력에 기여하며, 사회정책, 문화정책, 환경정책 등은 삶의 질의 향상에 기여한다. 국가경쟁력과 삶의 질 향상이라는 상위목표를 달성하기 위한 정책적 영역으로는 정책역량, 관리역량, 인프라역량을 꼽을 수 있다.

정책역량은 정책과정과 정책내용에 대한 연구를 통해, 관리역량은 혁신관리, 성과관리, 지식관리, 갈등관리 등의 관리적 도구에 대한 연구를 통해, 인프라역량은 전자정부, 지식정부, 사회자본 등과 같은 인프라 확충을 통해 각각 국가경쟁력과 삶의 질 향상에 기여한다. 정책역량은 정책학, 관리역량은 행정학, 인프라역량은 전자정부와 사회자본에 해당한다.

〈그림 1-3〉 오른쪽에 독립적으로 연결된 거버넌스는 관리역량 부분에서 1990년대 이후 진화된 영역이라고 볼 수 있다. 거버넌스는 통치구조와 통치원리와 관련되어 있다. 수직적 구조 대신에 수평적 구조의 통치구조와 Top-down방식의 명령 대신에 Network에 기초한 조정의 통치원리에 기초한다. 즉, 전통적 행

정학의 모델인 계층제적 관료제 통치가 1990년대 이후 정부-시장-시민사회와의 신뢰와 협력을 기초로 하는 수평적 국정관리로 진화되고 있다(Kooiman, 2003: Peters & Pierre, 2005).

미래 정책학의 발전을 위한 방법론은 기본적으로 실증주의와 탈실증주의의 통합적 고려가 필요하다.[2] 실증주의 역시 그 자체로 배격할 대상이라기보다는 하나의 맥락적 측면으로 중요하게 고려되어야 할 연구방법론이기 때문이다. 정책학에서 정작 필요한 것은 맥락지향적 접근(*context-oriented approach*)이므로, 때로는 행태주의적 경험적 연구(*empirical research*)가 특정한 맥락(*specific contexts*)을 제공하는데 도움을 줄 수도 있다는 점은 중요하게 고려되어야 한다(Lowlor, 1996: 120; DeLeon, 1998; Lynn, 1999).

정책연구가들은 분석을 함에 있어 "정책문제가 사회의 문제를 해결하는데 근본적인 문제인가?", "이 정책문제를 분석함에 있어서 중요한 규범적 타당성과 그 근거는 무엇인가?", "이 정책문제를 해결함에 있어서 어떤 방법론적 접근을 통해 맥락지향적 정책함의를 도출하는 것이 필요할 것인가?" 등의 질문을 던져야

2 정확하게 표현하자면, 실증주의와 탈실증주의의 통합이 아니라, 탈실증주의의 관점이 필요하다고 표현하는 것이 맞다. 왜냐하면 탈실증주의(post-positivism)에서의 탈(post)의 의미는 실증주의를 부정하는 탈(post)이 아니라 실증주의에서 내세우는 "계량중심의 유일 해법"이 존재하고 이를 통해 사회현상에 있어서도 보편적인 인과법칙(universal law of causation)을 찾을 수 있다는 기계적 세계관을 초월한다는 의미이기 때문이다. 따라서 탈실증주의는 계량분석이나 비계량분석을 모두 방법론으로 포함시키는 것을 문제 삼는 것이 아니라 정책현상에서 나타나는 여러 형태의 열린 해석과 열린 맥락구조에 적합한 연구를 추구할 것을 주문한다.

한다(P. deLon & C. Martell, 2006: 40). 이러한 방법을 통해서 정책연구는 지엽적인 문제분석의 함정으로부터 벗어날 수 있고, 실증주의와 탈실증주의에 기초한 맥락지향적 연구를 통해 인간의 존엄성 구현에 도움을 줄 수 있는 통합지향적 학문, 즉 민주주의 정책학으로 거듭날 수 있을 것이다. 이러한 맥락지향적 방법론으로서 중요하게 고려되어야 할 분야는 정책네트워크, 신제도주의, 숙의적 정책분석이다(Torgerson, 2003: 119; Forester, 1999; Fischer, 1998: 143; Fischer & Forester, 1993; Roe, 1994; DeLeon, 1997).

정책네트워크 분석은 정책네트워크에 존재하는 정책현상의 '맥락'(*context*)을 고려하며, 네트워크 사이에 존재하는 '권력'(*power*)을 분석하며, 무엇보다도 '왜'(*why*) 그러한 현상이 일어났을까에 대해 분석함으로써 맥락을 규명하고자 한다(Castells, 1996: 468; Rhodes, 1990; Heclo, 1978; Coleman and Skogstad, 1990).

또한 정책학적 신제도주의는 정책현상의 연구를 함에 있어 이해관계자와 참여자(*multiple interests and participants*), 그리고 관계 및 제도(*relationship and institution*)를 중요하게 다루며, 제도의 속성(*attributes*), 제도의 형태(*configuration*), 제도의 규범(SOP) 등을 통해 정책과정과 정책결과의 역동성(*dynamics*)과 복합성(*complexity*)에 주의를 기울인다(J. Ikenberry, 1988: 219-243; S. Krasner, 1983: 359-361; 1984: 223-246; S. Haggard, 1988: 12-15).

숙의적 정책분석은 인간행태와 사회행위는 무엇보다도 맥락을 통해 해석되고 분석되어야 하며, 이러한 행위의 간주관적 해석

(*inter-personal interpretation*)이야말로 정책현상의 결과와 함의를 풍요롭게 하는데 있어서 빼놓을 수 없는 부분이라는 점을 강조한다. 이는 논자에 따라서 '참여적 정책분석'(*participatory policy analysis*; DeLeon, 1990; Durning, 1993), '숙의적 정책분석'(*deliberative policy analysis*; Forester, 1999; Fischer, 1998), '정책담론'(*policy discourse*; Hajer, 1993), '정책논증'(*policy argumentation*; Fischer & Forester, 1993), '해석학적 정책분석'(*interpretative and narrative policy analysis*; Roe, 1994) 등 다양한 형태로 강조되고 있다. 이러한 숙의적 정책분석은 우리가 앞에서 강조하는 행동지향의 '실천의 장'에서 정책윤리와 정책토론에 대한 강조로 나타난다.

제 2 장

정책학의 이상가치: 민주주의 정책학

민주주의 정책학은 인간과 사회에 대한 근본적 문제에 대한
총체적 탐구를 통해 인간의 존엄성을 지향한다.
- H. D. Lasswell

논의 개요

정책학의 궁극적 목적은 인간의 존엄(dignity)을 실현하고 인간의 가치(value)를 고양시키는데 있다. 이를 H. Lasswell은 민주주의 정책학이라고 불렀다. 생산성(productivity)과 민주성(democracy)을 토대로 성찰성(reflexivity)을 추구하는 학문이 정책학이다. 이를 당위성, 실현성, 능률성이라고 부를 수 있다. 규범적이고 당위적인 정책이상을 바라보면서 능률적이고 효과적인 정책을 추구하되 실현가능한 정책수단을 개발하는데 있어서 민주적 절차와 가치를 추구해 나가는 것이 민주주의 정책학의 존재이유이다.

정책학은 문제해결을 지향하고(problem-oriented), 시간성과 공간성의 맥락성(contexuality)을 가지면서, 순수학문이면서 응용학문으로서 연합학문지향성(multidisciplinary)을 지닌다. 정책학을 바르게 이해하려면 계량분석과 정책분석 기법뿐만 아니라, 정치학, 조직학, 심리학 등 통섭(consilience)의 학문방법론이 함께 연합적으로 추구되어야 한다. 정책이란 가치와 갈등, 권력과 협상의 산물이면서, 동시에 이성과 합리성, 효율과 과학의 산물이기도 하다.

이 책에서는 정책학의 이상과 과제를 네 가지 차원에서 논구하고자 하며, 이는 정책학의 이상가치, 정책학의 상위목표, 정책학의 연구지향, 정책학의 행동지향이다. 이 장에서는 먼저 정책학의 이상가치에 대해서 논의한다. 이를 위해 인간의 존엄성, 근본문제의 추구, 맥락지향적 연구에 대해서 논의하고자 한다.

제 1 절 인간의 존엄성 (Human Dignity)

정책학이 실현시키고자 하는 최고 수준의 이상가치는 인간의 존엄성 실현이다. 우리 사회 공동체의 구성원들이 인간의 존엄성을 고양시키는 것을 최고의 목적가치로 한다. 개인들의 주체성과 독립성이 보장되고, 개인과 개인 사이의 신뢰와 등권이 지켜지며, 이를 토대로 우리 사회 공동체의 공존과 공영이 지켜지는 사회를 실현시키는 것이 최고의 가치이다.

H. Lasswell이 민주주의 정책학을 제창한 동기는 양대 세계대전, 세계대공황, 일본 히로시마에 투하되는 원자폭탄사건 등 세계적인 안보 및 경제위기 등에 영향을 받은 것으로 보인다. 국가의 정책결정이 인류의 종말을 초래할 수도 있다는 정책의 극단적인 위력을 목격하고서 인간의 생존과 존엄에 기여하는 민주주의 정책학을 제창하게 되었다고 볼 수 있다(H. Lasswell, 1951: 7, 10-11).

인간의 존엄성은 헌법에서 보장하는 국민기본권의 가치이다. 이는 자유민주주의를 지탱하는 토대적인 근본가치이며, 우리 사회에 존재하는 개인의 생존가치와 자아실현을 지켜주는 기본 규범이다.

현대에 들어와 인간의 존엄성이라는 가치는 환경권이나 생존권처럼 쉽게 연상되는 이슈가 있는가 하면(환경권의 파괴나 북한핵 문제), 금방 드러나지는 않지만 서서히 미묘한 방식으로 인간의 존엄성을 해치는 문제도 생각해 볼 수 있다. 예컨대, 청소년들이 쉽게 빠져드는 난폭한 인터넷 게임문제라든지 인성을 파괴하는 온라인 이슈들도 자라나는 후속세대에 대한 인간존엄을 해칠 수 있는 정책이슈들이다.

정책학의 근본가치로서 인간의 존엄성을 잊어버리지 않는 것은 매우 중요한 의미를 지닌다. 왜냐하면 정책학의 근본목적을 흔히 말하는 막연한 국가경쟁력이나 삶의 질이라고 하게 되면, 인간과 사회가 추구하는 근본적 목적가치를 상실할 위험이 존재하기 때문이다. 국가경쟁력이나 삶의 질은 근본철학의 지향점을 제시하지도 못할뿐더러 국가 권력에 의해 조종되는 신화적 위험마저 지니고 있다.

따라서 현대 정책학도들은 정책문제를 정의하고 분석함에 있어서 "인간존엄성"이라는 근본질문을 끊임없이 제기해야 한다. "이 정책문제는 인간존엄성에 얼마나 기여하는가?", "이러한 방식의 정책문제 정의는 인간의 존엄성에 부합하는 것인가?", "이 정책대안은 다른 대안에 비해 인간의 존엄성이라는 가치에 더 부합하는 것인가?", "정책분석의 결과 찾아진 최적대안은 인간의 존엄성이라는 가치에 얼마나 부합하고 있는가?" 정책분석가는 이러한 질문을 끊임없이 제기하고 이에 답하려는 노력의 과정을 통해 정책연구와 정책분석에 있어서 인간존엄성 실현이라는 가치에 부응하도록 노력해야 한다.

우리가 Lasswell이 제창하였던 독창적인 학문체계의 근본적 의미를 이 시대에 살리고 이를 활성화시키려는 노력을 하려면, Lasswell의 민주주의 정책학의 철학적 가치들은 담론차원에 머물게 아니라 현실적인 정책문제들의 분석에서 구체적으로 적용시키는 노력을 해야 하리라고 본다. 지금으로부터 반세기 전에 Lasswell이라고 하는 학문적 거장이 고민하고 제안했던 '인간의 존엄성'이라고 하는 독창적인 윤리가치를 함유하고 있는 정책학의 근본적 종지(宗旨)가 자칫 잊혀지기 쉬운 지금, 정책학을 연구하는 후학들에게 있어 이러한 학문의 근본대의를 살리려는 본질적이고도 실질적인 노력이 매우 필요하다.

제 2 절 근본문제의 추구 (Fundamental Problems)

H. Lasswell에게 있어서 인간의 존엄성 실현은 근본적 문제의 추구와 연결되어 있다. Lasswell은 근본적 문제로서 문명사적 갈등, 시대사적 사회변동, 세계적 혁명추세, 체제질서 차원의 문제들을 들었다. 세계대전을 경험한 국제정치학자로서의 Lasswell에게는 이러한 거대담론적인 이슈들이 인간의 생존권과 존엄을 송두리째 흔들 수 있는 근본적인 문제로 보였던 것이다. 따라서 Lasswell은 정책학의 패러다임은 지엽적인 이슈들을 해결하는 문제는 일단 뒤로 미루고 우리 사회에 존재하는 보다 본질적이고 근본적인 문제들에 대해 고민하고 해결하려는 노력을 보임으로써 인간의 존엄성에 기여하는 정책학의 학문체계를 주문하였다 (Lasswell, 1970: 11; Lasswell, 1951: 9, 12, 14).

H. Lasswell은 정책학이 사회에서 일어나는 다양한 토픽이나 유행 혹은 지엽적 이슈를 다루기에는 에너지 낭비가 너무 크다

고 보았으며, 정책지향은 "인간과 사회 사이에 존재하는 보다 근본적이고도 때로는 간과하기 쉬운 본질적인 문제들을 탐구"(Lasswell, 1951: 14)해야 하며, 이를 위해 민주주의 정책학을 지향해야 한다고 주장하였다.

H. Lasswell의 이러한 근본문제 지향성은 그의 동료인 Y. Dror(1970)에게 있어서도 매우 중요한 이슈로 다가간다. Y. Dror(1970: 138-139)은 사회에 존재하는 근본문제를 해결하는 정책결정의 구조로서 정책결정을 위한 정책결정이 필요하다는 것을 제안한다. Y. Dror에 의해 Mega-Policy-Making이라고 불린 이 초정책결정단계는 정책결정을 하기 이전의 메타(meta)적인 정책전략으로서, 국가가 최적의 정책결정을 위해서는 어떤 문제부터 먼저 해결할 것인가, 정책결정을 위한 기관과 전략 그리고 자원은 어떻게 배분할 것인가, 보수 혹은 혁신, 위험회피 혹은 위험감수 전략에 대해 먼저 고민할 것을 주문한다. 뒤에 혼합탐사모형을 제안한 A. Etzioni(1967: 389) 역시도 국가가 근본적 문제를 놓치지 않기 위해서는 근본적 문제와 세부적 문제로 나누고, 근본적 문제와 세부적 문제에 접근하는 정책결정 렌즈를 달리할 것을 주문한다. A. Etzioni(1967: 388-392)는 이러한 근본적 문제를 범사회적 지도체계(*societal guidance system*)라고 불렀다.

현대 정책연구에 있어서 근본문제를 지향하려는 Lasswell 정책학 패러다임은 매우 중요한 의미를 지닌다. 인간의 창조적 이성을 토대로 미래지향적 정책설계를 추구함에 있어서 단순한 점증주의적 접근을 포기하고 보다 창의적인 근본문제의 탐색과 설계는 매우 중요한 가치를 지닌다(허범, 1997, 1999a). 단순하게 주어진 문제를 해결하려는 소극적인 자세가 아니라 가치비판적 발전관에 기초하여 사회문제를 적극적으로 정의하고 정책대안을 적극적으로 탐색하려는 자세야 말로 정책분석의 핵심적인 정신이며, 이는 정책연구 발전의 기초를 이루게 될 것이다.

제 3 절 맥락지향적 연구 (Contextual Orientation)

Lasswell은 민주주의 정책지향을 위해 인간 사회에 존재하는 과거, 현재, 미래(*"past, present, and prospective"*)의 근본적이고도 심각한 정책문제에 대한 총체적 맥락(*"entire context of significant events"*)에 대한 탐구를 주문했다(Lasswell, 1951: 14-15).

Lasswell이 정책지향에서 말하는 근본문제의 추구는 맥락지향적 연구와 매우 밀접히 연계되어 있다. Lasswell은 당시에 풍미하던 행태주의적 접근으로는 사회에 존재하는 근본문제의 실질적 해결이 어려울 것으로 보았다. 사회에 존재하는 인간과 인간 사이의 행위문제나 이로 인해 발생되는 근본적인 정책문제들은 인간의 감정과 권력, 가치와 갈등이 개입된 맥락지향적 문제들이다. 이러한 맥락지향적 정책문제를 몇 가지의 가설과 계량적 데이터로 해결한다는 것은 사실상 어렵다고 보았다. 정책학은 사회현상에 존재하는 인간의 행위와 관련되는 학문분야이기에 자연과학에서 추구하는 논리적 실증주의적 보편적 인과법칙의 발견은 사실상 어려우며, 인간의 간주관적 맥락(*interpersonal contexts*)을 기초로 한 문제해결 지향성이 필요하다는 점을 강조하고, 이를 위해서는 탈실증주의(*beyond positivism*)와 민주주의 정책학의 접목이 필요하다고 보았다.

따라서 Lasswell은 행태주의적 계량분석을 배격하지는 않았지만(Lasswell, 1951: 14-15), 가치중립을 표방하는 논리적 실증주의와는 다른 접근으로서의 맥락지향적 정책연구를 제안하였다(Lasswell, 1970: 6-11: Lasswell, 1951: 8-9). Lasswell이 제안한 맥락적 관점에는 역사적 관점(시간적 맥락), 세계적 관점(장소적 맥락), 사회과정 모형(행위자들 간의 상호작용적 맥락)이 포함되는데, 정책이 과정과 내용의 지식을 통해 사회의 민주적 가치실현에 기여하기 위해서는 시간적 맥락, 공간적 맥락, 사회과정 모형 등 정책이 처한 맥락적 상황에 대한 분석이 매우 중요하다는 것을 의미한다. 이는 행태주의에서 강조하는 계량화와 모형화를 통한 좁은 의미의 학문적 발견에 대칭되는 개념이며, 정책학은 좁은 의미의 행태주의를 넘어 사회과정 속에 존재하는 가치와 제도, 행위와 전망, 결과와 효과 등에 대한 종합적 관점의 맥락이 필요하다고 보는 것이다(Lasswell, 1970: 8-9).

Lasswell은 합리주의 모형이 지니는 환원주의적 접근(*reductionist approach*)에 대해서 경계했으며, 또한 이러한 합리주의적·행태주의적 접근이 지니는 문제의 단순화 및 부분최적화에 대해서도 경계했다(Lasswell, 1955: 387). Lasswell은 실증주의 접근이 전제하는 의사결정 과정에서 내재화된 것으로 간주하는 선호와 자동적·기계적 루틴(SOPs)에 대한 맹목적 추종이 지니는 한계와 위험성에 대해서 지적하면서, 그에 대한 대안으로서 맥락성의 강조, 정책숙의와 정책토론의 강조, 창조성을 향한 선호체계("*preference for creativity*")의 변화가능성 등을 강조하였다(Lasswell, 1955: 389).

Lasswell의 맥락지향적 정책연구에 대한 강조는 Freud와 Marx에 의해 강조된 역사적 발전과 변증법적 세계관에 영향을 받은 것으로 보인다. 그는 그의 저술에서도 이를 명확히 언급하고 있는데, 그가 말하는 맥락지향적 원칙이란 사회에 존재하는 사물과 현상에 대한 변증법적 탐구이며, 이는 Marx의 역사발전에 대한 변증법적 접근과 Freud의 인간심리에 대한 총체적 탐구에 기초하고 있다고 말하고 있다(Lasswell, 1965a: 18-19). 따라서 Lasswell의 맥락지향적 접근은 사물과 현상에 대한 총체적 전일성("*all-encompassing totality*")에 대한 탐구이고, 합리주의적·실증주의적 접근이 종종 놓치기 쉬운 정책문제의 총체적 맥락에 대한 강조이다. 이러한 정책문제의 총체적 탐구는 가치비판적 발전관[1] 및 미래 창조적 지향성("*an act of creative orientation*")의 기초적 전제가

---

1 가치비판적 발전관은 다음과 같은 창조적 사고를 강조한다. 첫째, 이 세상의 모든 것은 그것이 무엇인가에 상관없이 과거, 현재의 것보다 더 바람직한 것이 있을 수 있다는 낙관적 관점, 둘째, 과거, 현재의 것보다 더 바람직한 것은 인간의 이성을 통하여 찾아낼 수 있고, 하나의 이상적인 모형으로 설계할 수 있다는 이성에 대한 믿음, 셋째, 설계된 이상모형에 입각하여 과거 상황과 현재 상황을 비교·평가함으로써 기존의 것의 모순과 결함을 발견할 수 있다는 비판적 진단 자세, 넷째, 과거, 현재의 것이 이상모형으로 향상 또는 발전하는 것을 방해하는 장애요소를 제거하는 실천방안을 강구하는 창조적 처방능력 등이 전제되어야 한다(허범, 1999a: 11).

된다(Lasswell, 1965a: 12-13).

Lasswell은 맥락지향적 문제해결에 필요한 지적 활동으로는 1) 목표의 명시, 2) 경향의 파악, 3) 여건의 분석, 4) 미래의 예측, 5) 대안의 개발·평가·선택을 들었는데, 문제해결에서 요구되는 다섯 가지 영역, 즉 명시, 파악, 분석, 예측, 선택이 실증주의의 가치중립적 활동의 연장선상이라는 비판에 대해서는 정책학에서 이를 극복하기 위한 세 가지 철학적 기초로서, 1) 목적구조(윤리적 기초)로서의 인간의 존엄성 실현, 2) 주관적 극대화 원리(행태적 기초)로서의 인간의 실천적 이성에 기초한 주관적 극대화의 행동원리, 3) 실용주의 철학(철학적 기초)으로서의 J. Dewey(1916, 1920, 1940)의 미국 실용주의 철학에 기초한 현실적합성과 상황적 합성의 원리이다.

J. Dewey(1916, 1920, 1940)는 인간이라는 유기체가 환경에 적응해가는 모든 과정을 탐구라고 보고, 인간사회를 좀 더 나은 방향으로 진보시키는 것이 바로 지적 탐구(*scientific inquiry*)의 목표라고 보았다. J. Dewey(1940)는 인간사회의 모든 과정은 인간이 지성을 통해서 문제를 해결해나가는 과정이라고 보았으며, 사회에서 제기된 문제를 풀기 위한 우리의 노력은 제안된 의견을 둘러싸고 여러 사람들이 토론을 벌이는 민주주의적인 방식이 되어야 한다고 주장하였다. 인간의 부단한 실천적 이성의 산물인 지식은 바로 문제해결의 도구이며, 이러한 지식의 사회적용에 있어서 필요한 것은 지식의 맥락지향적 탐구와 민주주의적 사고를 통한 문제해결의 과정이라는 것이다.

J. Habermas에게 있어서도 탈실증주의에 기초한 맥락지향적 연구는 매우 중요한 진리 발견의 수단이다. 그는 사회현상에 대한 지식을 이끌어내는 방법론으로서의 실증주의적 도그마에 대해서 신랄하게 비판하면서, 계량분석에 기초한 실증주의적 접근이 종종 기술적 혹은 도구적 합리성(*"technical or instrumental rationality"*)으로 전락하는 위험성에 대해서 지적한다(Habermas, 1971: 4). 무엇보다도 지식은 절대적이지 않다는 것이다. 지식의 대상은 그 대상 자체가 자기생성적이고 자기형성적 인간행위(*"self-generative and self-formative human activity"*)이기 때문이다(J. Marshall & M. Peters, 1985: 272). J. Habermas는 이러한 위험성을 극복하기 위해서는 한 두 명의 엘리트만이 옳다는 독단적 사고로부터 벗어나 대화와 토론, 숙의와 합의에 기초한 맥락지향적 현상탐구가 지적 세계의 인식론적 토대가 되어야 한다는 점을 강조한다(Habermas, 1971: 4). 따라서 사회현상 연구에 있어서 필요한 정신은 합의에 이를 때나 혹은 합의에 이르지 못할 때라 할지라도 인간 내면에 존재하는 실천적 이성에 기초한 토론과 숙의의 중요성에 대한 믿음이며, 이러한 정신만이 18세기 말 이후 계몽주의 철학자들이 미처 완성시키지 못했던 "미완의 프로젝트"(*Unfinished Project*)를 실현시키는 유일한 길이라는 것이다.

제 4 절 학문통섭적 접근 (Consilience Approach)

Lasswell은 또한 인간존엄성 실현이라는 정책학의 목적구조를 완성하기 위한 수단으로서 정책과정에 대한 연구와 정책내용에 대한 연구의 두 가지를 들고, 정책과정에 대한 인과적 연구와 정책내용에 대한 풍부한 지식이 정책학의 목적구조의 완성에 도움을 줄 것으로 보았다(Lasswell, 1951: 4-5; Lasswell, 1970: 5-6). 이를 위한 연구방법론으로는 정치학이나 행정학은 물론 심리학과 인류학 심지어는 생물학이나 인체공학과 같은 자연과학적 방법론까지도 함께 적용하는 연합학문 지향성을 제안하였다(Lasswell, 1970: 5, 11-12). 또한 정책학을 연구하는 학자들뿐만 아니라 정책을 형성하고 집행하는 정책실무가들도 정책경험에서 얻어지는 정책학습과 정책사례들을 통해 정책학 연구의 완성에 함께 기여해야 한다는 주장을 제시하였다(Lasswell, 1970: 13-14). 이는 뒤에서 살펴보는 바와 같은 숙의적 정책분석, 해석학적 정책분석, 정책담론과 정책토론의 강조들과 밀접히 연계되어 있는 개념이다

(Forester, 1999; Fischer, 1998; Habermas, 1971; Hajer, 1993; Fischer & Forester, 1993; Roe, 1994).

제 3 장

정책학의 상위목표: 국가경쟁력과 삶의 질, 그리고 정책역량(Policy Capacity)

정책과정과 정책내용('of and in' policy process)의 지식에 대한 인과적 탐구는 민주주의 정책학의 완성에 기여하게 된다.

- H. D. Lasswell

논의 개요

이 책에서는 정책학의 이상과 과제를 네 가지 차원에서 논의하는데, 이는 정책학의 이상가치, 정책학의 상위목표, 정책학의 연구지향, 정책학의 행동지향이다. 이 장에서는 앞 장에서 정책학의 이상가치에 대해 인간의 존엄성, 근본문제의 추구, 맥락지향적 연구에 대해서 논의한데 이어, 정책학의 상위목표에 대해서 논의한다. 인간의 존엄성이라는 이상가치를 추구하려는 정책학의 상위목표로서 국가경쟁력과 삶의 질, 그리고 이를 실현하기 위한 수단으로서 정책역량, 관리역량, 인프라역량에 대해서 논의한다.

민주주의 정책학의 이상과 과제를 균형있게 논의하고자 할 때 정책학의 맥락지향적 연구 못지않게 고민해야 할 부분이 정책역량에 대한 접근이다. 이에 따라 이 장에서는 특히 국가자율성과 국가역량, 국가역량과 인프라역량, 관리역량 등의 개념적 도구를 토대로 정책역량에 대한 본질적 특성에 대해 접근하고자 하며, 정책역량과 정책품질과의 관계에 대해서 논의한다. 또한, 정책역량 강화를 위한 도구적 수단들로서 혁신관리, 성과관리, 지식관리, 갈등관리를 중심으로 한 관리역량과 전자정부 및 사회자본을 중심으로 한 인프라역량에 대해서 논의한다.

제 1 절 정책학의 상위목표: 국가경쟁력과 삶의 질

인간의 존엄성 실현은 정책학의 이상가치로서 정책학이 구현하고자 하는 최종의 규범적 가치이며, 이것이 실현될 때 민주주의 정책학의 목적구조는 완성된다. 인간의 존엄성을 구현하기 위한 정책의 상위목표로는 국가경쟁력과 삶의 질의 향상을 들 수 있다. 첨단산업정책, 정보통신정책, 과학기술정책과 같은 정책들은 국가경쟁력에 기여하며, 사회복지정책, 보건의료정책, 여성문화정책과 같은 정책들은 삶의 질의 향상에 기여한다. 하지만, 국가경쟁력과 삶의 질이라고 하는 상위목표는 그 자체로는 국가의 궁극적 가치가 되기 어렵다. 우리가 3만 달러 혹은 그보다 높은 소득을 달성하는 경제대국이 된다고 하더라도 우리 사회가 보다 신뢰받고 성숙한 사회공동체를 구현할 수 없다면, 또한 우리 사회공동체에 존재하는 개인들이 각자의 주체성과 독립성을 토대로 자아실현과 인격고양을 추구할 수 없다면, 우리는 기업국가는 될 수 있을지언정 인간의 존엄성이 실현되는 선진사회에 도달했다고 자부할 수는 없을 것이다.

Lasswell이 제창하였던 정책과정과 정책내용(*'of and in' policy process*)의 지식들도 국가경쟁력이나 삶의 질이라고 하는 중간형태를 지나서 인간의 존엄성에 공여한다(Lasswell, 1951: 4-5; Lasswell, 1970: 5-6). 정책과정에 대한 정확한 인과적 연구나 정책내용에 대한 실질적인 지식들도 정책연구의 과학화에 기여하며, 보다 정확하고 폭넓은 지식들은 정책연구의 보다 풍부한 맥락성(*contextuality*)을 제공하게 된다.

제 2 절 정책역량 (Policy Capacity)

1. 국가자율성(state autonomy)과 국가역량(state capacity)

미래 정책학의 발전을 위해서는 거버넌스의 정책역량(*capacity to govern*)이라는 측면이 중요하게 다루어져야 한다. 이는 정책학의 규범성·인식론을 뒷받침하는 하부구조의 역할을 하게 된다. Lasswell이 제시했던 정책과정의 연구와 정책내용의 연구도 결국 실천적 의미에서 보면 정책역량(*policy capacity*)의 강화로 이어진다.

정책역량(*policy capacity*)을 논의함에 있어 국가자율성(*state autonomy*)과 국가역량(*state capacity*)이라는 개념을 간과할 수 없다. 국가자율성(*state autonomy*)은 T. Skocpol(1985)이 『Bring the State Back In』이라는 그의 유명한 저서에서 학술적으로 조심스럽게 접근한 개념이다. T. Skocpol(1985, 1984a, 1984b)과 그의 동료들, 예를 들면 E. Dietrich(1985), S. Krasner(1983), P. Katzenstein(1986) 등은 국가가 민

간기업이나 이익단체의 정책적 압력으로부터 얼마나 자율성을 갖느냐는 개념을 국가자율성(*state autonomy*)이라는 변수로 제시하였다. 이들은 국가자율성(*state autonomy*)이라는 개념이 강한 국가(*strong state*)와 약한 국가(*weak state*)를 결정짓는 중요한 독립변수임을 발견하고, 국가자율성의 정도에 따라 국가가 세계체제 혹은 국제경제의 압력(*pressure*)이나 외국과의 쌍무적인 통상협상(*bilateral negotiation*)시 얼마나 그들의 민간기업의 포획(*captive*)으로부터 벗어나 자유로운 정책적 자율성(*policy autonomy*) 혹은 정책적 수단(*policy leverage*)을 가질 수 있는지, 그리고 그러한 결과가 국가의 정책결과(*policy outcome*)에 얼마나 중요한 영향을 미치는지를 매우 설득력 있게 보여주었다. 예컨대, P. Katzenstein(1986)은 세계시장과 경쟁에 노출된 유럽의 6개 국가들이 가지는 국가경쟁력을 상호비교하면서 국가자율성(*state autonomy*)이라는 개념을 유용하게 사용하였다. 또한, 한국과 대만, 홍콩, 싱가폴 등 동아시아 NICs 국가의 발전을 설명하는데 있어서도 국가자율성의 개념이 중요한 설명도구로 이용되었다(T. Skocpol, 1985, 1984a, 1984b; Amsden, 1983; S. Haggard, 1988).

하지만 이러한 국가자율성(*state autonomy*)이라는 일견 매력적인 개념은 그 뒤에 국가역량(*state capacity*)이라는 변수와 함께 보완될 필요가 있다는 점이 밝혀졌다(S. Krasner, 1983; S. Haggard, 1988). 국가가 민간기업이나 이익단체로부터 얼마나 자율적이며 정책적으로 자유로운 수단(*leverage*)을 갖느냐의 정도만으로 국가의 정책능력을 설명하기에는 부족하다는 비판이 이어졌기 때문이다. 즉, 국가가 사회의 제반집단들(*societal groups*)의 정책적 압력으로부터 자율성을 가질 뿐만 아니라 국가자체가 지니는 정책역량이 강했을 때 국가가 원하는 정책적 결과를 실현할 수 있다는 주장이 설득력 있게 제시되었다.

2. 국가역량(state capacity), 관리역량(admini-strative capacity), 그리고 정책역량(policy capacity)

국가역량(*state capacity*)은 국가자율성(*state autonomy*)보다 큰 개념이다. 국가가 국가정책을 실현함에 있어 사회집단이나 민간기업의 이익에 포획(*captive*)되지 않고, 국가의지(*state will*)를 얼마나 자율적으로 실현시킬 수 있는지를 의미하는 국가자율성(*state autonomy*)이라는 개념만으로는 국가역량(*state capacity*)을 충분히 설명할 수 없다. 국가역량(*state capacity*)은 국가자율성(*state autonomy*)에 더하여 국가행위를 실현하는데 있어서 필요한 총체적인 역량을 지칭한다.

국가역량(*state capacity*)은 정책역량(*policy capacity*)과 관리역량(*administrative capacity*)을 포괄하는 보다 총체적인 개념이다. 이는 국가(정책적 의미와 행정적 의미를 포함)와 사회 사이의 관계(*relationship*)를 규정하는 보다 큰 개념이다(M. Painter & J. Pierre, 2005: 2). 국가역량(*state capacity*)에는 인프라역량과 통치행위가 포함된다. 통치행위에는 국가의 방어-유지-관리와 관련되는 헌법적 행위와 행정부-입법부-사법부의 관계를 규정짓는 국가권력 작용으로서의 통치행위가 있다.

인프라역량(*infra capacity*)은 국가역량(*state capacity*)을 규정짓는 매우 중요한 핵심개념이다. 인프라역량(*infra capacity*)에는 전자정부와 같은 하드웨어적(HW) 개념과 사회자본(신뢰·정직·투명)과 같은 소프트웨어적인(SW) 개념이 포함된다.

정책역량(*policy capacity*)을 규정함에 있어서 국가역량(*state capacity*) 및 인프라역량(*infra capacity*) 이외에 또 필요한 개념이 관리역량(*administrative capacity*)이다. 이때 관리역량(*administrative capacity*)이란 정부의 산출물을 외부에 전달하는데 있어서 필요한 인적자원과 물적자원을 얼마나 효율적으로 관리할 수 있는가에 관한 역량을 의미한다. 이렇게 볼 때, 정책역량(*policy capacity*)은 국가역량(*state capacity*)을 한 축으로 하고, 관리역량(*administrative capacity*)을 다른 한 축으로 하여 3자가 서로 상호작용하는(*dynamic interaction*) 복합적인 개념이다(M. Painter & J. Pierre, 2005: 3). 국가역량(*state capacity*)이 정책역량의 외곽(*outer ring*)을 규정짓는다면, 관리역량(*administrative capacity*)은 정책역량의 내부(*core*)를 뒷받침하는 개념이다.

그림 3-1 Policy Capacity(정책역량), Administrative Capacity(관리역량), 그리고 State Capacity(인프라역량)

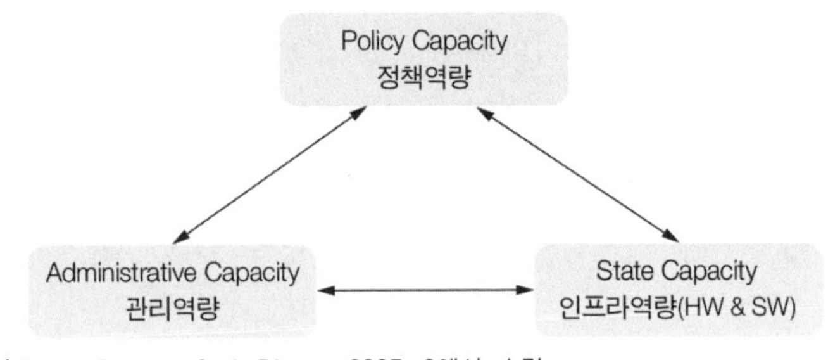

* 자료: M. Painter & J. Pierre, 2005: 3에서 수정.

정책역량(*policy capacity*)이란 국가가 정책행위를 함에 있어 한정된 자원으로 공익을 실현하는 데 있어 필요한 전략적 방향(*strategic directions*)과 집합적 선택(*collective choices*)을 규정짓는 개념이다(M. Painter & J. Pierre, 2005: 2; Painter, 2002; Peters, 1996). 이때 역량(*capacity*)이란 정부체제의 구조적 특성과 정부자원 활용능력의 총체적 축적개념이다. 따라서 정책역량(*policy capacity*)이라는 개념은 국가역량(*state capacity*), 관리역량(*administrative capacity*) 이외에도 그 자체의 고유 도메인(*domain*)을 가진다. 이는 밑에서 후술하는 정책의 품(*nature*)과 질(*technicality*)을 규정짓는 국가적 정책질문들에 얼마나 잘 부합할 수 있는가가 그 중요한 측정 척도이다.

3. 정책역량(policy capacity)과 정책품질(policy quality)

H. Lasswell은 좋은 거버넌스(*governance*)의 구현조건으로서 정책역량 강화의 중요성을 인지하고 있었으며, 정책역량 강화의 구현조건으로서 정책과정 "안과 그 자체"(*'in and of ' policy process*)의 지식과 정보의 품질 제고를 들었다(H. Lasswell, 1970: 3; P. DeLeon, 1999: 20). 그는 정책과정과 정책내용(*'of and in' policy process*)의 지식의 질(*quality*)을 제고함으로써 민주주의 정책학을 완성할 수 있다고 보았다.

이러한 맥락에서 우리는 정책역량의 강화는 국가혁신과 밀접히 관련되어 있으며, 특히, 국가혁신 영역 중에서도 정책품질관리와 매우 깊은 관련이 있다는 점을 알 수 있다. 국가혁신은 정부혁신을 핵심개념(*core concept*)으로 해서 국가 전체에 혁신을 확산시키는 전략적 접근을 취하며, 이는 정부 조직의 일하는 시스템(제도), 기술(IT), 절차(과정), 행태(태도) 등의 혁신을 통해 이루어지는 정부혁신을 중심으로 국가혁신을 국가 전반에 확산시키는 것을 말한다. 이러한 제도적 접근은 제도의 내용에 해당하는 정책혁신과 결부되어야만 비로소 원래 의도한 '인간의 존엄성 실현'이라는 정책학의 목적은 완성될 수 있을 것이다.

1) 정책의 품과 질

인간은 본질적인 성품과 이를 기초로 그 외연상 나타나는 모습으로 나눌 수 있다. 이때 성품은 그 사람의 내재적 가치를 의미하고, 내재적 가치의 연장선상에서 그 사람의 모습이나 행동이 나타난다. 어떤 사람을 "인격자"라고 평을 할 때나, 어떤 사람의 행동에 대해 높은 평가를 내릴 때에도 자세히 관찰하면, 그 사람의 내재된 성품이나 성품의 "씨앗"이 훌륭했다는 점을 공통적으로 발견할 수 있듯이, 어떤 정책의 성공과 실패를 논의할 때도, 그 정책의 성공과 실패의 이면에는 그 정책이 성공(실패)할 수밖에 없었던 내재된 "인자"가 존재한다.

정책에도 품("品")과 질("質")이 있다. 정책의 "품"은 근본적 의미(f*undamental Connotation*)로서 성품(*nature*)에 해당되며, 정책의 "질"은 기술적 의미(*technical connotation*)로서의 외양(*technicality*)에 해당된다(권

기헌·최병선, 2004: 16-18). 결국 우리가 정책역량(*state capacity*)을 논의할 때, 정책의 품과 질에 해당되는 다음과 같은 질문들에 정부가 얼마나 부응할 수 있느냐와 밀접한 관련되어 있다는 점을 알 수 있다.

(1) 정책의 품(品)

정책의 품격에 해당되는 질문들을 살펴봄으로써 정책의 품에 대한 이해를 시도해 보면 다음과 같다.

(가) 사회의 좀 더 높은 차원과 수준의 가치를 보호하고, 고양하고, 신장하는 정책인가?

이러한 차원에 해당되는 정책은 최고 가치를 지향하고 있는 최상위의 정책으로서 국민의 자유와 권리를 보호하고 신장하는 정책, 그리고 자유민주주의 및 자본주의 시장질서 체제를 공고하게 만드는 정책을 들 수 있다.

(나) 현대의 흐름과 역사적 대세에 부합하는 정책인가? 인류역사의 보편적 경험을 존중하고 있는가?

이러한 차원의 정책으로는 세계화 추세, 사회주의 실험의 실패 등을 들 수 있다.

(다) 국민 개개인이 시대의 변화와 요구, 새로운 상황과 문제에 빠르고 효과적으로 적응하기 위해 각자가 적절한 대응책을 모색해갈 수 있도록 학습(*learning*)과 혁신을 자극하고, 고무하며, 조장하는 정책인가? 아니면, 국민을 잠재적 탈법자 또는 자율능력 미숙자로 보아 국민의 자유와 권리를 침해하면서 일방적으로 지도하고 통제해 나가려는 정책인가?

(라) 공개적으로 표명된 정책목표와 실제목표가 일치하는가? 정치적 목적을 은폐하고 있지 않은가? 정책이 미치게 될 계층 간, 지역 간, 집단 간 분배효과(*distribution or redistribution effects*)를 공개적으로 그리고 명시적으로 투명하게 다루고 있는가?

이러한 질문에서 검토해야 할 대상은 예컨대, 겉으로는 경제정의 실현 등 공익을 내세우나, 속으로는 특정 이익집단이나 지역 혹은 계층에 차별적인 보호나 특혜를 제공하는 정책들이다.

(마) 정책의 실패나 오차(*error*), 의도하지 않은 결과(*unintended consequences*)의 발생을 예견하고 있는가? 그에 대한 대비책을 마련하고 있는가? 예기치 못한 상황의 변화에 대응할 수 있을 정도의 여유와 신축성이 있는가? (혹은 정책추진자가 언제라도 발생할 수 있는 정책의 실패나 오류를 즉각 시인하고, 문제점을 찾아 해당 정책을 가차 없이 수정하거나 폐지할 마음의 준비가 되어 있는가? 정책 실패로부터 교훈을 얻을 준비가 되어 있는가? 독선에 빠져 오기나 고집을 부리지 않는가?)

(바) 사회문제 해결을 위한 부담의 분담과 책임의 귀속 면에서 정당성이 있는가? 민간에게 무리한 부담과 책임을 부과하고 있지 않은가? 행정책임을 모면하기에 급급하지 않은가?

(2) 정책의 질(質)

정책의 질에 해당되는 질문들을 살펴보면 다음과 같다.

(가) 정책문제가 정확하게 포착되었는가?

정책문제의 인지(*recognition*)와 구성(*construction*)이 정책적 대응의 방향과 정책내용을 결정한다.

정책문제를 인지하고 구성할 때는 반드시 문제의 근원 혹은 문제가 있다고 보는 인간행동이나 사회적 관계에 관한 인과관계의 규명이 있어야 하고, 여기서 이론적 타당성이 입증되어야 한다.

"정책은 가설(*hypothesis*)이다"(Martin Landau)라는 말은 바로 이러한 뜻을 지칭한다. 예컨대, "이런 정책을 쓰면 이런 결과가 나올 것이다"라는 생각에서 우리는 정책을 채택하고 추진하지만, 그러나 정책은 본질적으로 원인(정책처방)과 결과(정책결과)에 대한 하나의 가설 또는 사회적 실험(*social experiment*)이며, 이러한 가설은 현실에 대한 많은 가정(*assumptions*) 위에 서 있는 것이다.

자연계에서는 대부분의 조건을 통제한 가운데 실험이 가능하지만, 인간의 세계는 한마디로 불확실성의 세계(*world of uncertainties*)이고, 또한 인간(사회)은 끝없이 학습하고 변화하는 존재이므로, 가설 또는 사회적 실험이 들어맞기는 지극히 어려운 일임을 잘 이해해야 한다. 이를 전제로 원인과 결과에 대한 이론적 인과관계를 규명하려는 정책분석적 노력이 매우 중요하게 다루어져야 한다.

(나) 이상의 전제를 기초로 일단 설정된 정책목표가 이론적 혹은 현실적으로 타당성이 있는가? 그런 정책목표의 달성은 정부의 개입이나 규제가 없으면 실현되기 어려운가? 시장실패 요인 및 시장실패 현상의 존재 여부 등 정부 개입의 정당성을 명확하게 확인하고 있는가? 이를 확인하지 않은 정부의 개입과 규제는 일차적으로 의문의 대상이 되어야 한다.

정책목표는 당연히 주어지는 것이 아니다. 정책목표 자체가 정치적, 사회적 선택의 대상이자 결과이다. 이런 면에서 볼 때 합리적 정책결정론(정책목표의 설정 → 정책수단의 탐색 → 선택의 순으로 정책이 만들어지는 것으로 보는)은 정책현실과 현장에 대한 이해의 심각한 왜곡을 초래할 수 있다.

(다) 제안된 정책이 추구하는 정책목표의 달성에 효과성(*effectiveness*)이 있는가?

앞의 문제의식에서 보면 정부가 설정한 구체적 정책목표의 달성과 정책의 성공(혹은 정책목표 달성의 실패와 정책의 실패)은 다른 차원의 문제이다. 하나의 정책목표의 달성이나 실패는 또 다른 정책문제와 정책목표를 연쇄적으로 파생시키기 때문이다.

이러한 관점에서 우리는 다음의 경우를 생각해 볼 수 있다.

① 정책목표는 달성되었으나 정책은 성공했다고 보기 어려운 경우(심각한 부작용 초래). 예시: 부동산투기억제정책, 교육평준화정책 등
② 정책목표는 달성되지 않았으나, 정책은 성공적이라고 볼 수 있는 경우. 예시: 개방정책과 경쟁정책 성격의 정책(금융 및 기업구조 조정정책 등)
③ 정책목표도 달성하고, 정책도 성공한 경우(별로 없음)
④ 정책목표도 달성하지 못하고, 정책도 실패한 경우. 예시: 시화호정책, 화옹호정책, 삼성자동차정책 등 무수

(라) 정책목표의 달성을 위해 가능한 모든 대안이 총체적으로 검토되고 그 가운데서 가장 효율적인 최선의 수단이 올바로 선택되었는가?

이러한 차원의 항목에서 세부적으로 검토되어야 할 사항은 정책수단의 효율성으로서 정책의 집행비용과 순응비용은 검토되었는가? 정책내용이 명확하고 이해하기 쉽고, 집행과 순응이 쉬운가? 의도하지 않은 결과의 파생가능성과 그 크기는 어느 정도인가? 등이다.

(마) 정책의 집행과정에서 발생할 수 있는 문제들이 충분히 고려되고 대책이 마련되어 있는가? 이러한 차원의 항목에서 세부적으로 검토되어야 할 사항은 정책의 목적과 취지가 국민에게 잘 전달되어 설득력을 지니고 있는가? 적절하고 충분한 행정조직과 인력, 예산, 불만이나 분쟁해결을 위한 법절차 등이 잘 구비되어 있는가? 정책집행의 일관성과 형평성이 확보되고 있는가? 등이다.

(바) 정책의 실패나 오차를 수정할 학습 메커니즘이 구비 혹은 내장(*built-in*)되어 있는가?

이상에서 제시된 정책의 품격에 해당되는 질문들은 정책에 관한 근본적이고도 실질적인 질문들이다.

2) 정책역량과 정책품질관리

(1) 정책 실패와 정책품질관리

정책 실패의 반복은 정부 실패이다. 즉, 정책시행에 따른 정책 실패의 원인분석을 소홀히 하고, 그에 대한 정책사례 학습의 미흡을 가져오고, 이는 차후의 정책시행에도 실패를 초래하는 등 정부 실패의 악순환을 초래한다. 정부 실패는 곧 국민에 대한 서비스의 저하와 정부의 신뢰를 떨어뜨리는 것이고, 정부경쟁력을 저하시키고 더 나아가 국가경쟁력을 저하시키는 것이다.

따라서 정책품질을 향상시키기 위한 선행조건으로 정책수요를 정확히 파악하고, 합리적인 정책과정을 강화하고, 정책관리자의 정책관리 능력 및 책임성을 향상시키는 등 정책과정의 체계적 관리와 조직과 개인의 정책역량을 강화해야 한다. 또한 이를 바탕으로 정책품질관리제도는 정책품질을 향상시켜, 고객에게 최상의 서비스를 제공하여 국민만족도를 향상시키고, 정부신뢰도를 제고하며 국가경쟁력을 강화하는 것을 목표로 한다.

(2) 정책품질관리의 요소

행정자치부와 국무조정실에서는 정책품질관리란 "정부정책의 품질을 체계적으로 관리·개선함으로써, 정책 실패 및 정책불량품을 방지하는 총체적인 정부의 노력 및 활동"으로 규정하고 있다(국무조정실, 2005: 10). 이러한 정의 속에는 정책품질관리가 정책 실패 및 정책불량품을 예방하고, 정책 성공 및 정책우량품을 생산하기 위한 총체적인 관리임을 함축하고 있다. 즉, 정책품질관리제도란 정부정책의 품질을 체계적으로 관리하고 개선함으로써 정책의 실패 및 정책불량품을 방지하고, 정책우량품을 생산하기 위한 총체적인 정부의 노력 및 활동들로 구성된 정책품질관리의 체제(system)이다. 그 체제엔 정책품질관리규정, 정책품질관리 매뉴얼, 정책홍보, 성과관리, 정책품질관리카드, 조직문화 등의 정책품질관리 성공을 위한 다양한 하부요소들이 포함된다. 또한 정책품질관리는 정책의 전 과정에서 성공적으로 이루어져야 한다.

(3) 정책학과 정책품질관리

정책품질관리와 정책이론(정책과정의 합리성, 정책내용의 소망성)의 연계성을 살펴보면 다음과 같다.

(가) 정책과정의 합리성과 정책품질관리

정책품질관리란 정부가 정책실패 및 부실정책을 방지하기 위하여 정책의 품질을 체계적으로 관리·개선하려고 행하는 총체적인 노력과 활동이다. 다양한 이해관계자의 요구 증대와 시민사회의 발전 등으로 정책환경이 복잡하고 다양하게 변화하고 있으나, 정부의 정책관리 시스템은 체계화되지 못해 "정책불량품"이 발생하고, "정책 실패"가 반복되고 있다.

이에 정책의 전 과정에 걸친 체계적인 품질관리 방안을 수립·시행함으로써, 정책의 실패를 방지하고, 정책효과를 제고할 수 있는 제도적 기반 마련의 필요성에 의해 정책품질관리제도가 도입되게 되었다.

정책결정 과정이 폐쇄적이어서 관련자의 참여가 제한되면 결정된 정책의 내용이 객관적으로 바람직스러운 것이라도 정책의 성공을 보장받을 수 없게 된다. 따라서 정책형성과 집행과정의 절차적 측면이 이해관계자의 참여 면에서 민주성과 투명성을 담보하고 있어야 한다. 정책품질관리제도의 도입으로 인해 정책과정(정책의제설정-정책결정-정책집행-정책평가)이 미시적·거시적으로 점검받게 되고, 이를 통해 정책과정의 민주성과 투명성은 향상될 수 있다.

(나) 정책내용의 소망성과 정책품질관리

정책의 소망성(*desirability*)이란 정책의 내용이 '얼마나 바람직스러운가'를 의미하며, 이는 정책품질관리에서 정책내용의 '품'과 '질'을 높이는 것을 의미한다. 정책의 소망성을 높이기 위해서는 첫째, 정책의 목표가 바람직스러워야 한다. 여러 목표들이 있는 경우에 우선순위가 분명하게 있고, 적합성(정책목표들 중에서 진실로 가장 중요한 목표가 우선되어 있는 경우)과 적절성(정책목표의 달성계획 수준이 지나치게 낮거나 지나치게 높지 않고 적절한 경우)이 있어야 한다. 정책목표가 바람직하다면 정책의 품질은 높아지고 정책의 성공가능성도 높아지게 된다.

또한 정책수단은 효과성(목표를 잘 달성할 수 있는 수단이 선택되어 목표와 수단 사이의 인과관계가 분명한 경우), 능률성(동일한 목표달성을 위해서 최소한의 비용과 희생을 투입하는 경우), 공평성(정책효과나 정책비용의 배분에 있어서 정책대상집단들 간의 배분적 정의에 합치되는 경우), 그리고 대응성(정책대상집단에게 정책효과의 만족도가 높은 경우)이 있어야 한다. 정책수단도 정책목표와 마찬가지로 바람직하다면 정책의 품질은 높아지고, 이는 결국 정책의 성공으로 이어지게 될 것이다. 따라서 정책내용의 소망성은 정책품질관리와 밀접히 연계되어 있다. 정책목표와 정책수단의 소망성 확보는 정책내용의 품질을 제고하게 되는 것이다.

(4) 정책품질관리의 핵심쟁점

(가) 이론적 시사점

전통적 행정학 이론은 시대의 물결에 따라 많은 발전을 거듭해왔다. W. Wilson의 정치·행정이원론에서부터 정치·행정일원론, 행태주의, 비교행정론, 발전행정론, 후기행태주의, 신공공관리(NPM), 그리고 뉴 거버넌스에 이르기까지 시대적 상황과 필요에 따라 서로 다른 모습으로 행정학은 많은 발전을 거듭해왔다.

지식정보사회를 살고 있는 현 시대의 흐름은 뉴 거버넌스에 대한 강조로 나타나고 있다. 즉, 신공공관리에서 뉴 거버넌스로의 변화를 강조하는 단계에 있다. 뉴 거버넌스에서는 참여와 숙의를 강조하며 신뢰와 협동을 강조한다. 또한 국민은 객체적 고객이 아니라 주체적 주인으로 간주하는 것이다. 신공공관리와 같은 고객중심적 접근(*customer-centered orientation*)이 시민을 수동적인 존재로 국한시키는 반면, 주인중심적 접근(*owner-centered orientation*)인 뉴 거버넌스론은 국민을 정부의 의제와 정책을 결정하는 능동적인 존재로 인정하는 것이고, 이에 따라 국민의 참여, 숙의, 합의 등의 민주성과 성찰성의 개념을 강조하는 방향으로 이론의 포커스가 이동하고 있다.

정책과정의 합리성에 있어서 국민을 의제와 정책을 결정하는 주체적 참여 존재로 인정하고, 이에 대한 경로를 확보하는 것은 정책품질관리에서도 중요한 부분이다. 정책품질관리의 지향이념이 단순한 형태의 효율성과 생산성을 넘어서서 민주성과 참여성 그리고 더 나아가 신뢰성과 성찰성을 지향해야 하는 이유도 여기에 있다.

(나) 정책적 시사점

정책에 있어서 가장 중요한 쟁점은 어떻게 하면 정책이 성공하여 국민들의 삶의 질을 높이는가에 있다. 이러한 물음의 적실성 높은 해답을 찾기 위해 수많은 이론과 모형들이 탄생하고 지금까지도 많은 실증적 연구들이 이루어지고 있다.

정책은 합리성과 정치성이라는 이중적 성격을 가진다. 과학적이고 전문적인 기법을 통해 정책문제를 파악하고 최선의 내인을 비교·분석하고, 그에 따른 결과를 예측하는 고도의 합리성을 띠는 반면, 조직모형이나 회사모형 또는 Allison III 모형(관료정치 모형)에서 보듯이, 정책이란 바로 가치와 갈등, 그리고 권력의 산물이며, 경쟁과 게임의 결과라는 측면에서 고도의 정치성을 가진다.

그러므로 어떻게 하면 정책의 이러한 정치적 측면과 비합리적 요소를 최대한 배제하면서, 합리성과 과학성을 극대화하여 성공적인 정책으로 이끌어 낼 것인가가 중요한 관건이 된다. 정책의 고전적 질문에 해당하는 이 질문에 대한 해답의 한 방향은 바로 민주성과 투명성 확보에 있다. 오늘날 대표적인 문제해결 방식의 하나로 강조되는 뉴 거버넌스 역시 참여·숙의·합의를 통한 민주성과 투명성 확보를 강조하고 있으며, 현재 정부에서 진행되고 있는 대부분의 혁신과제들도 민주성, 투명성, 신뢰성을 강조하고 있다. 문제는 이러한 이념적 가치들이 실제 정책형성 및 집행과정에 얼마나 적절하게 반영될 수 있는가 하는 점일 것이다.

'효과성'과 '능률성'이라는 명목 하에 절차적 타당성을 갖추지 못한다면 시화호 문제나 부안 핵방폐장 유치 실패 사례를 통해 알 수 있듯이, 일견 빠른 듯한 결정이 더 큰 비효율을 낳을 것이고 국민으로부터의 신뢰 또한 얻지 못할 것이다. 비록 정책적 합의점에 다다르기까지 다소의 비용과 노력이 들더라도 개방성과 참여성, 투명성과 신뢰성 확보를 통해 얻어진 정책은 순응 확보가 용이하고 집행과정상 발생하는 갈등을 최소화할 수 있게 될 것이다. 이러한 절차적 합리성을 확보하려는 노력은 정책의 '품'과 '질'을 높이는데 크게 이바지할 것이며, 국가적 차원의 갈등관리비용을 줄이는 동시에 국민으로부터 신뢰받는 정부모형을 구축하는데 크게 이바지할 것이다.

제 3 절 정책역량 강화를 위한 도구적 수단들 (Instrumental Drivers)

인간의 존엄성 실현이라는 정책학의 이상가치와 국가경쟁력과 삶의 질 향상이라는 상위목표를 달성하기 위한 정책적 영역으로는 정책역량, 관리역량, 인프라역량을 꼽을 수 있다.

정책역량은 정책과정과 정책내용에 대한 연구를 통해, 관리역량은 혁신관리, 성과관리, 지식관리, 갈등관리 등의 관리적 도구에 대한 연구를 통해, 인프라역량은 전자정부, 지식정부, 사회자본 등과 같은 인프라 확충을 통해 각각 국가경쟁력과 삶의 질 향상에 기여한다. 정책역량은 정책학, 관리역량은 행정학, 인프라역량은 전자정부와 사회자본에 해당한다.

20세기 후반의 변화는 개인들뿐만 아니라 인간 조직에서도 압도적으로 작용하고 있다. 모든 수준의 공공 조직은 자원의 빈곤, 세계화의 압박, 정보화의 급진전, 시민들의 증대된 욕구, 국가재정 적자와 같은 문제에 직면함은 물론, 이른바 조직의 '미래의 충격'(*future shock*)이라고 불리는 상황에 직면하고 있다. 미래의 정부 조직은 이러한 조직들의 변화에 대처하고, 문제를 해결하기 위한 더 나은 방법들을 개발해야 한다.

미래의 바람직한 정부상의 첫 출발점은 정부역량(*capacity*)의 강화이다. 정부역량은 정책역량(*policy capacity*), 관리역량(*management capacity*), 인프라역량(*infra capacity*)을 제고하는 것을 의미한다.

첫째, 정책역량은 분석(*analysis*)과 예측(*forecasting*)을 중심개념으로 한다. 미래 정부에서는 통상정책과 협상관리, 환경정책과 갈등관리, 정보정책과 과학기술 분야의 중요성이 증대될 것으로 예측되는데, 이러한 정책영역에서 특히 문제의 분석과 예측능력이 매우 중요하다.

둘째, 관리역량은 혁신(*innovation*)과 관리(*management*)를 중심개념으로 한다. 미래 정부에서는 정부 내부의 관리역량 증대를 위해 혁신관리, 성과관리, 지식관리의 중요성이 커진다. 또한 비용편익분석, 회귀분석, 시뮬레이션, BSC 등의 관리기법들을 토대로 조직관리의 과학화를 제고시켜야 한다.

셋째, 인프라역량은 기술(*technology*)과 신뢰(*trust*)를 중심개념으로 한다. 미래 정부에서는 정보기술을 토대로 한 전자정부 및 e-거버넌스의 중요성이 증대되고, 신뢰를 토대로 한 사회적 자산(*social capital*)과 시민사회역량의 중요성이 증대될 것으로 예측된다.

미래 정부는 정부역량 강화를 통해 행정의 생산성(효율성), 민주성(참여성), 신뢰성(성찰성)을 제고해야 한다. 정부 내부의 생산성 증대를 토대로 정책의 참여성(*participation*)과 대응성(*responsiveness*) 제고 등 민주성을 강화하고, 더 나아가 정부와 시민 간의 신뢰(*trust*)와 등권(*empowerment*)을 토대로 사회적 자본(*social capital*)을 강화해야 한다. 정부혁신을 위해 중요한 것은 개혁과 관련하여 바람직한 뉴 거버넌스의 틀을 구축하고, 이에 대해 국민들의 신뢰를 획득하는 일이다. 신뢰는 그 자체를 21세기 정부혁신의 요체로 삼을 정도로 중요한 일이다(Nye et al., 1998).

제 4 절 정책역량 강화를 위한 도구지향적 정책기반 I : 관리역량

정책역량 강화를 위한 도구지향적 정책기반 I, 즉 관리역량(*administrative capacity*)에 해당되는 정책도구(*policy drivers*)들로서 여기에서는 혁신관리(*innovation management*), 성과관리(*performance management*), 지식관리(*knowledge management*), 갈등관리(*conflict management*)에 대해 검토한다. 이들은, 후술하듯이, 정책과정의 합리성이나 정책내용의 소망성에 영향을 미침으로써 정책역량 강화의 기반을 다지는 역할을 하게 된다.

1. 정책학과 혁신관리

1) 혁신관리의 개념

혁신관리란 현 조직상태가 바람직한 조직상태로 원만하게 혁신될 수 있도록 체계적으로 관리하는 제반활동을 의미한다. 혁신관리의 주요 활동에는, 거시적 혁신관점에서의 혁신진단 → 혁신점화 → 혁신설계 → 혁신실행 → 혁신내재화와, 미시적 혁신관점에서 혁신지원 및 저항관리 활동이 있다. 즉, 혁신관리란 혁신이 일어날 수 있도록 혁신의지를 불러일으키고(혁신점화), 적절한 혁신방안이 마련될 수 있도록 유도하며(혁신설계, 혁신실행, 혁신내재화), 이러한 일련의 과정이 장애 없이 진행될 수 있도록 행하는 체계적인 관리를 의미한다.

혁신관리의 목적은, 광의의 관점에서는 특정 부처의 현 상태를 바람직한 상태로 혁신시킴으로써 고객(국민)만족 수준을 높이는 것이며, 협의의 관점에서는 혁신개입 수단들이 성공적으로 실행되어 각각의 이론에서 추구하는 목적을 달성하도록 지원하는데 있다. 즉, 혁신추진 동력을 창출하고, 혁신추진 과정에서 발생되는 장애요인이 제거되도록 혁신개입 수단을 원만하게 실행하는 것이며, 최종 목적은 고객만족과 성과달성에 있다.

2) 혁신관리의 변수

혁신관리의 주요 변수로는 리더십, 기술적 요인, 제도적 요인, 태도적 요인, 문화적 요인 등이 있다. 이러한 핵심변수의 향방과 총합에 의해 혁신관리의 성공 여부가 좌우된다고 볼 수 있다.

(1) 조직책임자의 강력한 리더십 및 의지

변혁적 리더십은 오늘날 경영자체와 동일시 할 만큼 조직행동에 있어 매우 중요한 위치를 차지하고 있다. 한 조직의 혁신의 성패는 효과적인 리더십의 발휘 여부와 관련되어 있다고 해도 과언이 아니다.

현대 행정의 거버넌스 패러다임에 있어서 조직책임자의 리더십은 미래에 대한 비전과 통찰력을 가지고 조직에 대한 열정과 헌신을 통한 국정관리역량을 요구하는 한편, 시민사회와의 신뢰와 협력에 기초한 상호작용과 네트워크 관리능력을 필요로 하고 있다. 오늘날의 국정관리는 조직책임자의 높은 수준의 역량을 요구하고 있으며, 이러한 국가경영의 리더들의 자질과 역량에 따라서 정부혁신의 향방이 좌우된다고 할 수 있다.

(2) 기술적 요인

현대사회의 국정관리는 효과성과 능률성을 강조하던 과거 정부관료제 패러다임에서, 효율성과 함께 참여성, 숙의성, 합의성과 같은 민주성과 투명성이 강조되는 거버넌스 패러다임으로 전환되고 있다. 이러한 패러다임의 전환을 가능케 한 요인 중의 하나가 바로 정보기술의 발달로 인한 기술적 요인이다.

현대 행정의 거버넌스 패러다임에서 강조되고 있는 민주성과 투명성은 다양한 개인 또는 집단의 정책과정에의 참여기회를 보장하고, 정책과정을 공개함으로써 확보할 수 있는데, 최근 두드러지게 발달된 정보기술의 도입은 정책참여자 간의 커뮤니케이션의 기회를 확대하고 전자민주주의(*e-Democracy*)를 가능하게 해 준다.

(3) 제도적 요인

정부혁신의 효과성은 리더와 구성원들이 얼마나 조직목표와 비전에 대해서 공감대를 형성하며, 조직 구성원들의 자발적인 참여와 열정을 이끌어낼 수 있는가에 달려 있다. 조직 구성원들의 자발적 참여는 조직 구성원들의 태도나 조직문화에서 비롯되는데, 이러한 자발적 참여를 위한 태도변화를 유도하고 조직문화를 형성하기 위해서는 반드시 제도적 장치가 마련되어 있어야 한다.

개방형 인사제도, 고위공무원단제도, 성과급체계와 같은 인센티브제도는 조직 구성원들의 혁신에 대한 태도 변화를 야기시킨다. 조직 구성원들에게 인센티브를 부여하게 되면 업무역량을 최대한 발휘하게 되고, 경쟁원리가 도입되어 조직의 생산성 향상에 기여하게 되며, 그 결과 각 구성원의 태도는 보다 경쟁적이고 성취지향적으로 바뀌게 된다. 이러한 조직 구성원의 태도의 변화는 곧 조직의 문화변화로 이어진다. 이것은 혁신의 성공 여부와 직결된다.

(4) 태도적 요인

조직 구성원들의 적극적 태도와 사고의 유연성은 학습과 교육을 통해 이루어진다. 학습과 교육을 통한 인식의 변화와 역량의 변화는 곧 조직문화의 변화로까지 연결되어, 성공적인 혁신관리에 직접적인 영향을 미치게 된다.

학습에 있어서 가장 중요한 점은 어떠한 특정 부분에 대한 전문적인 시스템화보다는 조직 내에서 공유, 축적, 활용, 학습의 절차를 거쳐 궁극적으로 경쟁력을 강화시키는 것이다. 부처 간의 정보공유, 정보활용 등을 통하여, 서로의 업무를 이해하고 학습함으로써 부처이기주의 해소뿐만 아니라, 정부 전반적인 문제해결능력 제고를 성취할 수 있다.

(5) 문화적 요인

혁신이 제도적으로 정착되려면 문화 유전인자가 바뀌어야 한다. 문화를 바꾸지 않으면 혁신은 결코 성공할 수 없다. 그런데 문화를 바꾼다는 것은 참으로 어려운 일이다. 조직의 문화 유전인자가 바뀌려면 리더의 솔선수범, 열정, 헌신, 혁신에의 참여, 신념 등이 절대적으로 필요하다. 변혁적 리더(*leader*)가 혁신에 있어서 주도적인 역할을 하면서 솔선수범하고 열정과 신념을 보일 때, 그 조직의 구성원(*follower*)들도 변화에 대한 저항을 이겨낼 수 있으며, 자발적이고 적극적인 태도로 혁신의 도도한 물결에 마침내 동참하는 것이다.

새로운 문화의 구축은 새로운 패러다임에 기초하지 않으면 안 된다. 새로운 작동원리에 의한 정책과 관리는 새로운 인센티브 제도 등의 도입을 통해 이루어질 수 있다. 새로운 문화의 구축은 오랜 시간이 소요되므로, 정부의 강력한 의지 표명 및 강력한 인센티브 도입, 그리고 조직혁신을 성공으로 이끌기 위한 전략 마련이 필요하다.

3) 혁신관리의 인과관계

우리는 앞에서 정부혁신의 핵심변수들에 대해서 알아보았다. 여기에서는 이러한 변수들 사이에 존재하는 인과관계에 대해 검토함으로써 정부혁신이 발생하는 주요 경로에 대해서 학습하고자 한다.

속도와 불확실성을 특징으로 하는 21세기 조직환경 하에서 조직이 생존하고 성공을 거두기 위해서는 디지털 신경망 시스템의 도입을 통해 정부 내에 산재해 있는 정보와 지식을 공유하고 확산함으로써 학습이 지속적으로 일어나야 한다.

지식공유에 대한 조직 구성원의 태도나 학습에 대한 조직의 문화는 인센티브의 도입과 같은 제도적 요인에 많은 영향을 받는다. 정보기술적 요인과 제도적 기반요인은 개인과 조직의 태도에 영향을 미치기 때문이다. 지식창출과 공유에 따른 강력한 인센티브제도의 도입은 조직 구성원의 학습이나 정보공유에 대한 태도를 개방적이고 적극적으로 변화시키게 된다(제도적 요인). 또한 전자결재를 의무화하고 문서중심의 업무처리 방식을 디지털로 의무화하는 것은 조직 구성원의 태도와 나아가 조직문화를 바꾸게 될 것이다(기술적 요인).

제도적 요인은 조직구조적 차원과 관리적 차원을 포함한다. 조직구조적 차원에서는 수평적이고 유연한 조직일수록 지식의 창출 확산이 용이하다. 관리적 차원에서는 인센티브제도가 제대로 정립되어 있어야 지속적인 지식의 창출 확산에 따르는 동기부여가 이루어진다.

기술적 요인과 제도적 요인은 외생적 변수에 해당하며, 조직에 이러한 요소를 성공적으로 도입하기 위해서는 조직책임자의 강력한 리더십과 의지를 필요로 한다. 디지털 기술은 정보네트워킹이라는 수단을 통해 정보공유와 공동작업을 가능케 함으로써, 조직의 비정형적 업무나 창의적인 가치창출을 도와준다. 하지만 이러한 디지털 기술이나 네트워크의 도입이 진정으로 기획부서의 업무와 조화를 이루고, 조직혁신으로 이어지는가의 문제는 다분히 조직책임자의 리더십과 역량에 많이 좌우된다(빌 게이츠, 1999). 조직 내 업무처리 방식을 문서위주에서 디지털 방식으로 바꾸고, 인트라넷이나 익스트라넷과 같은 디지털 기술의 도입을 통해 조직업무 프로세스를 간소화시키는 문제는, 조직책임자의 결정이나 강력한 의지 없이는 어려운 문제이다.

이상의 논의를 요약하면, 21세기 동태적 환경 하에서 조직의 문제해결능력을 제고하기 위해서는 디지털 정보기술의 도입을 통해 정부 내에 산재해 있는 지식과 정보자원을 조직 구성원들이 공유해야 하며, 이를 통해 조직학습이 지속적으로 일어나야 한다. 정보공유나 학습에 대한 개인의 적극적 태도와 조직의 개방적인 문화를 유도하기 위해서는, 이들에 대한 인센티브의 변경이 필요하며, 이는 조직책임자의 강력한 리더십과 의지를 필요로 한다.

조직혁신이 일어나기 위해서는, 우선 조직 리더의 강력한 리더십과 의지가 있어야 하고, 이러한 리더십은 조직의 기술적 요인과 제도적 요인에 영향을 미친다. 기술적 요인과 제도적 요인은 조직 구성원들의 태도적 요인과 문화적 요인에 영향을 미친다. 그 결과 혁신이 이루어지는 것이다.

『그림 3-2』 정부혁신의 인과경로

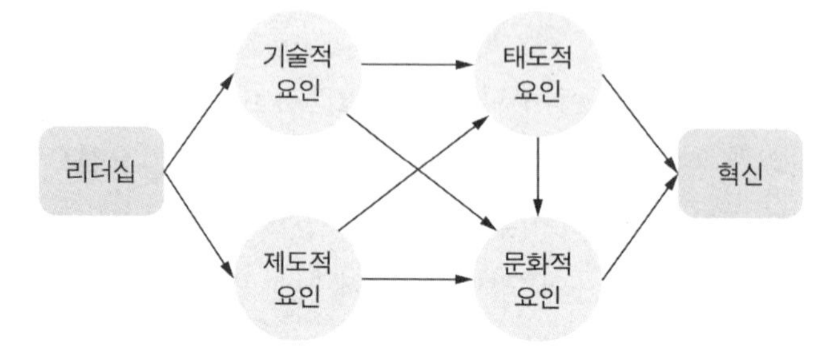

이상의 변수 사이의 인과관계를 정리하면 〈그림 3-2〉와 같다.

4) 정책학과 혁신관리

혁신관리와 정책이론(정책과정의 합리성, 정책내용의 소망성)의 연계성을 살펴보면 다음과 같다.

(1) 혁신관리와 정책이론 I: 정책과정의 합리성

혁신관리가 정책분야에 적용된 것이 정책품질관리이다. 이때 정책품질관리는 정부정책의 품과 질을 향상시키기 위하여 정책과정의 합리성과 정책내용의 소망성을 지향한다. 즉, 정책품질관리는 정책의 절차적 합리성과 내용의 타당성을 통해 정부정책의 품질을 관리하려는 제도인 바, 정책분야에 있어서 혁신을 관리한다 함은 곧 정책의 품질관리를 뜻한다고 볼 수 있다.

정책과정이란 정책의제설정에서부터 정책결정, 정책집행, 정책평가에 이르는 과정의 단계들이다. 이러한 단계를 간단히 살펴보면, 정책의제설정이란 사회문제 중에서 일부를 정책문제로 채택하고 다른 것은 방치하기로 결정하는 활동(사회문제를 정책의제로 다루기로 결정하는 행위)이다. 정책결정이란 어떤 문제가 정책문제로서 거론되면 이를 해결하여 달성할 정책목표를 설정하고, 이 목표를 달성할 수 있는 여러 가지 대안들을 고안·검토하여, 하나의 정책대안을 선택하는 일련의 활동을 말한다. 결정된 정책은 보다 구체화되어 현실적으로 실현되어야 하는데 이 정책의 실현활동을 정책집행이라고 부른다. 이때 정책집행 과정의 여러 측면을 검토하여 보다 바람직한 집행전략을 제공하려는 지석 삭업이 정책평가의 일부이며(형성평가), 집행결과 정책효과의 발생 여부를 검토하는 것이 정책평가의 또 다른 중요한 작업이다(총괄평가). 정책평가는 정책의 종결이나 수정 등을 위한 지식을 제공하여 정책결정에 기여를 하게 된다.

이러한 정책과정에서 합리성이란 정책목표의 달성을 위하여 정책과정에 속하는 일련의 행동의 각 요소에 유효 적절한 기능적 위치나 역할을 부여하여, 정책과정의 절차적 합리성과 내용의 타당성을 보장하려는 노력을 의미한다.

정책과정에 이해관계자의 참여를 확대하는 것은 정책설계를 위한 지식기반 확충을 의미한다. 이는 곧 정책 이해관계자들의 순응과 지원가능성을 증진시키며, 정책의 민주적 정당성을 강화시키게 된다(Pelletier, 1999). 정책과정이 폐쇄적이어서 관련자의 참여가 제한되면 결정된 정책의 내용이 객관적으로 바람직스러운 것이라도 관련자들의 순응을 확보하기 어렵다. 따라서 정책결정 과정의 절차적 측면이 이해관계자의 참여 부분에서 민주성과 합법성을 확보하고 있어야 한다. 정책품질관리는 정책과정의 여러 단계를 통해 정책 이해관계자의 참여를 실질적으로 보장하기 위한 여러 가지 제도적 방안(체크리스트)을 제시하고 있다. 정책의 절차적 참여를 보장하고 충분한 숙의와 협의 그리고 토의와 합의를 제도화함으로써 정책의 품질(*quality*)관리를 도모하고 있다. 이러한 정책의 절차적 합리성 제고는 정책의 분쟁과 갈등을 사전에 예방하고, 사후 관리차원에서 최소화할 수 있게 해준다.

(2) 혁신관리와 정책이론 II: 정책내용의 소망성

정책과정의 합리성이 절차적 타당성을 의미하는 것이라면, 정책내용의 소망성은 내용의 타당성을 의미하는 것이다. 아무리 절차적으로 시민들이 참여하고 숙의하고 합의하여 민주적인 성격을 띠고 있다고 하더라도, 정책내용의 타당성이 없다면 그 정책은 평가받기 어렵다. 정책의 절차 못지않게 중요한 것이 정책의 내용인 것이다.

정책내용의 소망성이란 정책의 내용이 실질적으로 바람직스러워야 하는 것을 의미한다. 정책내용의 소망성은 실현가능성과 더불어 정책을 평가하는 양대 축이라고 할 수 있다. W. Dunn은 정책내용의 소망성을 효과성, 능률성, 공평성, 대응성, 적정성,

적합성 등 6가지로 분류하였다.

첫째, 효과성(*effectiveness*)이란 목표의 달성정도(*goal attainment*)로서 '특정 정책이 집행될 경우 그 정책이 의도했던 목표(성취하기를 바라는 것)를 어느 정도나 달성할 수 있겠는가를 판단하는 기준'이다. 정책목표의 달성이 정책의 가장 중요한 효과를 제공하므로 효과성을 목표달성도라고 정의하는 것이다.

둘째, 능률성(*efficiency*)이란 투입(*input*)에 대한 산출(*output*)의 비율로서, '의도한 정책목표(주어진 효과성의 수준)를 달성하는데 얼마나 많은 노력이 투입되겠는가를 판단하는 기순'이다. 이 능률싱을 측정하는 것으로는 '비용-편익분석'(*cost-benefit analysis*)을 들 수 있다.

셋째, 공평성(*equity*)이란 사람들을 평등하게 대해야 한다는 것으로서, '특정 정책에 따른 비용이나 편익이 상이한 개인·집단에 얼마나 고르게 배분되겠는가를 판단하는 기준'인데, MAcRae와 Wilde는 이 공평성 개념을 수평적 공평성(*horizontal equity*: 동등한 자에 대한 동등한 처우; *the equal treatment of equals*)과 수직적 공평성(*vertical equity*: 동일하지 않는 상황에 있는 자에 대해서는 동일하지 않은 처우; *the unequal treatment of people in unequal circumstances*)로 구분하고 있다. 이 공평성을 측정하는 것으로는 공리주의자의 원칙에 의한 '파레토 최적'(*Pareto optimum*)과 사회에 존재하는 최빈층에 대한 효용성을 우선적으로 감안해야 한다는 '롤즈 기준'(*Rawls criterion*)을 들 수 있다.

넷째, 대응성(*responsiveness*)이란 정책대상집단의 요구·선호·가치의 만족화 정도로서, '특정 정책이 어느 정도나 정책수혜집단의 요구·선호·가치 등을 반영하고 있는가(만족시키고 있는가)를 판단하는 기준'이다. 이 대응성을 측정하는 것으로는 정책이 실시되기 전의 시민들의 요구 조사결과와 실시 후의 만족 조사결과 간의 차이에 대한 비교측정 방법을 들 수 있다.

다섯째, 적정성(*adequacy*)이란 문제의 해결정도로서, '특정 정책의 실시결과 당초의 정책문제를 어느 정도나 해결할 수 있겠는가를 판단하는 기준'이다. 적정성에는 정책시기(*timing*)의 적정성과 정책강도(*degree*)의 적정성이 있다.

여섯째, 적합성(*appropriateness*)이란 정책에 내포된 가치성의 정도로서, '특정 정책이 지니고 있는 가치나 비전이 과연 현실적으로 어느 정도로 바람직한 규범성을 지니고 있는가에 대한 판단 기준'이다. 이상에서의 여섯 가지 소망성의 기준은 정책이나 사안에 따라 모두 평가 기준으로 포함되어야만 하는 것은 아니며, 또한 특정 정책의 평가에는 평가자의 정당성 부여에 따라 특정 기준이 더 가중치가 부여되어 강조되기도 한다.

정책내용의 소망성의 기준인 효과성, 능률성, 공평성, 대응성, 적정성, 적합성은 정책을 결정하는 기준으로서 중요한 역할을 수행한다. 정책이 내용적인 부문에서 얼마나 소망성의 기준에 적합한가에 따라 정책의 성공과 실패 그리고 품과 질이 갈린다. 혁신관리가 정책내용에 적용되어 정책내용의 혁신이 이루어진다는 것은 정책내용의 소망성을 극대화시킨다는 의미이다. 더불어 정책의 성공가능성을 제고하기 위해서는 정책내용의 소망성을 극대화하는 방향으로 혁신관리(정책품질관리)를 해야 한다는 점을 시사한다.

5) 혁신관리의 핵심쟁점

(1) 이론적 시사점

전통적 행정학 이론은 시대의 물결에 따라 많은 발선을 서듭해왔다. Wilson의 정치·행정이원론에서부터 정치·행정일원론, 행정행태주의, 비교행정론, 발전행정론, 후기행태주의, 신공공관리(NPM), 그리고 뉴 거버넌스에 이르기까지 시대적 상황과 필요에 따라 서로 다른 모습으로 행정학은 많은 발전을 거듭해왔다.

뉴 거버넌스에서는 참여와 숙의를 강조하며, 신뢰와 협동을 강조한다. 또한 국민은 객체적 고객이 아니라, 주체적 주인으로 간주하는 것이다. 신공공관리와 같은 고객중심적 접근(*customer-centered orientation*)이 시민을 수동적인 존재로 국한시키는 반면, 주인중심적 접근(*owner-centered orientation*)인 뉴 거버넌스론은 국민을 정부의 의제와 정책을 결정하는 능동적인 존재로 인정하는 것이고, 이에 따라 국민의 참여, 숙의, 합의 등의 민주성과 성찰성의 개념을 강조하는 방향으로 이론의 포커스가 이동하고 있다.

정책과정의 합리성에 있어서 국민을 의제와 정책을 결정하는 참여적인 존재로 인정하고, 이에 대한 경로를 확보하는 것은 혁신관리에서도 필요한 부분이다. 혁신관리의 지향이념이 단순한 형태의 효율성과 생산성을 넘어서서, 민주성과 참여성 그리고 더 나아가 신뢰성과 성찰성을 지향해야 하는 이유도 여기에 있다.

(2) 정책적 시사점

정부혁신에서 논의되고 있는 혁신관리와 갈등관리, 성과관리, 정책품질관리 등은 서로 동떨어져 생각할 수 있는 것이 아니다. 각 요소들이 정부혁신을 위해 유기적으로 연계될 때 성공적인 정부혁신이 일어날 수 있기 때문이다.

정부혁신에 있어서 혁신정책을 수립하는 것은 그 첫 번째 단계이다. 따라서 성공적인 혁신을 이루기 위해서는 정책을 구상하는 단계에서부터 정책의 집행에 이르는 전 과정에 걸쳐 정책품질관리 체크리스트를 통한 정책의 품질을 관리해야만 한다. 첫 단추를 잘못 꿰면 나머지 단추는 모두 잘못 꿰어지는 것과 같이 정책을 수립하는 단계에서 실체적 타당성과 절차적 타당성이 준수되지 않는다면, 정부혁신의 전반적인 내용은 실패로 돌아갈 게 분명하기 때문이다.

정책품질관리제도를 통해 높은 품질의 혁신정책이 수립되었을지라도, 그 이후 운용에 이르는 전체 정책 프로세스를 관리할 수 있는 시스템이 만들어져야 할 것이다. 아무리 좋은 혁신정책을 구상하더라도 그 혁신과정을 관리하는 시스템이 빈약하다면, 지지부진한 혁신결과를 낳을 것이기 때문이다. 그 예로 공정한 성과평가 시스템 구축을 통한 성공적인 성과관리의 필요성을 들 수 있을 것이다.

또한 정책집행 과정에서 당초 계획된 정책목표에 부합하지 않는 방향으로 수정되거나 변질되는 경우도 많이 발생한다. 이는 정책대상집단들의 갈등으로 인해 생기는 경우가 많은데, 이러한 사태가 발생하지 않도록 정책수립 단계에서부터 모든 이해관계자들을 참여시키고, 정책수요자인 정책대상집단에 대한 정책홍보대책도 철저하게 이루어져야 한다. 또한 혁신정책 과정에서 나올 수 있는 내부적 갈등도 문제가 되며 이러한 것들을 효과적으로 관리하는 것 또한 갈등관리라고 볼 수 있을 것이다.

이처럼 전반적인 혁신정책에 대한 체계적 관리만이 정책불량품이 발생하는 것을 막아주는 것이다. 그런 의미에서 정부에서 시행하는 각 혁신정책은 정책품질 매뉴얼을 통해 정책의 품질을 관리하어야 하며, 그 정책이 실행되는 과정에서 혁신이 잘 이루어질 수 있도록 각 혁신요인들에 대해 일련의 체계적인 개입(*intervention*)과 관리(*management*), 즉 혁신관리가 필수적인 것이다.

2. 정책학과 성과관리

1) 성과관리의 개념

성과관리는 조직의 운영 및 관리를 효과적으로 도모하기 위해, 성과를 평가하고 그 정보를 다양한 측면에서 활용하는 것이다. 이를 위해 사전에 목표와 사업계획 등을 설정하여 기준으로 활용하고, 기관에 대한 성과평가는 사전에 설정된 성과지표에 입각하여 수행하며, 평가된 성과정보를 자원의 배분, 업무수행, 보상과의 연계 등 다양한 측면에서 활용한다. OECD는 성과관리를 정부기관으로 하여금 그들이 수행하고 있는 사업결과, 공공서비스의 질, 고객만족도에 대한 책임성을 제고하는 등 각 기관의 성과에 대해 정부기관 스스로가 책임지도록 하는 제도로서, 임무 정의, 기관과 사업목표 정의, 관리자에게 재량권 부여, 목표대비 실제 성과의 측정 및 보고, 성과수준에 대한 정보의 활용, 성과정보의 공개 등으로 구성하고 있다(OECD, 1999).

2) 성과관리의 최근 동향: BSC(Balanced Scorecard)

(1) BSC의 정의

BSC란 '재무적 성과지표와 비재무적 성과지표를 통한 균형된 성과관리 도구'라고 정의할 수 있다. BSC는 무엇보다 성과평가에

그림 3-3 BSC의 균형적인 관점

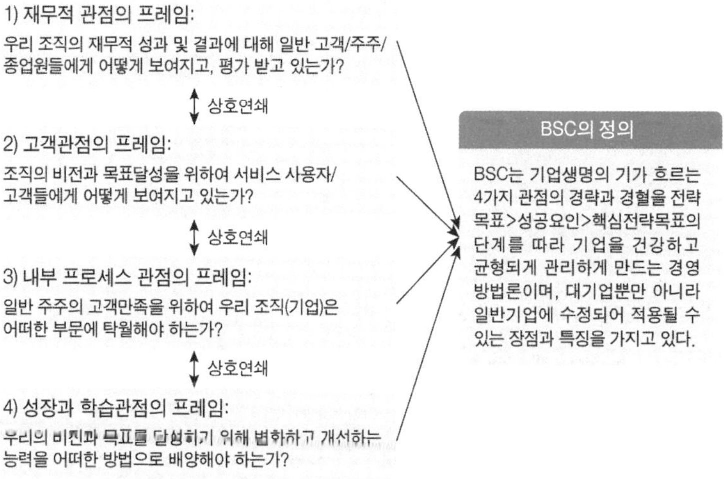

1) 재무적 관점의 프레임:
우리 조직의 재무적 성과 및 결과에 대해 일반 고객/주주/종업원들에게 어떻게 보여지고, 평가 받고 있는가?

↕ 상호연쇄

2) 고객관점의 프레임:
조직의 비전과 목표달성을 위하여 서비스 사용자/고객들에게 어떻게 보여지고 있는가?

↕ 상호연쇄

3) 내부 프로세스 관점의 프레임:
일반 주주의 고객만족을 위하여 우리 조직(기업)은 어떠한 부문에 탁월해야 하는가?

↕ 상호연쇄

4) 성장과 학습관점의 프레임:
우리의 비전과 목표를 달성하기 위해 변화하고 개선하는 능력을 어떠한 방법으로 배양해야 하는가?

BSC의 정의

BSC는 기업생명의 기가 흐르는 4가지 관점의 경락과 경혈을 전략목표>성공요인>핵심전략목표의 단계를 따라 기업을 건강하고 균형되게 관리하게 만드는 경영방법론이며, 대기업뿐만 아니라 일반기업에 수정되어 적용될 수 있는 장점과 특징을 가지고 있다.

대해 '객관적이고 계량화'된 기준을 제시한다. 성과평가에 있어 객관성은 무엇보다 중요한 요소이다. 주관적이거나 합리적이지 않은 기준으로 조직원들이 목표를 달성하게 할 수 없다. 따라서 조직원들이 받아들일 수 있는 객관화된 기준을 설정하기 위해, 정성적인 기준들을 최대한 정량적인 기준으로 바꾸는 노력이 BSC를 통해 이루어진다.

Robert Kaplan과 David Norton은 BSC를 혁신적인 관리철학이라 정의한다. 비전, 전략, 관점 및 핵심성과지표들에 의해 효율적으로 기업성과를 관리하는 것이 그들이 정의하는 BSC의 목표이다. 전통적인 관리방법과는 달리, BSC의 성과지표들은 재무적·비재무적 지표들을 모두 관리하는 것으로서, 전략적 분석과 운영 프로세스에 관련된 틀을 제시한다고 설명한다. 또한 BSC는 지표들 간의 인과관계가 담겨져 있으며, 기업의 전략적 목표들과 지표들이 직접적으로 연관성을 가지고 있기 때문에, 달성 가능한 방향으로 기업을 이끌 수 있다고 강조한다.

(2) BSC의 역할

현대 조직관리는 변화하는 환경 속에서 기업들의 현재, 미래를 가장 적절하게 반영하고 조직의 가치를 적절하게 평가할 수 있는 보다 '전략적'이고 '미래 지향적'인 성과평가체계를 필요로 한다. 즉, BSC는 조직원들에게 조직의 전략을 말해주고, 조직의 비전을 어떻게 달성하면 되는지를 말해주는 나침반과 같은 역할을 한다.

BSC를 단순히 성과관리를 위한 도구로 여겨서는 안 되는 이유가 여기에 있다. 현대 조직은 BSC를 통해 조직원들과 기업의 미래와 현재, 과거를 함께 이야기하고 고민할 수 있다. 따라서 BSC를 중심으로 조직원들의 의사결정이 이루어지고, BSC를 기준으로 조직의 자원들이 할당되며, BSC를 기준으로 함께 성과를 공유할 수 있기 때문에, BSC란 단순히 성과를 평가하기 위한 잣대가 아니라, '조직의 살아있는 전략적 관리 도구이며 전략적 의사결정 기준'이다.

BSC는 조직을 하나의 유기적 시스템으로 바라본다. 따라서 하위부서, 기관 등의 하위시스템을 포함하며, 이러한 하위시스템의 효율적인 관리는 분절적 시각에서 다루어지는 것이 아니라, 상호유기적인 연계성을 강조하는 조직 전체적인 시각에서 이루어지는 것이다.

(3) BSC의 최근 동향

전통적인 성과관리 시스템은 재무기능에서 나왔기 때문에 통제 측면을 강조하는데 집중되어 있었다. 즉, 기존의 성과측정 시스템은 종업원들이 취할 행동을 구체화하고, 그런 다음 종업원들이 이런 행동을 실제적으로 행하였는지를 측정하는 구조였다. 결과적으로 이러한 측정 시스템은 행동을 통제하는데 주력하게 된다.

반면에 BSC는 기업들이 앞으로 구축하기 원하는 미래의 비전에 잘 부합되는 것을 강조하므로 BSC 개념의 중심은 통제가 아닌 전략과 비전에 두고 있다. BSC는 목표를 설정하며, 조직 구성원들을 기업 전체의 비전을 향해 나아갈 수 있도록 측정지표를 설계한다. 즉, BSC는 뒤를 돌아보는 것이 아닌 앞을 내다보고 전진할 수 있게 한다.

BSC는 재무적 관점, 고객 관점, 내부 프로세스 관점, 혁신 및 발전(학습 및 성장)효과의 관점들을 결합하여, 단일보고서에서 제시하여 많은 상호관계를 이해하는데 도움을 준다. 또한 의사를 결정하고 문제를 해결하는 능력을 향상시켜 기존 성과측정 시스템의 한계를 극복한다. 즉, 경영에 필요한 운영측정지표를 한

『그림 3-4』 BSC 성과관리제도

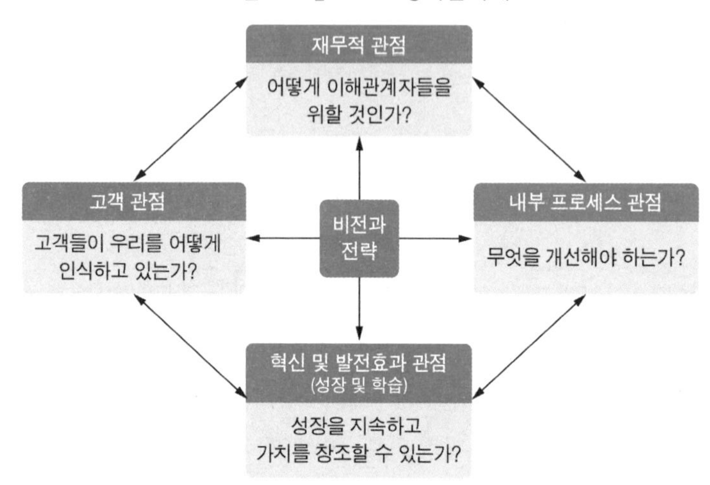

꺼번에 제시하여, 어떤 영역의 개선이 혹시 다른 영역을 희생하며 달성된 것인지를 파악하는 것이 가능하여 부분 최적화를 방지한다.

3) 정책학과 성과관리

성과관리와 정책이론(정책과정의 합리성, 정책내용의 소망성)의 연계성을 살펴보면 다음과 같다.

(1) 정책과정의 합리성과 성과관리

올바른 정책이 형성되기 위해서는 정책과정이 합리적이어야 한다. 정책과정의 합리성이 확보되기 위해서는, 첫째, 절차적 타당성을 갖추어야 한다. 절차적 타당성을 확보하기 위해서는 참여와 대화를 통해서 사회문제에 대해 많은 토론을 거치고, 이 과정 속에서 사회문제가 가지는 본질적인 점을 찾아내어야 한다. 둘째, 실체적 타당성을 갖추어야 한다. 권력적인 요소 등을 배제하고 전문성을 바탕으로 과학적 검토방법을 거쳐야 한다.

정책품질관리는 성과관리를 전제로 한다. 정책과정을 거치면서 정책의 절차적 합리성을 제고하려는 노력에 대해서 평가가 이루어지게 되는데, 이는 정책담당자 개인에게는 성과관리를 통해 나타난다. 즉, 성과관리의 공정성과 효과성을 확보하려는 노력을 엄격하게 하면 할수록 정책의 절차적 합리성 확보는 더 잘 지켜지게 될 것이다.

(2) 정책내용의 소망성과 성과관리

정책의 소망성(*desirability*)이란 정책의 내용이 '얼마나 바람직스러운가'를 의미하며, 이는 정책품질관리에서 정책의 '품'과 '질'을 높이는 것을 의미한다. 정책의 소망성을 높이기 위해서는 첫째, 정책의 목표가 바람직스러워야 한다. 여러 목표들이 있는 경우에 우선순위가 분명하게 있고, 적합성(정책목표들 중에서 당시 시대적 가치와 이념에 비추어 진실로 가장 중요하고 적합한 목표가 우선되어 있는 경우)과 적절성(정책목표의 달성계획 수준이 지나치게 낮거나 지나치게 높지 않고 적절한 경우)이 있어야 한다. 정책목표가 바람직하다면 정책의 품질은 높아지고 정책의 성공가능성도 높아지게 된다.

또한 정책수단은 효과성(목표를 잘 달성할 수 있는 수단이 선택되어 목표와 수단 사이의 인과관계가 분명한 경우), 능률성(동일한 목표달성을 위해서 최소한의 비용과 희생을 투입하는 경우), 공평성(정책효과나 정책 비용의 배분에 있어서 정책대상집단들 간의 배분적 정의에 합치되는 경우), 그리고 대응성(정책대상집단에게 정책효과의 만족도가 높은 경우)이 있어야 한다. 정책수단도 정책목표와 마찬가지로 바람직하다면 정책대상집단인 주민이나 국민의 순응으로 이어지고, 이는 결국 정책의 성공으로 이어지게 될 것이다. 즉, 정책내용의 소망성은 정책의 순응을 일으키는 중요한 요인이 된다.

정책수단의 효과성, 능률성, 공평성, 대응성 역시 정책품질관리 체크리스트를 통해 점검되며, 이는 정책실무자 성과관리의 평가에 반영된다. 따라서 성과관리를 통한 정책실무자 평가의 엄정성을 확보하려는 노력을 잘하면 할수록 정책내용의 소망성은 점점 더 잘 확보할 수 있게 된다.

4) 성과관리의 핵심쟁점

(1) 쟁점과 적실성

지식공유에 대한 조직 구성원의 태도나 학습에 대한 조직의 문화는 인센티브의 도입과 같은 성과관리적 기반요소에 많은 영향을 받는다. 정보기술적 요소와 제도적 기반요소는 개인과 조직의 태도에 영향을 미치기 때문이다. 지식창출과 공유에 따른 강력한 성과관리제도의 도입은 조직 구성원의 학습이나 정보공유에 대한 태도를 개방적이고 적극적으로 변화시키게 된다.

21세기 비선형적 환경 하에서 조직의 문제해결능력을 제고하기 위해서는 정부 내에 산재해 있는 지식과 정보자원을 조직 구성원들이 공유해야 하며, 이를 통해 조직학습이 지속적으로 일어나야 한다. 정보공유나 학습에 대한 개인과 조직의 개방적인 태도를 유도하기 위해서는 이들에 대한 강력한 인센티브 제공이 필요하며, 이는 공정하고 엄격한 성과관리제도의 확립을 전제로 한다.

행정자치부는 통합행정혁신 시스템이라는 업무관리, 고객관리, 성과관리, 보상관리 각각의 시스템이 통합·연계된 하나의 포탈을 개발했다. 업무, 고객, 성과, 보상의 입체적인 연계성 확보로 종합적인 정보능력을 향상시킬 수 있다는 판단 아래 도입된 시스템이다. 이 통합행정혁신 시스템에 담긴 업무관리 시스템은 주요 정책과제 및 업무를 온라인으로 처리하여 정책의 투명성과 책임성을 확보하고, 고객관리 시스템은 핵심업무의 고객서비스 처리과정을 자동화하여 고객이 받은 서비스에 대한 만족도를 평가하며, 성과·보상관리 시스템은 성과의 상시적인 모니터링을 통해 목표달성도를 실시간으로 평가하여 인사 및 보상에 반영하도록 해준다.

고객관리나 성과관리를 별개의 시스템으로 구축하여 운영하는 사례는 있었지만 고객, 업무, 성과를 하나의 포탈로 구축하여 통합 운영하는 사례는 정부 부분에서 처음으로 도입되는 것이다. 행정자치부는 통합행정혁신 시스템 구축을 통하여 공무원의 일하는 방식의 획기적인 변화, 업무처리 소요시간의 단축, 정책품질 향상, 정책결정의 투명성 및 책임성 제고, 대국민 편익증진 등의 효과를 거둘 것으로, 또한 공무원의 의식과 행태를 고객과 성과중심으로 근본적으로 변화시켜, 궁극적으로 정부의 경쟁력을 제고하는데 크게 기여할 것이라 기대된다.

(2) 이론적 시사점

성과관리는 정부혁신의 성공을 위한 전략적 수단이다. 민간기업과 달리 "조직 존폐"의 위기감을 조성하기 어려운 정부기관의 경우에는 혁신에 참여하는 구성원과 그렇지 못한 구성원 간에 차별화된 성과보상을 통해 자발적인 혁신 참여를 유도할 필요가 있다. 특히, 사람이 아닌 '시스템에 의한 성과관리'가 필요하다.

그동안 정부운영관리는 객관적이고 투명한 기준이 없이 관리자들의 주관적 판단에 의한 성과관리에 치우친 측면이 없지 않았는데, 이러한 사람에 의한 성과관리는 구성원의 동의나 공감대를 확보하기 어렵고 정실 또는 연고에 의한 관리라는 비판을 받기 쉬었다. 또한 조직의 리더 또는 구성원이 바뀌는 경우에는 성과관리 수단과 방법이 달라지는 등 일관성, 객관성, 투명성 역시 크게 미흡하였다. 따라서 혁신의 방향과 목표를 일관성 있게 뒷받침하고, 혁신 프로세스가 지속적으로 투명하게 가동될 수 있도록 하기 위해서는 '시스템에 의한 성과관리'가 필요하다.

앞에서 우리는 성과관리는 단순히 성과목표와 사업결과 사이의 관계를 파악하는 데에만 그치는 것이 아니라, 정책과정의 합리성, 정책내용의 소망성, 정책품질관리, 지식관리에 영향을 받고 영향을 주는 피드백 작용을 하고 있음을 살펴보았다. 즉, 성과관리와 정책이론은 상호작용하는 것이다. 이처럼 성과관리를 통한 조직 내부의 생산성 제고와 정책이라는 조직산출의 합리성 제고는 매우 밀접히 연계되어 있는 바, 정책학과 성과관리는 따로 놓고 생각해야 하는 것이 아니라 언제나 같이 종합적으로 생각하고 판단해야 하고, 이들 간 유기적 상호작용을 통하여 서로가 이론적으로 더 발전해 나갈 것이다. 특히 현대 정책이론은 정부혁신 이론, 정책품질관리, 신제도주의 및 뉴 거버넌스, 정책네트워크 및 전자정부 이론 등 현대의 조직혁신 관리기법들에 대한 이론적 통합을 통해 정책의 절차적 타당성 및 실체적 합리성을 제고하는데 많은 노력을 기울여야 할 것이다.

3. 정책학과 갈등관리

1) 갈등의 개념

고전적인 조직이론가들(Weber, Taylor, Gulick & Urwick, Fayol)은 갈등이 나쁜 것이고 조직의 효과에 언제나 부정적인 영향을 미친다고 가정하여, 갈등은 해로운 것이기 때문에 회피하여야만 한다고 보았다. 그러나 갈등을 긍정적으로 보는 시각도 나오게 되었는데, Elton Mayo에 의하면, 갈등이란 조직 내에서 자연적으로 일어나고 있는 현상이며, 조직은 그 성격상 어쩔 수 없이 내재적인 갈등을 안고 있다고 보았다.

오늘날의 통합된 시각은 갈등은 그 자체로서 중립적인 것이고 갈등의 결과는 부정적일 수도 있고 긍정적일 수도 있다고 보는 관점이다. 즉, 어떻게 갈등을 관리하느냐에 따라서 갈등의 효과가 긍정적일 수도 있고 부정적일 수도 있다는 것이다.

2) 갈등관리의 이해

국가와 시장, 그리고 시민사회 간에는 다양한 상호작용이 이루어진다. 기본적으로 국가는 시장에 대해 규제를 부과하게 되고, 시장은 시민사회에 대해 효율성을, 그리고 시민사회는 국가에 대해 민주화를 요구한다. 반대로 국가는 시민사회에 대해 공공선의 확립에 관한 책임을 지고 있으며, 시민사회는 시장에 대해 나눔의 원칙을 고수해야 할 책임이 있다. 시장은 국가에 대해 자유화에 기초한 시장원리의 작동에 관한 책임을 보유한다.

이렇듯 상호 간에 복합적으로 연결되어 있는 세 영역은 다시 공공과 민간, 영리 및 비영리, 공식 및 비공식부문으로 세분되며, 각 영역의 교차점이 주어진 사회의 신뢰구조가 된다. 이 신뢰구조를 중심으로 공공선(*public good*)의 이해관계가 형성된다. 요컨대 세 가지 영역군에서의 상호작용이 균형점을 가지고 있을 때, 갈등은 유기적으로 조정이 가능하며, 주요 행위자의 본래 기능과 사회적 책임이 제대로 작동하는 것을 필요로 하게 된다. 이때 공적 이익과 사적 이익 간의 명확한 구분과 공통분모의 형성과정이 관건이 된다.

갈등현상에 관한 고전적 정의는 이해관계의 제공자와 수혜자로 상정하였다. 양자 간의 거래관계는 갈등관계를 조정하고자 하는 제3자에 의해 삼각형 모형을 이루게 된다.

그림 3-5 갈등이해의 기본 틀

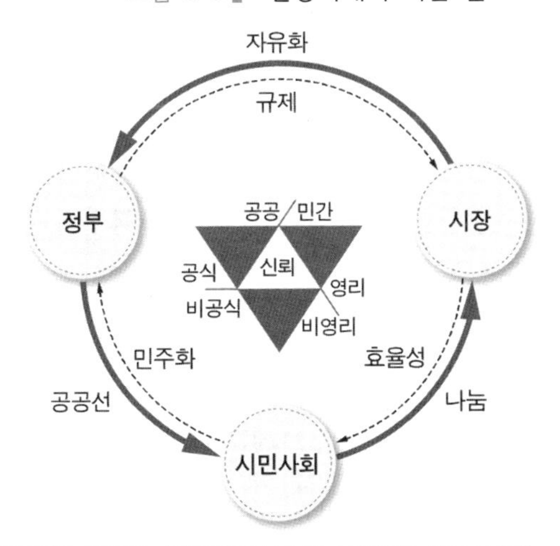

* 자료: 지속발전가능위원회, 「갈등관리시스템 구축방안 연구보고서」, 2004.

3) 정책갈등의 관리전략

(1) 정책갈등의 개념

정책갈등이란 정책결정 환경의 각 수준 간 또는 각 수준 내에서, 집행, 평가, 환류과정에서 발생하는 갈등이다. 정책갈등은 정부가 각종 정책이나 사업 또는 프로그램이나 프로젝트를 수행하는 과정에서 발생하는 갈등이다. 정책갈등은 정책결정 환경의 수준들과 각 수준의 하부수준들 차원에서 발생하며 다양한 원인들에 의해서 발생한다.

(2) 정책갈등관리의 기본 전략

참여정부는 24개 사회적 갈등현안 중 경부고속철도 금정산·천성산 구간 노선 결정, 서울외곽순환도로 사패산 터널구간 건설, 한탄강댐 건설, 경인운하 건설, 방사성폐기물 관리시설 부지 선정, 새만금간척사업 추진, 소각장 건설 추진 등의 환경분야 갈등을 국정 우선해결과제로 제시했다. 국정 7대 환경현안은 사안마다 서로 다른 특성을 가지고 있지만, 대부분 문제의 발단 및 전개 양상의 측면에서 볼 때, 기본적으로 몇 가지 공통되는 특징이 있다. 그것은, 1) 사업주체가 공공기관인 점, 2) 갈등이 커다란 사회문제가 되기 전에 제기된 다양한 문제제기가 충분히 고려되지 않은 점, 3) 권한과 권위가 있는 조정기구가 없는 점, 4) 갈등 당사자들 사이의 조정과 이에 대한 수용이 잘 이루어지지 않는 점 등이 그 특징이다.

이러한 문제를 해결하기 위해서는 우리 사회의 갈등해결 시스템을 새롭게 구축하는 것이 필요하다. 정책갈등의 조기포착과 사전관리가 중요하며, 또한 정책집행에 따른 다양한 정책참여자들의 분석능력을 제고하고, 이해관계자의 참여 및 갈등조정을 통한 거버넌스적 문제해결을 통해 정책과정의 참여성, 숙의성, 합의성 등 민주성이 제고되어야 한다.

(가) 조기포착과 사전관리

갈등관리에 있어서 조기포착과 사전관리는 갈등예방에 관련된 개념으로, 조기포착에 의해 발견된 발생 가능한 잠재적 갈등의 요소들을 해결하는 것이 핵심적 사항이다. 조기포착과 사전관리는 갈등이 발생하기 이전까지 안이한 형태로 대응하여, 갈등이 표면화된 시점에서는 이미 갈등이 너무 커져버려서 해결이 힘들게 되었던 기존의 정부의 갈등해결구조의 문제점을 사전에 해결할 수 있는 방안으로서의 의미를 지닌다.

갈등에 대한 조기포착은 정책에 대한 여론이나 개개인의 의견에 대한 적극적인 수렴의 형태로 이루어질 수 있다. 즉, 거버넌스적 시각으로 국민의 정책참여와 대국민 정책홍보를 강조하는 것이다.

(나) 정책대상집단에 대한 분석능력 제고

정책대상집단에 대한 이해도를 높이는 것은 효과적이고 효율적인 정책을 수립하고 집행하는 과정에서도 필요하지만, 정책의 갈등관리 측면에서 더욱 그 중요성을 갖는다. 갈등관리와 연관되어 정책대상집단에 대한 이해도를 높이는 것은 정책대상집단이 요구하는 점을 정확하게 파악하여, 그에 따라 정책을 조율하고 갈등발생 시 각 집단들의 특성에 맞게 재빠른 갈등조정에 나설 수 있기 때문에 중요하다. 정책의 조율을 통하여 사전에 갈등을 예방·조정하거나, 갈등발생 시에 대상집단들의 성향을 알고 있어서 발 빠른 대응을 할 수 있다면 갈등관리에 있어서의 효율성을 제고할 수 있을 것이다.

(다) 민주적 절차성 제고

정부의 정책과정에는 시민사회와 지역공동체 그리고 NGO 간 순환과정을 보이고 있다. 정책의 투입단계에서는 정부가 운영하는 자문위원회를 통해 정책의제가 형성되고, 자문위원회는 시민의 참여를 전제하여 전문가집단과 시민단체 등이 정책을 요구한다. 일반시민의 요구들은 시민사회를 구성하는 시민단체나 이익단체를 통해 개진되기도 하고, 직접적으로 개별 민원으로 제기하기도 한다. 이렇게 정부 외부의 정책네트워크를 통해 제기된 정책의제(*agenda*)들은, 정부 내부의 정책네트워크를 통해 조정되고 조율되어 이루어지는 정책결정 과정을 거쳐, 실제로 행정업무를 수행하는 여러 정부활동, 즉 각종 정부규제나 행정서비스의 제공으로 나타나게 된다.

정부규제나 행정서비스에 대한 각종 민원들이 시민사회나 지역공동체 및 전문가집단 등에 의해 다시 민원으로 제기되고, 그 민원들이 다시 정책형성의 단계를 거치게 되는 순환과정이 반복되는 것이다. 이처럼 정부의 정책형성과 집행은 시민사회와 지역공동체 및 NGO와 상호작용하면서 이루어지고 있다(조권중, 2004: 3).

정책과정에 있어서 다양한 이해관계자들이 참여한다는 것은 정책의 거부점(*veto point*)이 그만큼 많아진다는 것이고, 이는 정책의 잠재적 갈등과 함께 잠재적 실패의 가능성도 그만큼 높아진다는 것이다. 이러한 정책환경의 변화는 갈등관의 중요성을 더욱 크게 하였다. 갈등관리가 결국은 정책참여자들 간의 이해관계를 조율하고 갈등을 예방하는 것이고, 이 과정에서 강조되는 것은 민주적 절차성이기 때문이다. 요컨대, 정책과정에서 거버넌스적 문제해결을 위한 참여성, 숙의성, 합의성 등 민주적 절차성 제고는 정책집행의 성공을 위해서나 효과적인 갈등관리를 위해서 매우 중요한 가치로 등장하고 있다.

(라) 지식관리역량 제고

화물연대 파업사건에서도 알 수 있듯이, 지식관리는 갈등관리에 지대한 영향을 미친다. 갈등조정·해결방안에 대한 정부 내에 있는 산재되어 있는 지식들을 저장하고 가공하며, 공유를 통한 학습으로 지식관리역량의 제고를 통해 갈등관리를 해야 하는 것이다. 이를 위해서는 갈등관리의 새로운 메커니즘의 개발과 함께, 갈등조정기구의 상설화가 필요하며, 이를 통해 지금까지 정부 갈등관리 사례·안건에 대한 데이터베이스를 구축해야 한다.

지금까지의 정부의 갈등관리 방안을 보면, 갈등조정에 실패한 사안에 대한 원인분석이나 사후 학습노력이 매우 부족하였다.

대표적인 예로써 노무현 대통령의 지시로 참여정부 초기에 의욕적으로 시작하였던 한탄강댐 갈등조정 사례를 들 수 있다. 이는 정부가 갈등조정에 있어 이해관계자들 간의 근본적 갈등해결보다는 빠른 갈등해결만을 위해 갈등조정을 하였고, 결국 실패에 이르게 된 사례이다. 성공적인 갈등관리를 위해서는 이러한 정책 실패에 대한 철저한 분석을 통해 지속적이고 피드백적인 학습이 일어나야 한다. 그리고 이를 통해 정책결정능력과 위기관리능력을 향상시키고, 갈등에 대한 관리능력을 배양해야 한다.

4) 정책학과 갈등관리

갈등관리와 정책이론(정책과정의 합리성, 정책내용의 소망성)의 연계성을 살펴보면 다음과 같다.

(1) 정책과정의 합리성과 갈등관리

우리는 다양한 이익결집과 이익표출이 과잉 분출되는 민주화 이후의 민주화 시대에 살고 있다. 따라서 다양한 이해관계로 인하여 정책갈등의 위험은 산재해 있다. 이런 때일수록 다양한 이해관계가 당사자 간의 협의를 통해 상생의 결과를 얻을 수 있도록 하는 정책적 가치가 중요해진다. 즉, 정책과정의 절차적 합리성이 그 어느 때보다도 중요해진 시점에 살고 있는 것이다.

민주주의의 성숙과 전자정부의 시대가 도래하면서, 점차 정책의제설정단계에서는 사회의제가 정부의제가 되는 외부주도형이 많아지고 있으며, 정책의 집행단계에서도 다양한 거부점(*veto point*)이 형성되어(Pressman & Widavsky, 1973), 과거 발전행정 방식의 일방적 집행이 성공하기 어려워졌다.

정부정책의 수많은 이해당사자들이 정책과정에 있어 수많은 거부점을 형성하였으며, 이에 따라 정책의 갈등을 일으키기 쉽다. 즉, 당사자의 이해와 맞지 않으면 집단시위나 이익집단화, 혹은 인터넷 등을 이용해서 정책을 거부하고 갈등을 조장하게 되는 것이다. 과거 정부주도형 정책결정 방식에서는 정부의 결정과 일방적인 집행이 대부분이었지만, 이제는 이해당사자와 사전 협의와 조율이 있어야 정책의 순응을 확보할 수 있어 결국 정책의 성공을 거둘 수 있다. 즉, 갈등관리와 정책과정의 합리성은 동전의 양면과 같아졌다. 민주화 이후의 민주화 시대에 무한히 잠재되어 있는 국가적 차원의 갈등을 효율적으로 관리하고 정책의 순응을 확보하기 위해서는 정책의 절차적 합리성이 매우 중요하게 대두하고 있다.

(2) 정책내용의 소망성과 갈등관리

정책의 소망성(*desirability*)이란 정책의 내용이 '얼마나 바람직스러운가'를 의미하며 이는 정책품질관리 중 정책의 '품'과 '질'을 높이는 것과 일맥상통한다.

그렇다면 정책은 어떠한 상태가 바람직스럽다고 할 수 있을까?

첫째, 정책의 목표가 바람직스러워야 한다. 정책목표들 간의 우선순위가 분명하고, 목표의 적합성과 적절성이 있다면 정책의 성공가능성은 높아질 것이다.

또한 정책수단은 효과성·능률성·공평성·대응성이 확보되어야 한다. 정책수단도 정책목표와 마찬가지로 이러한 조건들이 바람직하다면 정책대상집단인 주민이나 국민의 순응으로 이어지고, 이는 결국 정책의 성공으로 이어지게 될 것이다. 즉, 정책내용(정책목표와 정책수단)의 소망성은 정책의 순응을 일으키는 중요한 요인이 되는 것이다. 바꾸어서 생각하면 정책에 있어서 소망성의 결여는 정책의 불응을 일으키고 정책집행에 있어서 심한 갈등을 발생시킨다.

따라서 정책의 갈등관리는 정책의 소망성과 밀접한 관련이 있으며, 정책의 갈등관리는 정책의 소망성의 제고를 통해서 그 효과성이 제고될 수 있을 것이다.

5) 갈등관리의 핵심쟁점

(1) 쟁점과 적실성

정책 이해관계자들의 이해가 과다하게 표출되는 민주화 이후의 민주화 시대에서 정책에 참여하는 시민들은 점차 늘어나고 있다. 따라서 과거 엘리트주의나 하위정부 모형이 대부분이었던 정책의제설정도 이제는 정책네트워크나 이슈네트워크로 변화하고 있다. 정책에 있어서 시민들의 참여는 크게 두 가지 의미를 갖는다. 첫째는 민주주의의 관점으로 시민의 정치과정 참여는 당연한 것이고, 정치적 다원주의는 이상적인 사회이며 각 이익집단들 간의 이해관계의 조정과 협상은 아름다운 것으로 바라본다. 하지만 이러한 정치적 조정의 과정에서는 갈등이 필연적으로 발생하게 된다. 또 다른 관점은 정책과정상 참여자가 많다는 것은 전술하였듯이 정책수립 및 집행에 있어서 그만큼 의사결정의 거부점(*veto points*)이 많아졌다는 것이고, 정책집행의 실패가능성을 그만큼 높인다.

이렇듯 현대사회에서 시민들의 정책참여는 바람직하기도 하고 반면 걱정스러운 측면도 갖는 양면성을 지니고 있지만, 여기서 정책학적으로 중요한 점은 갈등을 조기예방하고, 필요한 원칙과 절차를 만들고, 상호대화를 통해서 갈등을 해결하는 것이라는 점이다.

갈등관리는 정책학의 특징인 문제해결 지향성과 맞물려 있다.

이는 곧 정책학이라는 학문의 문제지향성이 현실의 문제인 갈등과 상당히 밀접한 관련이 있기 때문이다. 뿐만 아니라, 절차적 합리성이 강조되고 있는 거버넌스적 현대 정책이론의 흐름과 효과적인 갈등관리는 밀접히 연계되어 있다. 결국 갈등관리는 서로 신뢰와 협동을 바탕으로 대화와 타협을 통해 윈-윈(*win-win*) 게임을 이루어 내는 것이기 때문이다.

(2) 이론적 시사점

정책학은 현실문제를 해결하기 위한 학문이다. 따라서 이론을 위한 이론에 치우지지 않고 현실문제의 해결을 직접적으로 연구하는 특성을 가지고 있다. 현실문제의 해결을 위해서 정책학에 관한 연구를 이용하기도 하고, 정책학을 위한 연구, 즉 다른 학문의 내용을 빌려오기도 하는데, 이를 연합학문 지향성이라 일컫고 이 역시 정책학의 중요한 특성 중 하나다.

전통적인 정책학 이론은 디지털 시대를 맞이하면서 전자정부론이나 지식정부론의 등장으로 점점 더 통합지향성의 경향을 띠고 있다. 정책학의 관점에서 갈등관리를 이론적으로 조명하려는 시각도 정책학의 연합학문 지향성의 관점에서 접근할 수 있다. 현대사회의 갈등관리를 효과적으로 해결하기 위해서는 정책학과 다른 학문과의 연계성(거버넌스 이론, 제도주의 이론, 전자정부 이론, 국가혁신 이론)이 점점 더 강조되어야 한다. 단순히 기존의 정책 이론들만을 가지고 문제를 해결하려는 것이 아니라, 전통적 정책학 이론들의 외연적 확장을 통해 현대적인 쟁점이 되고 있는 부분들과의 이론적 통합이 이루어져야 할 것이며, 이를 통해 현대의 다양한 갈등과 근본적 문제를 해결하려는 실사구시적 노력이 지속적으로 모색되어야 할 것이다.

4. 정책학과 지식관리

1) 지식관리의 개념

지식관리에 관한 개념정의는 지식의 획득과 탐색에 사용되는 기술, 개인 간 지식공유 및 확산, 혁신적이고 창의적인 여건 조성, 경제적 가치를 신장시키는 지적자산의 개발, 장기적 생존과 성공을 가져오는 지식환경의 창출 등 지식관리를 수행하는 목적에 따라 달라진다(Wiig, 1999).

Backman(1997)은 고객의 가치를 높이고, 혁신을 조장하는 행위로 보았으며, William H. Gates(1999)은 정보분석과 공동연구를 통해 조직활동을 끊임없이 개량하는 행위로 정의하였다.

지식관리의 개념을 지식관리의 접근방법이라는 관점에서 정의하기도 한다. Mackintos(1996)는 유용한 지식의 분석과 내용뿐만 아니라, 조직의 목적을 달성하기 위해 지적자산 개발을 위한 행동의 통제와 지속적인 개발방법을 의미하는 것으로 정의했으며, 이와 유사한 관점에서 O'Dell(1996)도 새로운 가치를 창출하기 위해 지식을 확인, 이해, 사용하는 체계적인 접근방법으로 정의했다.

지식관리의 개념을 형식지뿐만 아니라 암묵지를 포함하는 개념으로 포괄적인 정의를 하기도 한다. Nonaka & Takeuchi(1995)는 공식화된 문서, 자료 등 형식지뿐만 아니라, 개인적인 신뢰를 정당화하는 역동적인 인적과정으로서, 개인의 아이디어, 가치관 등 암묵지를 포함하는 것으로 정의했으며, 이러한 포괄적 접근은 OECD(1996) 정의에서도 이어진다. OECD(1996)는 지식관리를 '위기상황에서 신속히 대응할 수 있는 직원의 사고능력' 등과 같은 무형자산을 조직이 획득·공유·사용하는 방법인 동시에, 조직 내 생산적 지식을 획득·공유·사용하여 학습을 강화하고 성과를 향상시키기 위한 활동이라 보았고, 기존의 지식을 학습하여 정보를 공유하고 노하우의 생산·획득·확산 및 조직 내외의 지식공유 촉진과 관련된 광범위한 활동을 포괄하는 개념으로 정의하였다.

요컨대 지식관리란 개인 및 외부지식, 내부지식의 소스를 통해 조직지식으로 획득하고, 조직의 문제해결 및 의사결정에 유용할 수 있도록 조직자산으로 전환함으로써, 조직지식의 가치를 창출하는 관리활동이라고 정의할 수 있는 것이다. 따라서 새로운 공공서비스 발굴을 위한 고객조사를 하거나 기술적인 진보를 활용하는 것도 지식관리이고, 업무의 효율적 운영을 위해 업무방식을 개선하고 이를 공유하는 것도 지식관리이다.

〈표 3-1〉 지식관리의 개념정의

연구자	내용
Backman (1997)	고객의 가치를 높이고, 혁신을 조장하며 탁월한 성과를 가능케 할 뿐만 아니라, 기업의 새로운 역량을 창출하게 하는 경험, 지식과 전문능력의 형성과 접근성을 의미
William H. Gates (1999)	정보를 수집하고 정리하며, 필요한 사람에게 나누어 주고, 분석과 공동연구를 통해 끊임없이 개량하는 것을 의미
Mackintos (1996)	유용한 지식의 분석과 내용뿐만 아니라, 조직의 목적을 달성하기 위해 지적자산 개발을 위한 행동의 통제와 지속적인 개발을 의미
O'Dcll (1996)	새로운 가치를 창출하기 위해 지식을 확인, 이해, 사용하는 체계적인 접근방법
Nonaka & Takeuchi (1995)	공식화된 문서, 자료 등 형식지뿐만 아니라, 개인적인 신뢰를 정당화하는 역동적인 인적과정으로서, 개인의 아이디어, 가치관 등 암묵지를 포함하는 것으로 정의
OECD (1996)	'위기상황에서 신속히 대응할 수 있는 직원의 사고능력' 등과 같은 무형자산을 조직이 획득·공유·사용하는 방법인 동시에, 조직 내 생산적 지식을 획득·공유·사용하여 학습을 강화하고 성과를 향상시키기 위한 활동으로 정의

지식관리에 대한 여러 학자들의 개념정의를 종합해 보면 〈표 3-1〉과 같다.

2) 지식관리 추진전략

지식관리는 새로운 것이 아니며, 기존에 보유하고 있던 자원을 바탕으로 추진해야 한다. 정부차원에서 효과적으로 지식관리를 운영하기 위해서는 조직의 구조적, 인간적, 문화적, 기술적 차원에서 지식관리업무와 다른 관리활동과의 유가적 결합이 중요하다. 앞에서는 지식관리의 문제점과 이에 따른 정책과제를 살펴보았다면, 여기에서는 종합적 전략이라는 차원에서 성공적 지식관리를 위한 핵심요인들을 논의하고자 한다.

(1) 구조적 측면

지식의 창출이나 확산, 공유와 같은 지식활동이 활발하게 이뤄지기 위해서는 유연한 조직이 요구된다. 높은 공식화는 업무를 규칙과 절차위주로 처리하게 하므로 지식의 창출과 활용이 자유롭게 이뤄질 수 없다. 또한 의사결정의 집권화는 토론과 대화위주의 개방적인 커뮤니케이션을 제약하여 지식의 확산과 공유를 어렵게 한다.

지식정부를 구현하기 위해서는 조직자체가 끊임없는 환경변화에 대응할 수 있도록 유연하게 구조화되어야 하며, 조직 간 지식의 단절을 막고 상호작용이 가능하도록 개방적 네트워크화가 필요하다.

(2) 인간적 측면

인적자원은 지식관리를 통한 국가혁신에 있어서 무엇보다 중요한 핵심 인프라이다. 따라서 최고 관리자의 변혁적 리더십과 지식담당관의 전문성, 지식근로자들의 참여가 확보되어야 한다.

최고 관리자는 지식기반사회의 시대적 흐름을 제대로 파악하고, 그 내용을 이해하여 적절히 대처할 수 있는 능력과 의지가 있어야 한다. 조직 구성원들이 외부로 표출하지 않고 있는 암묵지를 최대한 밖으로 끌어내 형식지로 변화시킴으로써, 조직의 지식으로 전환시키고 가치창출을 위해 노력해야 한다.

무엇보다 최고 관리자의 핵심적 역할은 비전과 전략을 수립하는 일이다. 조직의 비전을 마련하여 지식을 조직의 가용자원과 연결하고, 조직 구성원이 지식관리에 적극적으로 동참할 수 있도록 지식관리의 필요성을 명확히 제시해야 한다.

최고 지식담당관(CKO, *Chief Knowledge Officer*)은 조직 구성원의 지식과 조직의 지식을 발굴하고 지식과정의 활동이 효과적으로 이뤄질 수 있는 여건과 장치를 만들어 주는 역할을 한다. Davenport(1996)는 CKO를 '지식의 창출, 확산, 효과적인 활용과정을 관리하는 사람'으로 정의하면서, 지식 인프라를 설계하고 구축하는 '디자이너'라고 표현했다.

지식근로자(*Knowledge Worker*)는 지식의 획득을 위해 항상 학습하며, 업무수행 과정에서도 활발한 지식활동을 지속적으로 추진할 것이 요구된다. Drucker(1993)에 의하면 지식근로자는 자신의 일을 끊임없이 개선·개발·혁신해서 부가가치를 올리는 능력과 아이디어를 갖춘 사람을 가리킨다. 지식관리의 과정에서 지식근로

자는 자신의 현장경험을 바탕으로 창출해 낸 지식을 조직 내의 동료들과 공유함으로써, 조직 전체의 가치를 극대화할 수 있어야 한다.

(3) 기술적 측면

지식의 창조, 확산, 활용, 공유활동을 활성화하기 위해서 정부조직 내의 정보기술 인프라 구축은 필수적이다. 지식 시대에서 조직의 지식활동 과정이 원활히 이루어지기 위해서는 조직 내·외부의 지식저장소를 연결해주는 망이 설치되어야 한다. 선택된 정보기술을 활용하여 조직 내·외부를 연계시키고, 조직차원에서의 지식축적을 통해 조직에 분산되어 있는 지식을 축적할 수 있다.

하지만 정보기술은 지식관리의 촉매제 역할을 하지만, 정보기술만으로 지식관리가 성공할 수 없다는 점을 인식해야 한다. 조직문화와 지식유형, 동기부여 등을 고려하여 적절한 정보기술을 선택하는 것이 중요하다.

(4) 문화적 측면

지식의 창출과 확산·활용·공유 등 일련의 지식활동 과정이 조직의 핵심적인 관리전략으로 정착될 수 있도록 조직문화를 새로이 구축할 필요가 있다.

우선, 지식중심의 조직문화를 형성해야 한다. 지식에 대한 인식이 바뀔 필요가 있다. 창조적인 지식의 가치를 높이 평가해주는 문화를 형성하고, 규칙중심의 업무처리에 익숙해 있거나 선례 답습적인 태도는 지양돼야 한다.

둘째, 신뢰와 협력문화의 형성이 필요하다. 자발적으로 각자가 보유하고 있는 지식과 정보를 조직 내의 다른 구성원들에게 신속하게 제공함으로써, 새로운 지식이 활용되고 또 다른 새로운 지식을 창출하는데 기여하게 된다. 조직 내의 지나친 경쟁분위기 조성은 지식의 흐름, 즉 공유를 중심으로 하는 지식의 핵심활동을 어렵게 하는 요인이 된다(김상묵·박희봉·장세상, 2001: 163-183).

셋째, 실수에 대한 인식을 바꿀 필요가 있다. 누구나 할 수 있는 실수를 공개하여 다 함께 원인을 규명하고, 재발방지에 힘을 합칠 경우 결정적인 지식창출의 장이 펼쳐지게 되는 것이다. 실수를 용납하지 않는 조직에서는, 실험적이고 도전적인 시도가 나타나지 않는다. 실수는 새로운 아이디어의 원천이 될 수 있고, 새로운 방식을 발견하는데 도움을 줄 수도 있다. 조직이 실수나 실패로부터 무엇인가를 학습하는 한 실패한 실험은 없다(Marquardt & Reynolds, 1995: 101).

마지막으로, 보상문화를 정착시켜야 한다. 아무런 대가 없이 지식을 공유하고 전파하기란 어렵다. 좋은 지식을 가지고 있더라도, 그것을 지식창고에 저장, 공유하기를 꺼리는 것은 당연하다. 자신만의 노하우를 타인과 공유할 의미를 느끼지 못하기 때문이다. 이러한 경우 지식창고의 활용도는 낮아지고, 지식행정의 구현은 어렵게 된다. 이 같은 문제를 해결하기 위한 장치가 바로 지식공유에 대한 동기를 부여하는 보상시스템의 구축이다(전대성, 2000: 85).

보상체계와 관련해서, 지식의 창출과 활용에는 보상을 하면서, 지식의 공유에 대한 인센티브를 간과하는 풍토도 문제가 된다. 이를 개선하기 위해서는 지식을 소유하려는 조직 내부의 폐쇄적 풍토를 바꿀 필요가 있다(Davenport & Prusak, 1998: 88-106).

지식의 공유에 대한 보상방법은 여러 가지가 있을 수 있다. 우선, 업무와 관련된 지식과 정보, 아이디어를 사내에서 인터넷망을 통해 공개를 하거나, 행정기관에서 예산을 절약한 아이디어나 제안에 대해 성과급을 주는 등 물질적 보상방법이 있다. 또한 명단을 공개하여 자긍심을 불러일으키거나, 인사고과에 반영하는 방법 등이 있다.

3) 정책학과 지식관리

지식관리와 정책이론(정책과정의 합리성, 정책내용의 소망성)의 연계성을 살펴보면 다음과 같다.

(1) 지식관리와 정책과정의 합리성

정책과정이란 정책의제설정에서부터 정책결정, 정책집행, 정책평가에 이르는 과정의 단계들이다. 이러한 단계를 간단히 살펴보면, 우선 정책의제설정이란 사회문제를 검토하여 일부를 정책문제로 결정하는 행위이다. 정책결정이란 어떤 문제가 정책문제로 채택되면 그 문제를 해결함으로써 달성하고자하는 정책목표를 설정하고 이 목표를 달성할 수 있는 여러 가지 대안들을 탐색·개발하여 하나의 정책대안을 선택하는 일련의 활동을 말한다. 이렇게 결정된 정책은 보다 구체화되어 현실적으로 실현되어야 하는데 이 정책의 실현활동을 정책집행이라고 부른다. 이때 정책집행 과정의 여러 측면을 검토하여 보다 바람직한 집행전략을 제공하려는 지적 작업이 정책평가의 일부이며(형성평가), 집행결과 정책효과의 발생 여부를 검토하는 것이 정책평가의 또 다른 중요한 작업이다(총괄평가). 정책평가는 정책의 종결이나 수정 등을 위한 지식을 제공하여 정책결정에 기여를 하게 된다.

이러한 정책과정에서 합리성이란 정책목표의 달성을 위하여 과정에 속하는 일련의 행동의 각 요소에 유효 적절한 기능적 위치나 역할을 부여하여 정책과정의 절차적 합리성을 보장하려는 노력을 의미한다.

정책과정에 이해관계자의 참여를 확대하는 것은 정책설계를 위한 지식기반 확충을 의미한다. 이는 곧 정책 이해관계자들의 순응과 지원가능성을 증진시키며, 정책의 민주적 정당성을 강화시키게 된다(Pelletier, 1999). 정책과정이 폐쇄적이어서 관련자의 참여가 제한되면 결정된 정책의 내용이 객관적으로 바람직스러운 것이라도 관련자들의 순응을 확보하기 어렵다.

정책과정에 국민을 참여시키는 것은 좋은 거버넌스(*good governance*)를 위한 핵심적 요소이다. OECD(2001a, 2001b)는 정책과정에서의 성공적인 시민참여를 위한 기본원칙으로 1) 참여의 중요성 인식, 2) 능동적 참여를 위한 정보 제공, 3) 정보의 객관성 및 동등한 접근 보장, 4) 정책과정의 투명성 확보, 5) 시민사회 역량 증진을 위한 지식관리의 중요성 등을 들고 있다.

지식관리를 통해 정책과정의 합리성을 제고함으로써 정책의 품질을 제고하고 역량을 극대화하는데 기여할 수 있다. 지식관리 분야에서 정책 이해관계자의 실질적인 참여를 제고하고 절차적 합리성을 향상시킬 수 있는 구체적인 방안으로는 정책 DB 구축을 들 수 있다. 정책 DB 구축을 통해 공무원 개인이 가진 정책자료를 축적하고 이를 공유함으로써 정책품질의 향상을 기대할 수 있다. 또한 정책 DB를 통해 주요 정책참여자들을 제도적으로 정리함으로써 정책과정의 절차적 합리성에 도움을 줄 수 있다. 이러한 정책의 절차적 합리성 제고는 정책의 분쟁과 갈등을 사전에 예방하고, 사후관리 차원에서 최소화할 수 있게 해 줄 것이다.

(2) 지식관리와 정책내용의 소망성

정책과정의 합리성이 절차적 타당성을 의미하는 것이라면 정책내용의 소망성은 그 실체적 타당성을 의미하는 것이다. 아무리 절차적으로 시민들이 참여하고 숙의하고 합의하여 민주적인 성격을 띠고 있다고 하더라도 정책내용의 소망성이 없다면 그 정책은 평가받기 어렵다. 정책의 절차만큼 중요한 것이 정책의 내용인 것이다.

정책내용의 소망성이란 정책의 내용이 실질적 내용의 측면에서 바람직스러워야 하는 것을 의미한다. 정책내용의 소망성은 실현가능성과 더불어 정책을 평가하는 양대 축이라고 할 수 있다. 사회의 다원화와 민주주의의 발달, 시민사회의 성장과 정보기술의 발달 등의 요인들로 인하여 전자정부의 시대에는 정책내용의 소망성의 기준인 효과성, 능률성, 공평성, 대응성, 적정성, 적합성은 정책을 결정하는 기준으로서 중요한 역할을 수행한다. 정책이 내용적인 부문에서 얼마나 소망성의 기준에 적합한가에 따라 정책의 성공과 실패 그리고 품과 질이 갈리게 된다.

지식관리가 정책내용에 적용되어 정책내용의 혁신이 이루어진다는 것은 정책내용의 소망성을 극대화된다는 의미이다. 따라서 정책의 소망성 판단기준이 된 효과성, 능률성, 공평성, 대응성, 적정성, 적합성은 정책분야의 지식관리를 수행하는데 있어서도 중요한 기준이 될 수 있을 것이며, 정책의 지식관리에 있어서 이러한 소망성 기준을 제고한다는 것은 정책 그 자체의 품질향상에 있어서도 매우 중요한 요건이 될 것이다.

4) 지식관리의 핵심쟁점

(1) 이론적 시사점

지식사회(*knowledge society*) 또는 지식기반사회(*knowledge-based society*)로 표현되는 새로운 사회에서는 지식이 전통적인 생산요소인 노동, 자본, 토지와 같은 수준의 또 다른 자원이 아니라 유일한 의미 있는 자원이라고 본다. 그것은 바로 지식은 조직 구성원 간에 공유되며 조직의 역사와 경험과 연계되기 때문이며, 따라서 곧 다른 자원들을 궁극적으로 대체하게 될 것이기 때문이다(Toffler, 1990). 피터 드러커는 이러한 환경변화를 패러다임 전환(*Paradigm Shift*)에 따른 초경쟁환경이라고 불렀다.

미래 조직은 조직 구성원의 학습능력, 참여와 창의성 발현을 통한 경쟁력의 향상이 중요한 관건이 될 것이다. 기존의 기업, 정부 조직은 경직된 문화 속에 계층제적이고 권위주의적인 행태 속에서 우월적 지위를 보장받아 왔다. 특히 정부 조직의 경우, 전문가적 식견을 가진 관료들이 명확하게 부여된 기능을 수행하고, 상부에서 제시된 명령체계에 따라 시민들에게 공공서비스를 제공하면 되었다. 이는 국민들의 정부 전문성과 효율성에 대한 신뢰와 지지를 바탕으로 가능하였다. 하지만 이러한 행태는 더 이상 방어될 수 없는 시점에 이르렀다. 정보와 지식의 패턴이

다양해지고 기술과 불확실성의 수준이 고차원적이며, 국민들의 기대수준도 한 차원 높아졌기 때문이다.

지식정부는 단절적이고 파편적으로 이뤄지던 조직의 학습, 성과관리, 정보기술 등의 부분을 모두 포괄하면서 발전한다. 전자정부의 구현을 통해 지식의 흐름을 자동화하고, 지식의 축적·공동활용을 촉진하게 될 것이다. 사실상 지식의 창출과 활용은 지식의 흐름과 축적이 기반이 되어야 한다는 점에서 전자정부의 구현은 곧 지식정부의 구현의 토대가 되는 것으로 이해할 수 있다. 또한 지식의 창출을 위해서는 이를 위한 내부 유인체계가 필수적인데, 기업가적 정부는 이러한 점에서 시식의 창출기능과 매우 밀접하다. 더불어 객관적인 정보뿐만 아니라 비가시적이고 주관적인 조직 구성원의 통찰력과 사고력이 관여하는 학습정부적 활동을 통해 지식관리가 활성화 될 수 있다. 즉, 지식정부는 전자정부, 기업가적 정부, 학습정부와 연계된 통합적 노력을 지향하면서 발전하게 되는 것이다.

구성원의 의식과 태도, 조직의 문화적 특성은 지식의 창출·공유·활용 등의 지식활동에 영향을 미치며 조직의 보상시스템이 지식의 공유와 창출을 유도하기도 하고 억제하기도 한다. 따라서 지식활동에 친화적인 의식과 태도, 조직문화의 형성, 보상시스템의 개발 등에 대한 논의와 준비가 선행되어야 할 것이다.

이러한 노력을 바탕으로 지식관리의 효과적 구현을 통해 기존 효율성과 생산성의 향상을 위한 노력을 넘어서서 민주성과 참여성 그리고 더 나아가 신뢰성과 성찰성의 제고가 이뤄질 수 있다.

(2) 정책적 시사점

정부는 지식정보화 추세에 발맞춰 정부 부문에도 경쟁을 도입, 성과 및 능력을 중심으로 한 업무 시스템을 구축하고, 재정지출의 효율성을 높이기 위한 제도를 마련하는 등 지속적인 노력을 해왔다. 그러한 노력은 혁신관리, 지식관리, 성과관리, 갈등관리 등의 유기적인 연계를 통해 국가행정의 역할과 구조에 커다란 영향을 미치고 있다. 이러한 변화의 흐름에 따라 지식을 창출·획득·확산·공유하는데 능숙한 조직, 새로운 지식과 통찰력을 반영하여 행동을 수정하는데 능숙한 조직, 그리고 잘못된 지식을 폐기하는데 능숙한 학습조직을 근간으로 하는 창조적인 지식창출형 조직형태가 요구된다.

국가적 차원에서 볼 때, 지식관리 전략을 구축하고 추진함으로써 지식의 체계적 축적과 공유를 활성화 및 정책의 품질을 제고하여 정부의 정책역량을 극대화할 수 있으며, 또한 다양한 정책집단의 요구를 수렴하고 조정하여 정부의 문제해결역량을 향상시킬 수 있다.

따라서 정보기술의 활용을 바탕으로 조직 내·외부의 지식의 활용 및 공유를 활성화하는 지식관리의 정책적 기반 구축은 실용적 차원에서도 정부의 생산성을 높이고 정책의 투명성 및 민주성을 확보할 수 있게 해 준다.

현대사회는 급속도로 변화화고 있으며 삶의 질을 향상시키고 민주성과 투명성을 확보할 수 있는 효율적 정부운영을 위해 수많은 이론과 모형이 제기되었으며 실증적 연구가 이뤄지고 있다.

실질적 사회변혁의 주체인 정부는 정책의 정치성과 비합리성을 최대한 배제하고 합리성과 효율성을 극대화하기 위해 노력해야 한다. 또한 조직의 구성원들은 조직의 외부·내부의 정보를 습득하고 참여·숙의·합의를 통해 민주성과 투명성을 확보하고 이러한 이념적 가치들이 실제 정책형성 및 집행과정에 적절하게 반영될 수 있도록 체계적으로 관리해야 한다. 즉, 효과적 지식관리를 바탕으로 개방적이며 참여적인 정부운영을 통해 투명성, 신뢰성을 확보하고 새로운 사고와 새로운 논리를 받아들임으로써 정책의 '품'과 '질'을 높여 나갈 수 있다.

그러나 우리나라는 지식 데이터베이스의 내용이 양적·질적으로 절대적으로 부족하며, 데이터베이스를 제공하는 부처가 비협조적이고 기술적으로도 사용이 어려웠다. 또한 정보가 내부의 지식에 편중되어 있고, 폐쇄적이라는 지적이 있는 바, 이를 어떻게 극복할지에 대해 정책적 지혜를 모아야 한다.

21세기는 지식과 문화가 중요한 시민사회로의 진입을 예고하고 있다. 과거와 같은 능률성 위주의 관료행정과 상의하향식 국가 발전전략은 시대착오적 발상인 만큼, 이제는 지식의 공유와 학습을 바탕으로 국가 내에 흩어져 있는 정보와 지식자원을 유기적으로 엮어내어야 한다. 조직의 효율성 제고를 위한 조직 제도적 기반을 마련하고, 발전적인 정보기술을 바탕으로 개개인의 혁신적 태도와 조직문화의 혁신이 필요하다. 혁신적 변화를 통하여 정책의 투명성과 선택가능성을 높이고 고객에게 봉사하는 열린 정부가 되어야 하며, 이러한 시대정신과 정책의 이념에 부응할 수 있도록 효과적 지식관리를 통한 정부운영이 요구되는 것이다.

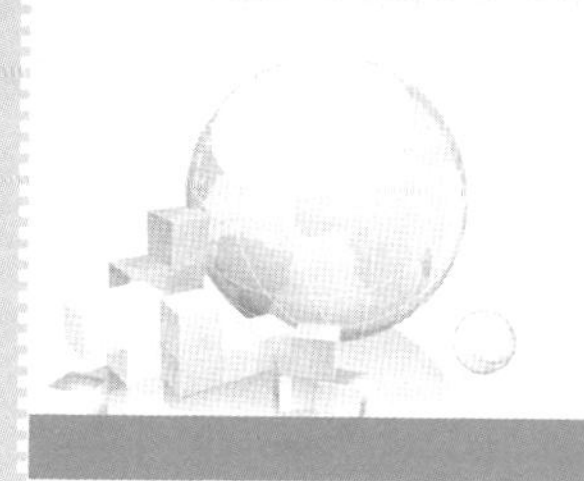

제 5 절 정책역량 강화를 위한 도구지향적 정책기반 Ⅱ : 인프라역량

정책역량 강화를 위한 도구지향적 정책기반 II, 즉 인프라역량(*infra capacity*)에 해당되는 정책도구(*policy drivers*)들로서 여기에서는 전자정부(*e-government*)와 사회자본(*social capital*)에 대해 검토한다. 전자정부(*e-government*)는 Post-관료제 모형으로서 거버넌스 시대의 조직모형(*government machine*)으로서 하드웨어적인 정책기반이 된다면, 사회자본(*social capital*)은 사회적 신뢰나 정직, 투명성 등을 통해 정책의 신뢰를 제고함으로써 정책역량 강화에 기여하는 거버넌스 시대의 매우 중요한 의미를 지니는 소프트웨어적인 사회적 자산이 된다. 신뢰나 사회자본이 정책역량에 미치는 중요성은 여러 학자들에 의해 이미 여러 차례 강력한 언어로 표현되었다(J. Nye, 1990; Fukuyama, 1998; Putnam, 2005; J. Fountain, 2002; Almond and Verba, 1963).

1. 정책학과 전자정부

1) 참여성 · 숙의성과 전자정부

우리는 전자정부 시대의 도래에 따라 다양성과 창의성과 실용성이 강조되는 시대에 살고 있으면서 동시에 참여성(*participation*), 숙의성(*deliberation*), 합의성(*consensus*) 등 민주성이 강조되는 시대에 살고 있다. 시민사회의 발전에 따라 다양한 개인이나 집단들이 정책과정에의 참여 및 이를 제도적으로 보장해 줄 것을 요구하고 있으며, 특히 최근 들어 인터넷과 전자정부론의 발전은 참여성(*participation*)을 가능케 해주는 기회를 제공해 주고 있다. 또한 각 정책참여자 간에 상대방을 존중하는 토론문화가 성숙되어 민주적인 절차와 자유로운 분위기 속에서 서로의 이해관계를 협의해 나가는 것이 정책과정의 투명성 확보와 정책집행의 순응성 확보에 매우 중요한 절차적 타당성의 요건으로 등장하고 있다. 하버마스의 담론의 장에서 강조되는 것과 같은 협의성, 숙의성(*deliberation*)이 중요하게 대두되고 있는 것이다. 더 나아가, 우리는 민주화 이후의 민주화 시대에 살면서 다양한 이익결집과 이익표출이 과잉분출되는 시대에 살고 있다. 이런 때 일수록 정책학의 측면에서는 정책 이해관계자들의 다양한 이해관계가 서로의 협의를 통해 상생의 결과를 얻을 수 있도록 하는 정책적 가치가 중요해진다. 즉, 합의성(*consensus*)이 그 어느 때보다도 정책과정의 민주적 절차에 있어서 중요해진 시점에 살고 있다.

2) 새로운 정책결정 메커니즘

전자정부는 관료제모형의 대안으로 제시된 현대적 의미의 정책결정 메커니즘이다. 전자정부는 정부 내에 산재해 있는 지능(*intelligence*)을 한 단계 향상(*upgrade*)시킴으로써 정부 내부의 문제해결능력과 정책결정역량을 제고시킨다. 또한 전자정부는 정보와 지식의 공유와 학습을 강조함으로써 정부 내외의 혁신활동을 지원해 주는 역할을 하므로 효율성과 생산성을 추구한다. 또한 정부 외부와는 다양한 이해관계자들이 참여할 수 있는 공론의 장을 제공해 줌으로써 참여성, 숙의성, 합의성 등 민주성을 상소하는 거버넌스 형태의 정부조직 모형이다.

3) 효율성-민주성-성찰성 차원

전자정부의 개념은 1) 효율성 차원, 2) 민주성 차원, 3) 성찰성 차원 등 세 가지 차원으로 정리할 수 있다. 먼저, 전자정부 개념의 첫 번째 차원은 정부 내부의 효율성(생산성) 제고라는 관점에서 고찰할 수 있다. 이는 정부개혁, 정부혁신, 정부생산성이라는 용어로도 불리는 차원의 이슈들로서, 다시 다음의 네 가지 하위차원의 생산성 요소로 정리할 수 있다.

첫째, 민원인의 편의를 극대화하는 정부로서의 전자정부이다. 이는 One Stop, Non Stop, Any Stop의 정부라는 용어로서 대변

되는데, 국민들에게 각종 업무절차의 처리, 정책정보 획득 등을 단일창구에서 가능케 하는 종합정책서비스시스템을 구축하고, 관계기관 간 정보공동활용을 통해 민원의 일괄처리를 가능케 하는 등 민원인의 편의를 극대화하는 정부로서의 전자정부 개념이다.

둘째, 종이 없는 사무실로서의 전자정부이다. 이는 Paperless & Buildingless 정부로서, 정보기술을 이용하여 문서를 감축하며, 전자결재, 정책 DB의 구축, 정보공개, 업무재설계(BPR) 등을 통해 정책의 효율화를 극대화하고 비용을 절감하는 정부로서의 전자정부 개념이다.

셋째, 깨끗하고 투명한 정부로서의 전자정부이다. 이는 Clean & Transparent 정부로서, 전자입찰과 전자조달, 전자감사, 정보공개 등을 통해 부패를 근원적으로 차단하고 투명한 정책공개를 구현하는 정부로서의 전자정부 개념이다.

넷째, 지식관리시스템에 의해 과학적이고 체계적인 정책결정 능력을 뒷받침하는 전자정부이다. 이는 Digital 신경망 정부로서, 정책정보의 공동이용, 학습이 일어나는 정부, 정책의사결정 흐름의 자동화 등을 통해 지식의 창출과 축적, 공유와 학습, 활용과 확산 등 지식의 순환주기를 가속화하고, 나아가 정책결정역량을 강화하는 정부로서의 전자정부 개념이다.

이상의 네 가지 하위요소(민원인의 편의가 극대화되는 정부, 종이 없는 사무실, 깨끗하고 투명한 정부, 디지털 신경망 지식관리시스템에 의해 정책결정역량이 강화되는 정부)들은 정부 내부의 생산성을 극대화하는 정부로서의 전자정부의 개념을 구성하고 있다. 즉, 효율성(생산성) 차원으로서 첫 번째 차원의 전자정부 개념이다.

하지만, 전자정부의 개념은 단순한 의미에서 정부생산성을 증진시킨다는 차원에서 끝나지 않는다. 전자정부 개념의 두 번째 차원은 민주성과 연계되어 있으며, 세 번째 차원은 성찰성과 연계되어 있다. 전자정부 개념의 두 번째 차원은 정부 외부와의 인터페이스 관점에서 정부-국민 간의 정부권력의 전통적 관계를 민주적으로 복원시키는 의미에서 전자민주주의를 실현하는 정부로 규정지을 수 있다(민주성).

전자정부 개념의 세 번째 차원은 민주성과 밀접한 연관성이 있으면서도 보다 철학적인 지향점을 의미하는 성찰성의 개념과 관련지어 규정할 수 있는데, 이러한 고차원적 의미의 전자정부는 우리 사회에서 수직적, 수평적 의미의 열려 있는 의사소통을 활성화시킴으로써, 진정한 의미의 신뢰사회와 성숙한 사회를 실현하는 사회 공동체 구현수단으로서의 정부(성찰성)라는 의미를 지닌다. 이는 다음에서 보듯이 신뢰(*trust*), 연대(*tie*), 규범(*norm*)을 통해 사회자본을 강화시키는 방향으로 정책역량(*policy capacity*)을 제고해주는 중요한 조직기제로서 작용한다(R. Putnam, 1993: 35-42).

2. 정책학과 사회자본

1) 사회적 자본(social capital)으로서의 신뢰

신뢰는 그동안 이론적으로 문화적인 측면에서 접근하였지만, 지금은 그 자체를 정치경제적 실체로 간주하고 있는 사회적 자본(*social capital*)이다. 신뢰는 정치행정학 연구의 오랜 주제로 되어 왔으나 최근 다시 중시되고 있다. 참여적인 시민문화(*civic culture*)가 민주주의 제도를 뿌리내리게 하고, 반대로 민주주의 제도가 시민문화를 확산시키게 된다는 것이 주된 연구결과이다(Almond and Verba, 1963).

그 뒤 미국의 위기와 관련하여 강대국의 흥망에 대한 Kennedy와 Nye의 논쟁이 제기되면서, 신뢰를 포함한 문화의 실체적 존재가 다시금 부각되었다. P. Kennedy(1987)는 제조업 중심의 경제력과 군사력 등의 경성권력(*hard power*)을 중심으로 볼 때 미국이 세계패권 국가에서 퇴조한다고 분석한 반면, J. Nye(1990)는 경성권력 외에 문화력(신뢰)과 기술력 등의 연성권력(*soft power*)이 21세기에는 더 중요하게 되어 미국이 계속 세계 강대국으로 남게 될 것으로 분석함으로써, 국가자산으로서의 신뢰의 개념을 부각시켰다.

2) 신뢰의 확립과 정책역량

Fukuyama(1998)는 신뢰가 이데올로기 종언 이후의 가장 중요한 요소가 될 것으로 주장하면서, 한국과 일본의 향후 발전이 신뢰의 차이로 인해 다르게 나타날 것으로 예측하였으며, 미국 하버드 대학의 Jane Fountain 교수는 각국의 첨단산업단지의 성공모델을 연구하면서 지역의 대학, 기업, 정부 간 신뢰 및 네트워크 형성이 지역의 정책역량과 경쟁력 강화의 가장 중요한 독립변수라는 점을 강조하여 신뢰의 개념을 부각시켰다.

Putnam(1992, 1993: 35-42)은 사회자본이 공공정책에 미치는 영향을 분석하면서 번영하는 공동체 형성을 위한 정책역량의 강화는 사회자본의 기초와 연결망을 다지는 작업에서 출발해야 한다는 점을 분명히 하였다. 그는 사회자본이란 연대(*tie*), 규범(*norm*), 그리고 신뢰(*trust*)와 같이 상호이익을 위한 협력과 조정을 용이하게 하는 사회적 구성물로서 규정지었으며, 이러한 사회자본의 촘촘한 사회적 연결망이 사회자본이 동아시아의 급속한 경제성장과 정책적 성공의 근본 요인이라고 보았다. 그는 또한 이탈리아의 약 20개에 달하는 지방자치 정보의 민주주의 성과를 분석하면서 그 핵심 성공요인은 강력한 시민참여(*civic engagement*)의 전통과 같은 사회자본에 있다고 보았다.

Putnam(1992, 1993: 37)은 이러한 사회자본이야말로 미국의 공동체와 공립교육의 개선, 미국 빈민가와 범죄의 통제, 제3세계의 빈농의 협력문제, 지구 온난화의 공동대처 등을 해결하는 사회적 기제가 될 것으로 강조하였다. 그는 또한 사회자본은 공유지의 비극, 집단행동의 논리, 공공재, 죄수의 딜레마와 같이 다양한 형태로 나타나는 정책이 직면하는 본질적인 곤경을 해결하는 정신적인 토대이며, 따라서 향후 국가들의 정책역량 강화를 위해서는 사회자본 그 자체의 재건과 축적에 보다 많은 정책적 노력을 집중해야 한다고 권고한다.

따라서 신뢰, 연대, 규범을 통한 사회자본의 확립은 정책역량과 뉴 거버넌스의 매우 중요한 주제로 대두된다. 정책역량의 강화와 이를 통한 국가혁신을 위해서는 정부, 기업, 시민단체, NGO, 제3섹터 등에 대한 종합적인 신뢰가 확보되도록 해야 하며, 이를 위해서는 이들에 대한 민주적 통제가 활발하고, 정보공개를 통해 투명성이 확보되며, 부패척결을 통해 깨끗한 정부와 시장 그리고 시민사회가 이루어져야 한다.

제 4 장

정책학의 연구지향: 민주주의 정책학과 탈실증주의의 접목

Lasswell 정책학의 패러다임을 현대적으로 살려 정책학의 이상을 다시금 실현하기 위해서는 실증주의와 탈실증주의에 기초한 진정한 연합학문지향적 노력과 인간의 존엄성을 추구하는 민주주의 정책학의 규범적 토대에 대한 재인식이 필요하다.

- P. DeLeonl

논의 개요

이 책에서는 정책학의 이상과 과제를 네 가지 차원에서 논의하는데, 이는 정책학의 이상가치, 정책학의 상위목표, 정책학의 연구지향, 정책학의 행동지향이다. 이 장에서는 앞 장에서 정책학의 상위목표를 국가경쟁력과 삶의 질, 그리고 이를 실현하기 위한 수단으로서 정책역량, 관리역량, 인프라역량에 대해서 논의한데 이어, 정책학의 연구지향으로서 민주주의 정책학과 탈실증주의의 접목이라는 핵심적인 이슈에 대해서 논의한다.

현대 정책환경은 국가중심에서 정부-시장-시민사회와의 수평적 네트워크에 기초한 보다 복합적이고 동태적인 양상으로 이동하고 있으며, 이에 따라 정책연구는 개인(actor)과 제도(institution), 생각(idea)과 이해(interest)의 매우 복합적이면서 역동적인 상호작용(complex and dynamic interaction)을 주제로 맥락지향적 연구가 될 것을 주문하고 있다.

맥락지향적 연구방법에 대한 중요한 정책연구의 흐름으로서 이 장에서는 정책연구와 신제도주의, 정책연구와 정책네트워크, 정책연구와 숙의적 정책분석에 대해 검토하며, 이를 통해 이러한 방법론들이 정책연구에 주는 희망과 전망, 가능성과 한계, 그리고 이론 및 방법론적 과제에 대해서 토론하기로 한다.

현대사회의 정책환경 변화는 국정운영에 대한 '참여', '숙의', '협의'를 바탕으로 정책행위자들 간의 관계성(*relationship*)에 대한 연구를 필요로 하고 있다. 특히 다차원적인 정책행위자들 간의 네트워크적 관계성은 정책문제를 해결하는 규범적 지향에서 뿐 아니라, 경험적인 사실로서도 바람직한 것으로 증명되고 있기도 하다.

정책환경의 대표적인 변화는 다음과 같이 요약할 수 있다. 먼저, 과거의 규제적 국가에 의한 통제와 명령주도형의 국가에 의한 정책스타일이 변해, 이제는 작은 국가로 회귀한다는 개념에 입각하여, 사회에 보다 많은 역할을 위해 시장을 허락하고 있다(G. Peters & J. Pierre, 2005; J. Newman; 2001; Osbome and Gaebler, 1992). 둘째, 정책스타일의 변화는 기본으로 돌아간다(back to basic; Kooiman, 2003; E. Ostrom, 1990). 국가는 더 이상 전체 독점적 공급자가 아니고 심지어 생산된 서비스가 집합재(*collective goods*)라 할지라도 국가는 사회에 많은 역할과 기능이 이양되며, 가능한 한 시장 또는 시민사회와의 협력에 기초한 국정관리 방식으로 변화하고 있다. 이는 거버먼트에서 거버넌스로의 이동을 의미한다(G. Peters, 1995; Kooiman, 2003). 거버넌스에서 국가의 역할은 국가 혼자서 모든 서비스를 생산하지 않으며, 공공부문과 민간부문 행위의 조정(*coordination*)과 연계(*networking*)가 중요한 이슈로 등장한다. 이러한 거버넌스 관점에서 정책은 정치적 제도와 사회 행위자 간의 상호작용의 기제로서 중요하게 작용한다.

이처럼 현대 정책환경은 국가중심에서 정부-시장-시민사회와의 수평적 네트워크에 기초한 보다 복합적이고 동태적인 양상으로 이동하고 있으며, 이에 따라 정책은 개인(*actor*)과 제도(*institution*), 생각(*idea*)과 이해(*interest*)의 매우 복합적이면서 역동적인 상호작용(*complex and dynamic interaction*)으로 나타나고 있다.

이러한 정책환경의 복합성(*complexity*)은 정책과정(*policy process*)에서 무슨 일이 일어났는지, 무엇이 복잡한 것인지를 매우 이해하기 힘들게 만들고 있으므로, 지금 이 시점에서 우리에게 필요한 것은 무엇을 연구하고, 어떻게 연구해야 하는지에 대한 연결이 필요하다.

따라서 거버넌스 패러다임에서 정책학의 궁극적 가치를 달성하고, 민주주의 정책학을 실현할 수 있는 보다 현실적합한 맥락지향적 설명력을 제고할 수 있는 연구가 필요하며, 이에 따르는 분석적 방법의 개발 또한 연구될 필요가 있다.

제 1 절 정책학과 신제도주의 이론

1. 신제도주의 이론의 의의

신제도주의는 1970년대 후반 이후 구미학계에서 발전하기 시작한 사회과학의 새로운 패러다임(*paradigm*) 가운데 하나이다. 이는 1950년대를 전후해서 수십년간 크게 영향력을 떨쳤던 행태주의(*behavioralism*)의 원자적 설명에 반대하고, 역사적·제도학파의 법적·정태적·기술적 설명에도 반대하면서 새로운 설명의 틀을 제시한 것으로 평가받고 있는 이론적 패러다임이다(염재호, 1994: 10-33; 정용덕, 1999: 3). 제도 채택의 정통성, 제도 유지의 배태성, 제도 발전의 경로의존성 등 신제도주의에서 제시하는 개념적 도구가 많은 설득력을 얻으면서, 신제도주의는 정책학과 행정학, 사회학과 정치학 등 사회과학 전반에 걸쳐 점점 더 많이 인용되고 있다.

하지만 신제도주의가 정확하게 무엇을 의미하는지, 다른 접근 방법들과 어떻게 다른지, 어떤 전망과 문제점을 제시하고 있는지에 대해서는 여전히 상당한 혼란이 있다. 이는 신제도주의의 주요 이론들이 학문분야별로 제각기 다른 뿌리에서 출발하여 발전해 왔기 때문이다. 정치학의 경우 Wilson, Willoughby 등의 연구, 사회학은 Weber, Parsons 등의 연구, 경제학은 Veblen, Commons 등의 연구를 바탕으로 제도에 대한 관심을 제각기 형성하여 온 것이 오늘날 신제도주의의 이론적 기초와 발전의 토대를 제공하였다(정정길 외, 2005: 869).

다음에서는 신제도주의의 주요 분파라 할 수 있는 합리적 선택 신제도주의, 역사적 제도주의, 사회적 신제도주의의 공통된 특징은 무엇인지를 살펴본 후, 신제도주의 각 분파의 이론적 배경과 주요 특징 및 주장, 그리고 그 한계가 무엇인지를 살펴보도록 한다.

2. 신제도주의 이론의 개관

신제도주의는 인간의 행위와 사회적 현상을 설명하는 이론적 틀로서의 의미를 지닌다. 신제도주의는 제도를 중시한다는 점에서 구제도주의와 동일선상에 있지만, 사회현상에 대한 인과관계를 밝히려는 분석적 접근이라는 점에서는 행태주의와 방법론적 시각을 공유하고 있다(염재호, 1994: 12-15). 따라서 신제도주의는 사회현상에 대한 인과관계를 밝히려고 노력하되, 행태주의에서 강조하는 원자적 설명에 대해 의문을 제기하며, 또한 구제도주의가 따르는 법적, 기술적, 정태적 접근방법에 대해서도 반대한다.

신제도주의는 사회과학 현상을 설명하는 분석변수로서 제도를 중시한다. 이때 제도는 정부 내 법, 규칙, 절차, SOP 등을 의미하는 수준으로서의 제도와 국가 내 행정부와 의회와의 권력관계 및 집권화 정도를 의미하는 수준으로서의 제도, 그리고 국가와 사회를 규정하는 이념적 규범으로서의 제도를 포함하는 개념이다(J. Ikenberry, 1988: 226-227). 종속변수를 설명하는 분석변수로서의 제도는 개인 행위자들의 상호작용과 역학관계만을 중시여기던 행태주의와는 달리, 정부 내 개인 행위자들의 상호작용의 결과로서 나타나는 제도적 규범으로서 한 번 만들어지면 영속하려는 속성을 지닌다. 하지만 신제도주의는 인간행위의 결과로서 만들어지는 혹은 이미 역사적으로 만들어진 구조와 제도를 매개변수로 도입함으로써 사회현상의 인과관계를 탐구하는 분석적 접근이라는 점에서 사회현상을 실증적으로 밝혀보려는 행태주의와 과학적 방법론을 공유한다.

예컨대, J. Ikenberry(1988: 226-230)는 미국이 대외경제정책의 정책결과를 설명하는 사회(*societal*), 국가(*state*), 국제(*systemic*) 수준의 세 가지 분석수준을 들고, 국가(*state*)의 제도적 구조가 매개변수로 개입될 때 정책현상을 보다 잘 설명할 수 있다는 점을 예증한다. 대외정책이므로 국제(*systemic* 혹은 *transnational*)수준의 변수들,

예컨대 국제기구, 국제조약, 국제규범 등도 정책결과에 영향을 미치고(이를 P. Gourevitch(1978: 881-912)는 "Second Image Reversed"라고 표현하였다), 경제정책이므로 국내에 존재하는 이익단체(*interest group*), 계급(*class*) 등 사회적 관계(*social dynamics*)도 정책결과에 중요한 영향을 미치지만, 이러한 국내 사회작용의 요구(*demand*)나 역학(*dynamics*)이 정부(*state*)라고 하는 단순한 블랙박스(*black box*)를 통해 정책으로 나오는 것은 아니라는 것이다. 엄연히 정부 내 정책결정 규칙과 규범과 절차가 있고 정부 내 정책결정에의 접근가능성(*open access*), 의회와 정부와의 역학관계 등이 정책결과에 영향을 미친다는 것이다. 이러한 정책결정 규칙과 규범 및 절차는 하나의 구조적 형태(*structural formation*)를 띠게 되는데, 이는 경로의존적 속성(*path-dependency*)을 띠게 된다.

신제도주의 접근에서는 국가의 정책을 통시적(*longitudinal*)으로 분석하게 되면 이러한 구조적 형태와 속성이 시기별로 어떤 변화(*variation*)가 있었는지를 알 수 있게 되는데, 따라서 제도와 구조의 형태 및 속성은 역사적 맥락(*historical logic*) 속에서 형성되고 변화되어 오는 것임을 분명하게 제시하고 있다. 따라서 기존에 비교정치적인 시각에서 일률적으로 논의되던 강한 정부-약한 정부(*strong state vs. weak state*)의 논쟁은 큰 의미가 없고, 통시적으로 제도적 속성의 변화에 따라 정부의 정책능력(*state capacity*)이 어떻게 변화되어 왔는가를 밝히는 것이 더욱 중요하다고 주장한다. 예컨대, S. Haggard(1988: 12)는 1930년대 쌍무협정(*bilateral trade agreement*)과 특혜관세(*preference schemes*)가 막 설정되던 당시의 국제무역환경이 어떻게 미국 정부의 정부협상능력(*government capacity*)을 보다 독립적이고 재량적으로 변화시켰는지를 설명하고 있다.

또한 신제도주의 학파에서는 역사적 전개(*historical development*) 속에서, 예컨대, H. Lasswell(1948: 262)이 "행위에 심각한 충격을 주는 상황"으로서의 위기(*crisis*), 전쟁(*war*), 공황(*depression*)과 같은 역사적 사건들이 역사적 경로를 어떻게 바꾸고, 그러한 큰 틀 속에서 제도적 속성이 어떻게 변화되었으며, 그러한 제도적 변화가 정책의 변화에 어떤 영향을 미쳤는지도 중요한 관심사항이다. 예컨대, S. Krasner(1984: 234)와 같은 학자는 미국이 국제관계 속에서 국가 헤게모니를 유지하는 과정에서 국가(*state*)라는 변수를 중요하게 도입하면서, 전쟁과 위기와 같은 역사적 변수들이 어떻게 제도의 모습을 근본적으로 변화시키는 결정적 전환점(*critical junctures*)으로 작용했는지를 설득력 있게 보여주었다. 즉, 제도의 모습은 근본적으로 변화하는 결정적 전환점(*critical junctures*)을 기준으로 역사적 사건의 흐름이 단절적으로 나타나게 하며, 제도적 구조는 국내외적인 환경변화에 빠르고 유연하게 적응하고 변화해 가는 것이 아니라, 매우 급격하고, 간헐적으로 일어난다. 또한 결정적 전환점(*critical junctures*)을 통해 단절되었던 제도가 위기극복 이후 다시 제도적인 균형상태에 돌입하게 되는 현상을 S. Krasner는 결절된 균형(*punctuated equilibrium*)이라고 하였다(S. Krasner, 1983: 359-361; 1984: 223-246).

신제도주의에서 말하는 제도의 공통점은 다음과 같다(염재호, 1994: 18-19; 정정길 외, 2005: 871-872; DiMaggio & Powell, 1991).

첫째, 구제도주의에서는 제도를 정치제도의 정태적 측면을 서술하지만, 신제도주의에서는 제도들 간의 역동적 다이내미즘을 분석대상으로 한다(정치학적 신제도주의).

둘째, 구제도주의에서는 조직 내에서 사회화 과정을 거쳐 개인의 가치에 내재화된 조직의 규범을 제도적 변수로 받아들이는 반면, 신제도주의에서는 개인의 규범뿐만 아니라 인지과정에서 당연한 것으로 받아들이는 규칙, 습관, 일상적 처리과정(SOP)까지도 제도로서 분석한다(사회학적 신제도주의).

셋째, 제도란 사회의 구조화된 어떤 측면을 의미하며, 정책현상을 설명할 때에는 이런 구조화된 설명변수를 동태적으로 도입할 필요가 있다.

넷째, 제도는 개인행위를 제약하며, 제도적 맥락 하에서 이루어지는 개인행위는 규칙성을 띠게 된다. 따라서 신제도주의는 원자화된 개인이 아니라, 제도라는 맥락 속에서 이루어지는 개인행위에 초점을 맞춘다.

다섯째, 제도가 개인행위를 제약하지만, 개인 간 상호작용의 결과 제도가 변화할 수도 있다. 따라서 제도는 독립변수인 동시에 종속변수로서의 속성도 지닌다.

여섯째, 제도는 규칙, 법률 등 공식적인 측면을 지닐 수도 있고, 규범, 관습 등의 비공식적 측면을 지닐 수도 있으며, 더 나아가 개인이 인지과정에서 받아들이는 규칙, 습관, 업무처리 과정(SOP)까지도 포함한다.

일곱째, 제도는 안정성을 지닌다. 일단 형성된 제도는 그때그때의 상황이나 목적에 따라 쉽게 변화하는 것이 아니다. 즉, 경로의존성을 지닌다.

3. 신제도주의의 이론적 유형

1) 합리적 선택 신제도주의

(1) 경제학에서 합리적 선택 신제도주의의 주요 논의

합리적 선택 신제도주의는 그 뿌리를 신고전경제학에 두고 있으나, 신고전경제학의 제도적 진공상태(*institution-free setting*), 즉 완벽한 정보와 거래비용의 부재 등과 같은 가정 하에서 완전경쟁시장중심의 설명에 대해 의문을 제기하고, 제도적 제약이나 제도적 유형이 개인의 선택에 미치는 영향에 대해 중요성을 인식하면서부터 이론이 형성되기 시작하였다(장하준, 1996: 191-193; 이명석, 1999: 16-18).

경제학의 합리적 선택 신제도주의는 Coase의 "The Nature of the Firm"에서 시작되었다고 할 수 있다. Coase에 따르면, 신고

전학파 경제학에서 가정하는 완전경쟁의 세계에서는 인간들은 완전한 합리성(*perfect rationality*)을 가지고 있고, 모든 정보가 완전하기 때문에 어떤 계약이든지 시장가격이 주는 신호에 따라 즉각적인 조정이 가능하다. 그럼에도 불구하고 현실에서 기업이 여전히 존재하고 중요한 역할을 하는 이유를 Coase는 거래비용(*transaction cost*)에서 찾았다. 즉, 시장중심의 분석의 한계성을 부각시키면서 합리적 선택 신제도주의에서 의미하는 제도의 변수적 역할과 중요성을 제시한 것이다. 거래비용의 개념은 현대 제도경제학의 중시조라고 할 수 있는 Williamson과 North 등에 의해 제도 경제학의 핵심적 개념 중의 하나로 발전되었다(Williamson, 1975, 1985; North, 1998; 장하준, 1996: 194).

Williamson은 Coase의 연구를 더욱 발전시켰는데, H. Simon이 제시한 '제한된 합리성'(*bounded rationality*), '기회주의'(*opportunism*), 그리고 자신이 개발한 '자산특정성'(*asset specificity*) 등의 개념을 거래비용 개념과 결합시켜서 논의를 전개하였다. 거래비용의 크기는 미래에 대한 불확실성, 제한된 합리성, 기회주의, 자산특정성 등에 의해 결정된다고 주장하였으며, 이런 요소들에 따라 거래비용이 달라지고, 거래비용을 최소화시키는 다양한 유형의 경제제도가 나타난다고 본다. 즉, 거래에 수반되는 불확실성이 높고, 제한된 합리성의 제약 정도가 심하고, 기회주의적인 행태가 발생할 가능성이 높고, 거래대상의 자산특정성이 높을수록 시장보다는 기업 내부 조직을 통한 거래가 거래비용을 최소화할 수 있다는 주장이다(정정길 외, 2005: 881-886).

합리적 선택 신제도주의 학자로 빼놓을 수 없는 또 다른 학자는 E. Ostrom이다. 그는 공공재와 같은 집합적 선택의 상황 하에서의 인간행위 선택을 설명하려는 노력을 하면서, 제도라는 설명적 변수를 중요하게 다루었다. 그가 말하는 제도는 정보규칙(*information rules*), 보상규칙(*payoff rules*), 권위규칙(*authority rules*) 등으로 이루어진 하나의 복합적 규칙체계인데, 이러한 제도적 규칙들의 총합에 의해 집합적 상황 하에서 인간행위의 선택을 설명할 수 있다고 보았다. 즉, E. Ostrom은 제도의 성격, 결정상황의 속성(결정에 참가하는 사람 수, 상황의 복잡성, 의사소통의 가능성, 결과의 안정성 등) 등을 알면 개인이 어떻게 행동할 것인가를 예측할 수 있고, 이들의 행동이 어떻게 집합적으로 통합되는가를 설명할 수 있다고 봄으로써 합리적 선택 신제도주의 이론을 더욱 발전시켰다(E. Ostrom, 1990: 197-200).

E. Ostrom(1982, 1992)이 개발한 제도분석틀(IAD framework: *institutional analysis and development framework*)은 공유지의 비극(*tragedy of commons*)과 관련된 집합적 선택(*collective action*)문제에 관심을 갖고, 물리적 속성, 공동체 속성, 규칙적 속성(정책)이라는 세 가지 변수가 어떻게 '행동의 장'에 있어서 행위자의 행태적 속성 및 보상함수에 영향을 주고, 이러한 유인구조가 어떻게 행위결과에 영향을 줌으로써 집합적 선택문제를 해결할 수 있는가에 연구의 초점을 두었다.

또한, 제도분석틀은 제도의 중첩성을 강조하는데, 운영수준, 집단선택 수준, 그리고 헌법선택 수준 등 세 가지 수준으로 나누고, 이러한 세 가지 수준에서 물리적 속성, 공동체 속성, 규칙적 속성(정책)이라는 세 가지 변수가 중첩적으로 정책행위 결과에 영향을 미친다는 점을 강조한다(Kiser and Ostrom, 1982; E. Ostrom, 1990: 192-193).

(2) 정치학에서 합리적 선택 신제도주의의 주요 논의

정치학의 합리적 선택 신제도주의자들은 제도의 작동·발전과 관련하여 거래비용 등의 개념을 강조하는 경제학의 합리적 선택 신제도주의로부터 유용한 분석도구를 차용하였다.

주인(*principals*)이 대리인(*agents*)을 감시하고, 그들의 순응을 유도하는 제도적 메커니즘에 초점을 둔 주인-대리인 이론(*Principal-Agency Theory*)은 의회가 위원회와 그것이 감시하는 규제기관과의 관계를 어떻게 구조화하는지를 설명하는데 유용하게 사용되었다. 특히 정치학 분야의 합리적 선택 신제도주의에서는 의회제도에 대한 연구를 많이 하였다. 의회제도란 법안이 안정적으로 통과되도록 의원들 간의 교환과정(협상과정)에서 발생하는 거래비용을 낮추어주는 기능을 수행하며, 입법부가 직면하는 많은 집단행동의 문제(*collective action problems*)를 해결할 수 있게 한다(P. Hall & R. Taylor, 1996: 942-943).

정치학에서 합리적 선택 신제도주의의 대표적 학자는 K. Shepsle(1987, 1989), D. North(1998) 등이다. K. Shepsle(1987, 1989)는 사회적 선택이 개인적 선호와 더불어, 선택의 방법에 관한 유

무형의 사회제도에 의하여 결정된다고 주장하면서, 만약 우리가 선호(*preference*)에 의해서만 사회선택을 논할 경우에는 불확실성(*uncertainty*)이 많이 작용하나, 선호(*preference*)와 더불어 제도(*institution*)를 함께 고려할 경우에는 안정적인 사회선택의 가능성이 있다는 논의를 제시하였다. 이때의 제도란, 의회의 의사결정의 경우, 기존 안은 제일 나중에 투표에 붙여지는 의사진행 규칙과 법안을 개별적으로 고려하는 심의방식 등을 들 수 있다.

정치학에서의 합리적 선택 신제도주의 연구는 의회에 국한되어 이루어진 것은 물론 아니며, 다양한 분야에 적용되고 있다. 유럽연합(EU)의 제도개혁이 주는 함의를 분석하였고, 다수의 국제관계학자들은 합리적 선택 신제도주의의 개념을 이용하여, 국제 레짐의 흥망, 국제기구의 책임 유형, 국제기구의 형태 등을 설명하기도 하였다(정정길 외, 2005: 889-890).

(3) 한 계

합리적 선택 신제도주의는 제도와 개인행태 간의 관계를 보다 정확하게 개념화했으며, 체계적인 이론형성을 가능하게 하는 고도로 일반화된 개념들을 개발하였다. 합리적 선택 신제도주의 접근법의 옹호자들은 인간 동기를 일련의 축약방정식(*a set of reduced-form equations*)에 비유하는 경향이 있는데, 이는 많은 한계를 지니고 있다. 왜냐하면 그런 모델이 산출한 예측은 편익체계(*payoff matrix*), 선호체계(*preference system*) 등과 같은 가정의 조그만 변화에도 민감하게 반응하기 때문이다(정정길 외, 2005: 891).

2) 역사적 신제도주의

(1) 이론적 배경

역사적 신제도주의는 정치학에서 1960년대와 1970년대에 이론적 주류를 이루던 집단이론(*group theory*)과 구조기능주의(*structural functionalism*)에서부터 출발한다. 정치과정에서 나타나는 집단들 간의 협력과 경쟁, 그리고 집합적 선택의 논리를 제도와 구조를 중심으로 설명하는 집단이론과 이를 정치학적으로 좀 더 발전시킨 다원주의(*pluralism*)와 신자유주의적 제도주의(*neoliberal institutionalism*)가 역사적 신제도주의 이론의 한 축이며, 다른 한 축은 사회현상과 정책결과를 정치의 구조(*structuralism*)와 기능(*functionalism*)으로 설명하려는 구조기능주의(*structural functionalism*)이다(P. Hall & R. Taylor, 1996: 937-938).

역사적 신제도주의에서 강조하는 '역사'란 단순히 '과거'를 의미하는 것이 아니라, 과거의 특정 시점에서 나타난 원인이 현재까지도 영향을 미친다는 역사적 인과관계(*historical causality*), 특정 시점에서의 선택이 미래의 선택을 지속적으로 제약한다는 경로의존성(*path dependency*), 그리고 사건의 발생시점과 순서(*timing and sequence*)가 사회적 결과에 중대한 영향을 미친다는 역사적 과정에 대한 강조를 의미한다(하연섭, 2003: 56).

역사적 신제도주의는 행위와 구조적 맥락의 상호작용에 초점을 맞춘다. T. Skocpol에 의하면, 제도주의는 "행위와 구조적 제약요인의 변증법적 관계"에 초점을 맞추고 있다(Skocpol, 1984b: 4; 하연섭, 1999: 20). 즉, 역사적 신제도주의는 정치경제적 제도가 집단행위를 구조화하고, 이러한 행위와 구조적 맥락의 상호작용 속에서 특정한 정책결과가 발생된다고 본다.

(2) 특 징

(가) 방법론적 전체주의

역사적 신제도주의에 중요한 이론적 공헌을 한 J. Ikenberry는 제도의 개념을 1) 정부차원의 제도, 2) 국가차원의 제도, 3) 국가와 사회의 관계를 정의하는 규범으로서의 제도로 나누어서 정의하고 있으며, Hall 역시 3가지 차원으로 나누어 1) 공공조직 차원의 제도, 2) 국가사회 차원의 제도, 3) 민주주의와 자본주의와 관련된 기본적인 관계로서의 제도로 나누어서 정의하고 있다(Ikenberry, 1988: 226-229; Hall, 1986: 19; 하연섭, 1999: 16-17).

역사적 신제도주의는 분석수준 면에서 방법론적 개인주의보다는 전체주의(*holism*)의 입장을 취한다. 따라서 정치·행정구조나 정책은 정책과정에 참여하는 개별 행위주체들의 전략적 행위의 결과 내지 산물이 아니라, 정책참여자를 둘러싸고 있는 제도적 틀의 산물로 간주된다.

(나) 중범위이론적 분석수준

역사적 신제도주의는 중범위이론(*midrange theory*) 수준에서 분석을 수행한다. 이는 중간수준의 제도적 변수에 초점을 둠으로써, 여러 국가들 간의 규칙성을 강조하는 거시이론과 특정 국가의 개별 사례들에 관한 미시적 이론 사이의 교량을 구축한다. 역사적 신제도주의에서 그들이 구체적으로 관심을 갖는 제도적 변수는 계급구조(*class structure*) 같은 거시적 변수나, 개인의 선호체계(*preference system*)와 같은 미시적 변수가 아닌, 중범위적 제도변수(*intermediate-level institutional factors*)로서 자본가단체나 노동조합 같은 경제적 이익집단의 조직형태, 정당체제 등이다. 그리고 이러한 중범위적 제도변수가 개별 행위자의 행동에 어떻게 작용했는지에 대해 연구의 초점을 맞춘다.

역사적 신제도주의는 국가-사회관계를 구조화하는 제도적 장치에 초점을 둠으로써, 국가중심적(*state-centered*) 접근방법과 사회중심적(*society-centered*) 접근방법을 연결할 수 있는 분석적 가교 역할을 담당하고 있다.

(다) 제도의 맥락적 측면에 초점

역사적 신제도주의는 제도가 다른 인과적 변수들과 어떻게 상호작용 하는지에 관심을 가지며, 변수 간의 인과관계는 항상 맥락(*contextuality*) 속에서 형성됨을 강조한다. 즉, 개별 독립변수의 영향력이 아니라, 변수들의 결합이 인과관계를 설명하는데 중요하다고 보고, 이들 변수들이 결합되는 역사적 시점(*timing*)과 상황(*circumstance*)에 따라 결과가 전혀 다르게 나타날 수 있다고 생각한다(정정길 외, 2005: 895-896).

정책패턴의 지속성을 결정짓는 요인들은 다음과 같다.

① 행위자들의 접근가능성과 접근 정도
② 선호와 이익에 대한 정의
③ 행위자들의 상호작용 패턴
④ 제약을 가하는 거시적인 구조

요컨대, 역사적 신제도주의의 초점은 제도 그 자체에 있는 것이 아니라, 행위자들 간의 상호작용을 제약하고 규율해 주는 제도의 영향력과 제도가 결합되는 패턴, 즉 제도의 관계적 특성과 맥락에 있다.

(3) 주요 내용

(가) 제도적 환경과 맥락 강조

제도는 국가 헌법 질서의 제반 규칙이나 관료제의 표준운영절차(SOPs)에서부터, 민간 조직들의 행태나 비공식집단들을 규율하는 관행에 이르기까지 매우 다양하다. 역사적 신제도주의자들은 행위자들의 이해관계에 영향을 미치는 동시에, 행위자들 간의 권력관계를 구조화시키는 국가와 사회의 모든 상호작용 구조를 제도의 정의에 포함시킨다.

역사적 신제도주의에서 핵심개념은 제도적 환경(*institutional setting*)이라고 할 수 있는 역사적 맥락이며, 독립변수로서의 제도가 종속변수인 개인의 행위나 선택을 어떻게 형성하고 제약하는지를 설명하고자 한다. 따라서 행위자의 이해관계와 권력관계를 설명할 때 역사적으로 형성된 맥락의 중요성이 부각되는 것이다.

그러나 역사적 신제도주의는 개인이 제도에 의해 완전히 개조된다거나, 규범이 개인행동을 완전히 결정한다는 결정론을 의미하지는 않는다. 제도가 행위를 결정하는 것은 아니며, 단지 행위자의 선택을 제약하는 맥락을 제공할 뿐이다.

역사적 신제도주의는 제도와 행위의 관계를 일방향적, 결정론적으로만 보지 않는다. 역사적으로 형성되는 국가와 사회의 제도적 구조가 개인과 집단의 이해관계와 능력을 형성하고 제약할 뿐 아니라, 개인과 집단의 행위와 선택에 의해 제도변화가 유도되기도 한다.

제도가 정치를 제약하고 굴절시키기는 하지만, 제도만이 정치적 결과를 설명할 수 있는 유일한 요인은 아니다. 사상(*ideas*), 계급(*class*), 권력배분(*power structure*), 집단역학(*group dynamics*)과 같은 여타 변수의 중요성을 인정하고, 이러한 변수들의 상호작용에 의하여 형성되는 맥락을 중시한다.

(나) 제도의 지속성과 경로의존성 강조

역사적 신제도주의는 역사발전 과정에서 동일한 원인이 어디서나 동일한 결과를 낳을 것이라는 가정을 받아들이지 않고, 과거로부터 전수되어 주어진 상황의 맥락적 특징들로부터 영향을 받는다고 본다. 즉, 경로의존적인(*path-dependent*) 사회적 인과관계를 강조한다.

역사적 신제도주의는 제도변화 과정을 설명할 때도 기존 제도가 새로운 제도가 취할 모습을 제약한다는 경로의존성(*path-dependency*)을 강조한다. 역사적으로 형성된 제도는 새로운 환경의 요구에 적절히 부응하지 못할 수도 있으며, 문제해결에 오히려 역기능적으로 작용할 수도 있다. 따라서 당시의 상황과 조건에 맞는 최적의 적응(*optimal adaptation*)이 항상 가능한 것은 아니다.

이런 점에서 역사적 신제도주의는 제도의 변화와 발전을 설명할 때 제도의 지속성과 기존 제도에 의한 의도하지 않았던 결과들(*unintended consequences*), 그리고 제도의 비효율성(*inefficiencies*)을 특히 강조하며, 이는 합리적 선택 신제도주의의 일반적인 주장과 대조를 이룬다.

(다) 제도의 급격한 변화에 대한 설명

역사적 신제도주의는 제도변화를 설명함에 있어서 사회관계와 제도를 재형성하는 역사적 전환점(*historical junctures*)에 주목한다.

제도의 모습이 근본적으로 변화하는 결정적 전환점(*critical junctures*)을 기준으로 역사적 사건의 흐름이 단절적으로 나타난다고 본다. 제도적 구조는 국내외적인 환경변화에 빠르고 유연하게 적응하고 변화해 가는 것이 아니다. 또 제도변화는 계속적이고 점증적으로 이루어지는 것이 아니라, 매우 급격하고, 간헐적으로 일어난다. S. Krasner는 이러한 현상을 결절된 균형(*punctuated equilibrium*)

이라고 하였다(Krasner, 1984: 223-246; 정정길 외, 2005: 900-902). 따라서 역사적 신제도주의는 제도변화를 설명함에 있어서 정치적, 경제적 위기로 인해 사회제도가 재형성되는 역사적 전환점(*historical junctures*) 또는 결정적 전환점(*critical junctures*)에 주목하며, 이러한 제도변화의 계기를 통해 단절되었던 제도가 위기극복 이후 다시 제도적인 균형상태에 돌입하게 되는 결절된 균형(*punctuated equilibrium*)의 원리를 중요하게 다룬다(심상용, 2005: 225).

(4) 한 계

첫째, 보편적 분석방법이 결여되어 있다. 역사적 신제도주의는 개인과 집단행위를 제약하고 형성하는 거시적인 구조에 초점을 맞추고, 사회현상을 설명할 때 고려해야 할 변수들을 제시할 뿐, 검증 가능한 엄밀한 이론적 논의를 제시하지 못하고 있다(Ikenberry, 1988; Immergut, 1998; 하연섭, 1999: 32). 사회현상을 설명함에 있어서 역사적 제도의 중요성에 대해서 이론적 관심을 불러일으켰으나, 제도가 인과관계의 유일한 요인이라고 주장하기는 어려운 상황이다. 예컨대, Goldstein(1988: 179-217)은 미국 통상정책을 결정하는데 있어서 제도적 구조의 중요성에 대해서 설명하고 있으나, 제도적 구조는 정책의 아이디어와 연계하여 통상정책 결과에 영향을 미친다고 설명한다.

둘째, 역사적 신제도주의는 개인행위와 제도의 관계를 파악할 때, 계산적 접근과 문화적 접근 양자를 모두 포괄하는 절충주의(*eclecticism*)를 취하고 있는데, 절충주의를 택한 연유로 인해 제도와 행위 사이의 정확한 인과구조(*precise causal chain*)를 제시하지 못하고 있다(P. Hall & R. Taylor, 1996: 940).

셋째, '결절된 균형' 등과 같은 개념을 사용하여, 특정 제도가 급격한 변화에 의해 중단될 수 있는 가능성을 인정하고는 있지만, 무엇이 이러한 제도의 근본적인 변화를 초래하는가에 대해서는 제대로 정립된 이론이 없다(정정길 외, 2005: 903-904).

마지막으로, 제도적 요인들이 정책결과(*policy outcome*)에 어떤 영향을 미치며, 그에 따른 정책적 쟁점이 무엇인지에 대한 연구(J. Ikenberry, 1988: 219-243; S. Krasner, 1983: 359-61, 1984: 223-246, S. Haggard, 1988: 12-15)들은 역사적 신제도주의에 포함되어 그동안 집중 조명되지 못했으나, 정책학의 관점에서 제도의 속성(*attributes*), 제도의 형태(*configuration*), 제도의 규범(SOP) 등이 정책의 과정과 결과에 미치는 영향에 대한 정책학적 신제도주의에 대한 연구가 재조명될 필요가 있을 것이다.

3) 사회학적 신제도주의

(1) 이론적 배경

사회학적 신제도주의는 사회학에서의 조직이론에서부터 출발한다. 사회학에서 제도에 대한 관심은 Weber, Parsons, Durkheim, Selznick 등 사회학의 주요 이론가들로부터 시작된다. M. Weber는 관료제적 구조가 현대사회에서 요구하는 각종 과업을 수행하기 위한 효율적인 구조라고 보았다. 사회학적 신제도주의는 1970년대 범세계적인 경제위기 이후 조직을 합리적이고 통제 가능한 도구로 보았던 M. Weber의 관료제모형에 대한 이론적 의구심에서 출발했다. 즉, 사회학적 신제도주의는 조직의 구조와 제도 그리고 절차는 경제학적 의미의 수단-목표의 효율성(*means-ends efficiency*)보다는 문화적 상황에서의 정당성(*culturally-constructed legitimacy*)에 의해서 채택된다고 주장한다(P. Hall & R. Taylor, 1996: 946).

Meyer & Rowan(1977: 340-341)이 주장하듯이, 조직이론의 신제도주의는 제도의 형성과정에서 사회적 정당성(*social legitimacy*)을 매우 중요하게 생각하고, 제도에 내재화된 규범(*norm*)과 신화(*myth*)의 역할을 강조하며, 더 나아가 개인이 인지과정에서 받아들이는 규칙, 습관, 업무처리 과정(SOP)까지도 제도로서 분석한다.

(2) 특 징

사회학적 신제도주의는 제도에 대한 폭넓은 개념화, 제도적 영향의 인지적 차원의 강조, 적절성의 논리(*logic of appropriateness*) 등 다른 신제도주의와 비교할 때, 다음과 같은 특징을 지닌다.

(가) 제도에 대한 폭넓은 개념화

제도는 단지 공식적인 규칙이나 절차 또는 규범뿐만 아니라, 인간의 행위를 해석하는 의미의 틀(*frames of meaning*)을 제공하는 상징체계(*symbol systems*), 인지적 각본(*cognitive scripts*), 도덕적 전형

(*templates*), 도식(*schema*) 등을 포함한다. 즉, 구제도주의에서는 조직 내에서 사회화 과정을 거쳐 개인의 가치에 내재화된 조직의 규범을 제도적 변수로 받아들이는 반면, 신제도주의에서는 개인의 규범뿐만 아니라 개인이 인지과정에서 받아들이는 규칙, 습관, 업무처리 과정(SOP)까지도 제도로서 분석한다(DiMaggio & Powell, 1991; 염재호, 1994: 19).

(나) 제도의 인지적 차원 강조

사회학적 신제도주의는 제도와 개인행위 사이의 관계에 대한 이해가 독특하다. 사회학적 신제도주의자들은 '제도적 영향의 인지적 차원'(*cognitive dimension*)을 새롭게 강조한다. 즉, 제도가 행위에 필요한 인지적 각본(*script*), 범주(*classification*), 전형(*template*)을 제공함으로써 행동에 영향을 미친다는 것이다(최창현, 1999: 111). 구제도주의가 규범적 측면을 중시한다면, 신제도주의는 상황이 어떻게 구축되고, 사회적 정체성이 어떤 방식으로 규정되는지에 초점을 두는 인지적·문화적 측면을 중시한다.

(다) 사회적 정당성 강조

사회학적 신제도주의자들은 조직에 새로운 제도적 형태나 관행이 채택되는 이유는 새로운 제도적 형태나 관행이 조직의 목표-수단의 효율성(*efficiency*)을 증진시키기 때문이 아니라, 그 조직이나 참여자들의 사회적 정당성(*legitimacy*)을 제고하기 때문이라고 주장한다. Campbell은 이러한 시각을 도구성의 논리(*logic of instrumentality*)와 대비되는 사회적 적절성의 논리(*logic of social appropriateness*)라고 명명하였다(정정길 외, 2005: 909). 합리적 선택론자들은 개인이나 조직이 자신들의 이익을 극대화한다고 세계를 가정하지만, 사회학적 신제도주의자들은 개인이나 조직이 사회적 규범이나 정당성을 강조하는 방식으로 자신들의 정체성을 규정한다고 본다. 즉, 제도적 규범은 능률성(*efficiency*)과는 다른 차원에서 형성되고 유지된다(Meyer & Rowan, 1977: 340-341).

(3) 주요 논의

(가) 제도의 배태성

제도의 배태성이란 본래 "어떤 현상이나 사물이 발생하거나 일어날 원인을 속으로 가진다"는 의미로서, 침윤(浸潤) 또는 착상(着床)이라는 용어로 대체되기도 한다.

사회학적 신제도주의자들은 개인의 행위가 고립된 상태에서 선택되는 것이 아니라, 사회적 관계에 의하여 영향을 받으며, 사회적 관계 속에서 지속적으로 맥락지어진다는 것을 의미하는 개념으로 배태성(*embeddedness*)이란 용어를 사용하고 있다(정정길 외, 2005: 910).

사회생활을 하면서 무엇이 중요하고 무엇이 중요하지 않은지를 배우게 되고, 정보수집 시 특정 정보에 더 주의를 기울이고 이를 더 깊게 생각하게 된다. 그 결과 경제적 합리성이 다소 떨어지더라도 사회관계에서 정당성이 있는 행동을 하게 된다(김병섭 외, 2000: 582).

(나) 제도화의 논리

제도채택과 사회적 정당성(*social legitimacy*): 제도는 합리적 선택 신제도주의자들이 주장하듯이, 개인의 전략적 계산에 영향을 주기도 하지만, 각 개인들의 가장 기본적인 선호와 정체성에도 영향을 미친다. 사회학적 신제도주의에 따르면, 제도와 개인적 행위 사이의 관계는 상호작용적(*interactive*)이며 상호구성적(*constitutive*)이다. Meyer & Rowan(1977: 347)은 공식적인 조직구조가 조정과 통제를 통해 기술적 합리성을 달성하지 못한 경우에도 조직구조가 계속 유지되는 이유를 '정당성(*legitimacy*)의 확보'에서 찾는다.

제도적 동형화(*institutional isomorphism*): 조직이 동질화되는 과정을 나타내는 개념이 동형화(*isomorphism*)인데, 이는 조직의 장(*fields*) 안에 있는 한 조직단위가 동일한 환경조건에 직면한 다른 조직단위들을 닮도록 하는 제약적인 과정(*constraining process*)이다. 여기서 '조직의 장'(*fields*)이란 유사한 재화와 서비스를 생산하는 조직들의 총체로서 동질적인 제도적 삶이 인지될 수 있는 분석단위(*recognized area of institutional life*)를 의미한다(정정길 외, 2005: 915). 이는 사회학적 신제도주의에서 매우 중요한 개념으로서 제도적 동형화가 이루어지는 단위이다. 조직의 장(*fields*)이 생성되고 구조화되는 것은 다양한 조직들의 활동결과이며, 일단 장(*fields*)이 확립되면 기존 조직들뿐만 아니라 새로운 진입조직들까지도 동형화(*isomorphism*)된다.

제도적 동형화(*institutional isomorphism*)는 1) 복잡해진 환경요소와 상호연관성 및 불확실성에 대응하기 위해 발생하는 경우(Meyer &

Rowan, 1977: 346; Aiken and Hage, 1968; Thompson, 1967)와, 2) 조직구조는 사회적 인지구성물이라는 시각에서 발생하는 경우(Meyer & Rowan, 1977: 346-347; Parsons, 1956; Emery & Trist, 1965)로 나누어서 이해할 수 있다.

(4) 한 계

첫째, 사회학적 신제도주의는 습관이나 상징뿐만 아니라, 태도나 가치와 같은 문화까지도 행동에 영향을 미치는 제도의 차원에 포함시키고 있다. 이는 그동안 소홀히 다루어졌던 문화에 대한 관심을 환기시켰다는 점에서 유의미한 시도라 생각되나, 제도 자체의 개념범위를 지나치게 확대하고 있어 문화결정론 내지 제도결정론을 야기할 수도 있다.

둘째, 사회학적 신제도주의자들은 경제적 효율성이 아니라, 사회적 정당성 때문에 새로운 제도적 관행이 채택된다고 주장하지만, 결국 사회적 정당성의 기반 자체도 문화를 비롯한 제도이기 때문에 순환논리(*tautology*)에 빠진다고 할 수 있다(정정길 외, 2005: 919).

셋째, 특정 조직의 제도 채택을 신제도주의 이론만으로는 설명이 곤란하다는 점이다. 즉, 조직의 제도 채택이 신제도주의 이론이 아닌 다른 이론으로 설명될 수도 있으며, 신제도주의 이론과 다른 이론에 의해 동시에 설명될 수 있다는 점을 무시해서는 안될 것이다(Tolbert, 1985: 1-13; Mezias, 1990: 431-475; 배병룡, 1999: 134).

4. 정책학 관점에서의 신제도주의

정책현상의 연구대상은 이해관계자와 참여자(*multiple interests and participants*), 그리고 관계 및 제도(*relationship and institution*)를 포함한다. 정책 이해관계자들의 행태 및 태도에 대한 실증적 연구에 보다 많은 관심을 보인 연구접근이 행태주의적 연구였다면, 신제도주의적 연구는 이러한 행위자들의 행태를 설명하려는 미시적 접근을 넘어서서 규범과 관계, 그리고 구조와 제도에 많은 연구관심을 기울여 왔다. 이 역시 위에서 언급한 정책환경의 다양성(*diversity*)과 역동성(*dynamics*)과도 많은 연관성이 있는데, 현대 정책현상이 복잡해지고, 이들 간의 관계구조가 보다 거버넌스적 형태를 띠면서 정책연구가들은 정책현상을 설명함에 있어 정책네트워크의 관계성(*relationship*)과 복잡성(*complexity*)을 보다 중요한 분석변수로 취급하기 시작하였다.

정책연구에서 신제도주의적 관점은 매우 유용한 설명도구로 발전되어 왔다. 제도적 요인(*institutional factor*)들이 정책결과(*policy outcome*)에 어떤 영향을 미치며, 그에 따른 정책적 쟁점(*policy implication*)이 무엇인지에 대한 연구들은 정치학에서 국가주의적 연구동향과 함께 발전되어 왔다(J. Ikenberry, 1988: 219-243; S. Krasner, 1983: 359-361; 1984: 223-246; S. Haggard, 1988: 12-15). 이들은 그동안 역사적 신제도주의에 포함되어 집중 조명되지 못한 측면이 있었으나, 정책학의 관점에서 제도의 속성(*attributes*), 제도의 형태(*configuration*), 제도의 규범(SOP) 등을 통해 정책과정과 정책결과를 설명하려는 매우 중요한 이론적 관점으로 평가할 수 있다.

신제도주의 이론에서 정책학 연구의 이론적 외연의 확장과 내포의 풍부함을 키워줄 수 있는 점이 무엇인지를 검토하는 것은 정책학 연구의 발전에 도움이 되는 의미 있는 작업이라고 할 수 있다(정정길 외, 2005: 920-926; 염재호, 1994; 정용덕 외, 1999; 김병섭 외, 2000: 582). 합리적 선택 신제도주의의 주요 특징으로는 방법론적 개인주의의 채택, 전략적 상호작용과 제도적 맥락 하에서 개인의 합리적 행태에 대한 가정 등을 들 수 있다. 합리적 선택 신제도주의의 관점에서 정책은 결국 행위자들이 제도 내에서 상호작용한 결과 발생하는 산물이며, 정책연구는 행위자들의 상호작용 과정을 연구하는 것으로 이해된다. 합리적 선택 신제도주의의 이런 특징은 정책과정에 참여하거나 관련되어 있는 개별 행위자들의 상호작용 과정의 원인과 과정을 분석하고 설명하는데 많은 도움을 줄 수 있을 것이다.

역사적 신제도주의는 방법론적 전체주의의 입장을 취하고 있다는 점, 분석수준이 중범위 이론이라는 점, 비교분석과 역사적 접근을 주된 분석의 방법으로 삼고 있다는 점을 그 특징으로 제시할 수 있다. 이런 방법론적 특징과 이론적 시각에서 보면 정책은 제도적 틀의 산물이 된다. 이 과정에서 권력관계의 불균형성과 경로의존성이 중요한 분석변수가 되며, 동일한 제도적 구조를 갖고 집행된 정책이 각기 다른 상황에서 다른 결과를 양산하게 되는 이유를 설명하는데 많은 도움을 줄 수 있을 것이다.

사회학적 신제도주의는 문화까지도 제도의 개념 속에 포함시키는 매우 거시적 차원의 연구방법을 택하고 있다. 이 접근방법에서는 주로 환경과 조직의 관계를 설명하는데 초점을 맞추는데, 특히 독립변수로서 제도적 환경이 조직에 미치는 영향을 중요시한다(정정길 외, 2005: 920-926). 이 과정에서 제도 채택과 사회적 정당성(*social legitimacy*), 제도 유지와 조직의 배태성(*embeddedness*)이 중요한 분석변수로서 등장하게 된다. 또한, 제도 존속의 과정에 있어서 같은 조직의 장(*fields*) 안에서 조직단위들 간에 닮아가는 제약적인 과정(*constraining process*)으로서의 과정이, 정책이 한 조직에 채택되고 존속되어가는 과정을 설명하는데 중요한 설명변수로서의 역할을 할 수 있을 것이다. 특히 일단 조직의 장(*fields*)이 확립되면 기존 주직들뿐만 아니라 새로운 진입조직들까지도 동형화(*isomorphism*)되는 개념은, 정책의 혁신, 유지, 승계, 종결의 과정을 설명하는데 있어 매우 유용한 이론적 도구가 될 수 있을 것으로 기대된다.

마지막으로, 앞에서도 언급했듯이, 정책학 이론의 발전이라는 관점에서 제도주의 연구와 정책이론 연구가 통합지향적으로 발전될 필요가 있다. 특히 제도적 요인들이 정책결과(*policy outcome*)에 어떤 영향을 미치며, 그에 따른 정책적 쟁점이 무엇인지에 대한 연구들은(J. Ikenberry, 1988: 219-243; S. Krasner, 1983: 359-361; 1984: 223-246; S. Haggard, 1988: 12-15) 그동안 역사적 신제도주의에 포함되어 집중 조명되지 못한 측면이 있었으나, 정책학의 관점에서 제도의 속성(*attributes*), 제도의 형태(*configuration*), 제도의 규범(SOP) 등이 정책의 과정과 결과에 미치는 영향에 대한 정책학적 신제도주의에 대한 연구와 이들을 하나의 공통된 시각으로 조명해보려는 노력 등은 앞으로 정책학도들의 중대한 과제로 남아있다고 하겠다. 국내 정치에 영향을 미치는 사회적 관계(*social dynamics*)들이 정부의 구조적 특성에 어떠한 영향을 미치고, 또한 이러한 정부의 구조적 특성은 정책결정 규칙과 규범 및 절차 등과 같은 정책결정의 제도적 속성에 어떠한 영향을 미치는지에 대해서도 앞으로 많은 연구가 필요할 것이다.

제 2 절 정책학과 정책네트워크 이론

1. 정책네트워크 이론 개관

1) 정책네트워크 모형의 등장배경

정책네트워크 모형은 공식적인 참여자들만이 아니라, 다양한 집단들 간의 상호작용 과정이 전개되는 비공식적 장에서의 논의가 정책과정과 산출에 영향을 미치고 있다는 점에 착안한다. 다양한 참여자들 간의 관계를 포괄한 정책과정의 동태성을 설명하기 위한 새로운 모형의 필요성으로 인해 등장한 것이 정책네트워크 모형이다. 최근 20~30년간 영국을 중심으로 한 유럽, 그리고 북미의 많은 연구자들은, 그동안 정부와 이익집단의 관계를 연구해온 다원주의의 연구전통에 대한 비판적 입장을 취하면서 이러한 정책네트워크에 대한 분석을 수행해 왔다. 이들은 수많은 사례 연구를 통해 정책네트워크 개념의 적절성을 증명해 왔는데, 정책네트워크는 실제로 존재하며, 정책네트워크에 대한 관심 없이 정책의 두드러진 정책적 연속성과 변화를 이해하기 어렵다는 논의를 제기했다(Feenstra & Hanson, 1996). 이는 앞에서 살펴본 엘리트주의나 다원주의의 편협한 주장에 대한 대안으로 인식되고 있다.

1960년대에 등장한 하위정부 모형, 그리고 이에 대한 비판으로 Heclo에 의해서 1970년대 후반에 제기된 이슈네트워크론이 정책연구에 있어서 네트워크 분석의 기원이 되었다. 먼저, 하위정부 모형은 해당 관료조직, 의회의 상임위원회, 특정 이익집단 간의 상호작용 유형으로 정의되는데, 폐쇄적이고 안정적인 네트워크의 일종이다. 이슈네트워크는 해당 관료조직, 의원, 기업가, 로비스트, 학자, 언론인 등을 포함하는 특정 영역에 이해관계나 관심을 가지는 사람들 간의 의사소통 네트워크를 의미하는데, 이는 개방적이고 유동적인 네트워크의 일종이다.

영국의 Rhodes & Marsh는 영국 중앙정부와 지방정부 간 관계에 대한 경험적 연구를 통해 정책공동체 모형(*policy community model*)[1]과 이슈네트워크 모형(*issue network model*)[2]을 통합시킨 정책

---

1 정책네트워크 모형에서 고전적으로 가장 널리 논의된 것은 미국 사례를 분석한 하위정부(subgovernment) 모형인데, 1980년대에 들어서면서 설명력을 점차 상실하게 되자 영국 학자를 중심으로 정책공동체 모형이 새로운 정책네트워크 모형의 하나로 제시되었다.

2 하위정부 모형에 대한 또 다른 비판적 관점에서 제시된 것이, Heclo의 이슈네트워크 모형이다. Heclo는 거미집 같이 수많은 행위자들 간의 유동적이고 불안정한 관계를 은유적으로 이슈네트워크라 지칭하였다.

네트워크 모형을 제시했다. Rhodes는 정책형성은 '산출물에 대한 영향력을 최대화하기 위해, 헌법적-법적, 조직적, 재정적, 정치적, 그리고 정보자원을 배치하는데 이익을 얻으려고 중앙과 지방참여자들이 행동하는 게임'으로 보았다(Rhodes, 1990:19). 이 교환관계는 정책네트워크 내에서 발생하며, 근본적으로 이익중개 모델, 즉 이익집단과 정부 사이의 관계를 설명하는 모델로 설명된다(Rhodes & Marsh, 1992: 193-197).

2) Rhodes & Marsh의 정책네트워크 모형분석

Rhodes를 중심으로 한 영국의 학자들은 폐쇄적이고 안정적이며 지속적인 네트워크인 정책공동체와, 개방적이고 유동적인 네트워크인 이슈네트워크로 정책네트워크의 유형화를 시도하였다. Rhodes & Marsh는 정책네트워크의 양 극단에 위치한 정책공동체와 이슈네트워크의 특성과 차별성을 비교하였다.

첫째, 멤버십의 구성이다. 정책공동체의 경우 구성원 간 관계는 안정적이고, 구성원 수가 매우 제한적이며, 공동의 서비스 전달체계의 책임에 따른 수직적 상호의존관계를 보이고, 다른 네트워크와 분리되는 특성을 가진다. Rhodes & Marsh는 정책공동체의 구성집단으로서 행정부, 정치인, 전문가집단, 그리고 이익집단을 포함시켰다. 의회는 관료제가 강한 영국 사회의 특성상 정책공동체에서 배제되며, 시민단체 등의 공익집단은 정책공동체가 멤버십에서 의식적으로 배제시킨다. 이에 반해 이슈네트워크의 경우 참여자 수가 많으며, 상호의존 정도가 제한적이고 불안정한 구조를 의미한다. 즉, 정책과정 참여자가 다수이며, 그 구성은 이익집단이나 전문가집단뿐 아니라, 이에 대항하는 시민단체 등 공익집단을 비롯해 다양한 참여자를 포함한다. 따라서 정책행위자 간 정책적 합의점을 찾기는 매우 어렵다.

둘째는 통합성이다. 정책공동체의 경우, 참여자 간의 상호작용은 매우 빈번하며, 구성원, 가치관, 정책성과 면에서 연속성을 지닌다. 또한 모든 참여자가 기본적인 가치관을 공유한다. 이에 반해 이슈네트워크의 경우, 참여자 간 상호작용은 매우 다양하고 불안정하며, 구성원, 가치관, 정책성과 면에서 불안정한 특성이 있다. 또 참여자 간 어느 정도의 공감대는 이루어질 수 있지만 항상 갈등이 존재한다.

셋째는 자원배분의 측면이다. 정책공동체의 경우, 모든 참여자가 자원을 가지며, 참여자 사이의 근본적인 관계는 교환관계이다. 또 참여 조직 내에서 자원배분은 위계적이며, 조직의 명령이 구성원에 대해 강한 통제력을 행사한다. 이에 반해 이슈네트워크의 경우, 참여자의 자원보유 면에서 격차가 발견되며, 기본관계는 교환관계가 아닌 자문수준에 머무른다. 참여 조직 내에서 자원의 배분과 구성원에 대한 통제력은 다양하다.

넷째는 권력의 측면이다. 정책공동체의 경우, 참여집단들은 어느 정도 세력의 균형을 유지한다. 만일 한 집단이 우세한 지위를 점할 경우, 정책공동체가 유지되기 위해서는 장기적으로 패자가 없어야 한다(포지티브섬 게임). 이에 반해 이슈네트워크의 경우 자원과 접근의 불평등 때문에 권력에서도 불평등이 발견된다(제로섬 게임).

그런데 Rhodes & Marsh는 이 네트워크들이 상호배타적이지 않다는 점을 지적한다. 예를 들어 한 정책분야에서 정책공동체와 이슈네트워크가 공존할 수 있다는 것이다. 한편 정책네트워크는 행위자들의 끊임없는 상호작용을 통해 어느 한 가지 유형에서 다른 유형으로 변화하는 속성을 가진다(Rhodes & Marsh, 1992: 193-197). Rhodes & Marsh가 제시한 모형은, 현실 세계의 각 정책부문에서 형성되는 정책네트워크의 특성을 연구하기 위한 기본적인 개념적 틀을 제시하고 있다. 또한 이 모형은 정책네트워크의 특성을 이해하기 위해, 정부와 이익집단관계에서 행해지는 행위자들의 상호작용을 구체적으로 조사해야 한다는 점을 시사한다.

3) 정책네트워크 모형의 주요 구성요소

(1) 정책행위자(Policy Actors)

(가) 정책행위자는 정책결정과 집행이 이루어지는 정책과정에 참여하여 정책산출 그리고 산출결과의 집행에 영향을 미치는 개인 또는 사회집단으로 정의될 수 있다.

(나) 행위자로 인정되기 위해서는 상호교환될 수 있는 자원을 보유하고 있어야 하며, 정책에 대한 기본적인 이해를 공유해야 하기 때문에 그 범위는 비교적 안정적이고 지속적이다.

(다) 이슈네트워크는 이슈의 성격에 따라서 수시로 주요 행위자가 변하고 상황에 따라 중요시되는 자원의 종류도 달라지며, 그에 따라 주도적 행위자가 변하기 때문에 매우 유동적이고 불안정하다.

(라) 국가는 자신의 정책이해를 가지고, 이를 정책과정에서 관철시키고자 하는 하나의 행위자로서, 다른 참여자에 비해 보다 중요한 행위자이다.

(2) 정책행위자 간의 관계구조(Relationship Network)

(가) 행위자들 간의 관계가 형성되는 동기를 행위자들이 가지고 있는 자원들의 상호의존성에 기인하는 것으로 본다.

(나) 정책공동체는 참여자들 간에 비교적 균등한 권력을 보유하고, 관계의 속성도 '포지티브 섬'(*positive sum*) 게임적인 속성이 강하다.

(다) 이슈네트워크는 행위자들 간에 권력배분의 편차가 심하며, 관계도 '네가티브 섬'(*negative sum*) 게임적인 경우가 많다

고 본다.

(라) 다양한 행위자들 간의 관계를 분석하는데, 기본적인 관심이 있기 때문에 국가와 이익집단 간의 관계에만 특별히 주의를 기울이지는 않는다.

(3) 행위자 간 상호작용 방식(Dynamic Interaction)

(가) 정책공동체의 행위자 간에는 매우 빈번한 상호작용이 발생하며, 안정적이고 협력적이지만 제도화된 관계를 갖게 된다.

(나) 이슈네트워크 행위자 간의 상호작용은 이슈의 전개 상황에 따라서 가변적이다. 많은 행위자들이 있지만 이들 간의 상호작용 빈도는 높지 않으며, 제도화된 관계가 형성되지 않는다. 다원주의처럼 경쟁과 갈등만을 가정하는 것이 아니라, 이해관계가 일치하는 경우에는 지지연합을 형성하기도 한다.

(4) 정책결과(Policy Outcome)

(가) 정책결과는 정책공동체가 처음 의도한 정책내용과 크게 다르지 않으며, 따라서 정책결과를 예측하기도 용이하다. 이는 기본적으로 정책공동체 자체가 서로 유사한 이해를 공유하고 있기 때문이다.

(나) 이슈네트워크는 행위자가 유동적이며, 이해공유 정도도 매우 낮다. 대체로 자원과 권력을 많이 보유한 행위자의 이해가 많이 반영된다.

2. 정책학 관점에서의 정책네트워크

정책연구의 또 다른 관점에서 정책분석의 방법론으로서의 정책네트워크 이론을 살펴볼 필요가 있다. 정책네트워크 이론은 다양한 정책행위자들 간의 동태성과 역동성에 기초한 연결성과 관계성을 이해하고 분석하기 위한 정책학의 연구방법론이다(Scharf, 1997; March and Olsen, 1989).[3] 이때의 네트워크는 다양한 행위자와 이슈, 제도와 기관들 사이에 연결되어 있는 복합적이고도 동태적인 관계성을 지칭한다(Castells, 1996: 468; Rhodes, 1990; Heclo, 1978; Coleman and Skogstad, 1990). 이에 대한 연구주제는 다음 세 가지 정도로 요약할 수 있는데, 하나는 정치체계(*policy system*)와 같은 제도적 변수들을 분석대상에 포함시키는 이론적 흐름이다. 특히 이들은 정책현상을 분석하는데 있어 자발적 정책네트워크의 정도를 중요한 분석변수로 다루고 있다(Lehner, 1991; Rhodes, 1986). 둘째, 정책현상을 설명함에 있어 어떻게 네트워크가 조직화되었는지, 그리고 네트워크 안에서 어떻게 권위

3 M. Castells(1996)는 이러한 시도가 정책네트워크를 이론화하려는 시도이며, Heclo(1972)와 하위정부 모형에 대한 정책분석에서 학문적 영감을 받은 것이라고 설명하고 있다.

가 배분되었는지를 중요하게 다루는 이론적 흐름이 있다(Scharpf, 1991; Rhodes and Marsh, 1992). 셋째, 국가 및 사회적 수준에서 네트워크의 역할이다. 이는 국가 및 사회적 수준에서 형성되어 있는 수많은 정책네트워크가 정치와 행정 그리고 정책현상을 설명하는데 어떻게 작용하는지에 대해서 국가 및 사회적 수준에서 분석하려고 하는 이론적 흐름이다(Lehmbruch, 1991; Campbell, Hollingsworth and Linberg, 1991).

정책네트워크 분석은 무엇보다도 정책행위자들 간에 존재하는 동태적 역동성에 주목한다. 정책의제설정-정책결정-정책집행-정책평가-정책종결로 진행되는 전통적 정책과정론이 정책과정의 시간적 흐름(*time-bounded*)을 가정하는 다분히 상의하달(*Top-down*) 방식의 계층적 흐름(*hierachical processes*)에 기초하고 있다면(이는 Sabatier (1993: 159)와 Jenkins-Smith and Sabatier(1993: 3-4)의 비판이기도 하다), 네트워크 정책분석은 정책현상을 설명하는 행위자들 간의 동태적(*dynamic*) 그리고 수평적 관계성(*horizontal relationships*)을 분석한다 (Heclo, 1978: 104). 또한 그것은 상호의존성(*interdependence*)과 복합성 (*complexity*)을 분석한다(Atkinson and Coleman, 1992; Scharpf, 1990). 이런 관점에서 정책네트워크 이론은, 인간존엄성을 구현하려는 목적지향적 인식론에 기초한다면 그리고 그 둘이 잘 결합된다면, 지금 현재 형성되고 있는 혹은 형성되어 있는 거버넌스 국정구조의 네트워크 관계를 이해하고 분석하는 미래 정책연구의 중요한 방법론으로서 자리매김할 수 있을 것이다(Hajer and Wagenaar, 2003: 13).

이상의 연구들은, 연구의 분석수준(*level*)과 분석초점(*focus*)에 있어서 다소 차이가 있지만, 공통적으로 정책형성이나 정책집행에 있어서 기존의 계층제 중심의 공식적 정책체계만으로는 현대의 복잡하고 역동적인 정책현상의 상호작용을 제대로 설명할 수 없다는 점을 지적하고 있다. 즉, 현대의 복합적이고도 동태적인 정책과정을 설명함에 있어서 거버넌스적 관계성과 정책네트워크 그리고 신제도주의적 제도 변수들은 이미 정책연구에 깊숙이 들어와서 서로 상호작용(interplay)을 하고 있다는 점을 발견할 수 있다.

그런데, 여기서 중요한 점은, 이러한 연구방법들이 방법론적 접근에 있어서 탈실증주의적 접근의 맥락지향적 방법론의 가능성을 제시하고 있다는 점이다. 네트워크 분석이나 제도주의 분석은 사회현상의 과학적 분석이나 설명을 위한 실증주의적 접근을 취할 수도 있지만, 보다 중요한 점은 이들이 해석학적 혹은 탈실증주의적 접근과 접목될 수 있는 방법론이라는 사실이다. 탈실증주의가 실증주의에 비해 이론적 매력을 지니는 부분은 현상의 '맥락'(*context*)을 고려하며, 네트워크 사이에 존재하는 '권력'(*power*)을 분석하며, 무엇보다도 '왜'(*why*) 그러한 현상이 일어났을까에 대한 충분한 설득력 있는 설명을 추구해 나간다는 점이다.

D. Marsh & M. Smith(2000: 4-21)가 1930년대 이후 영국의 농업정책을 설명하면서 잘 보여주고 있듯이, 정책네트워크 분석은 정책현상의 단일차원적 분석을 거부한다. 네트워크 분석은 적어도 1) 구조(*structure*), 2) 행위자(*agents*), 3) 그리고 이들 사이를 연계하는

네트워크와 맥락(*network and context*)의 변증법적 상호작용과 복합성을 분석하며, 이들이 동태적으로 정책결과에 어떤 영향을 미쳤는지에 대해서 분석한다. 따라서 이상의 논의를 요약한다면, 제도주의나 네트워크 분석은 구조적 해석과 변화가 발생하는 경로, 규범과 가치가 정책결과와 맞물리는 부분에 대한 설명을 규명해 나가는 노력을 통해 단순한 '숫자'(*number*)나 데이터 뒤에 숨지는 말아야 하며, 실증주의와 탈실증주의의 종합적 접근을 통해 제도나 네트워크 사이에 존재하는 행위자들 간의 역동성과 동태성, 그리고 이들이 만들어 나가는 구조와 맥락 그리고 네트워크 현상을 복합적으로 분석해 나가는 정책지향에 기여해야 한다.

제 3 절 정책학과 숙의적 정책분석

1. 정보사회의 정책이념

국가통치의 합리성을 관료제의 틀에서 정당화했던 산업사회의 정책이념은 많은 비판에 직면해 있다. 이는 기술지향적인 도구적 합리주의로 무장한 관료적 방식에 내재된 한계와 정보사회로 특징지어지는 미래 환경에 대응하는 국가정책의 분석역량에 대한 대응부재로 요약된다. 기술적 전문성과 조직력을 바탕으로 경제사회 발전을 주도해 온 관료들의 노력은 경제성장이라는 측면에서 정당성을 얻을 수 있었으나, 분배의 문제, 사회의 비인간화 문제, 그리고 관과 민의 권위주의적 관계라는 측면에서는 비판을 면할 수 없었다.

새로운 패러다임 방향성의 핵심은 국민의 의사소통이 자율성을 토대로 활발히 전개될 수 있는 공공영역의 확장이 되어야 하며, 이를 통해 국민의 주체적 삶이 보장되어야 한다는 시대적인 요청으로 나타나고 있다.

정보사회에서의 정책이념은 매우 분명하다. 이제 국가정책은 폐쇄적 의미에서의 관료적 합의가 아닌 국민들과의 굴절되지 않은 의사소통을 통해 광범위한 합의에 기초한 정책문제 해결이어야 한다는 것이다. 국가정책은 국민 개개인은 인간존엄성 실현이라는 최선의 목표를 지향하면서 인권·정의·형평이라는 이념 아래, 민주성과 참여성을 확대해 나가는 노력이어야 한다는 것이다.

2. 참여성과 숙의성

정책이 국민들의 굴절되지 않은 의사소통을 통해 합의된 발전의 개념을 도출할 수 있으려면, 정책과정에 있어서 민주성, 특히 참여성, 숙의성, 합의성에 대한 중요성이 부각되어야 한다.

민주주의는 참여(*participation*)를 핵심요소로 갖고 있다. 민주주의는 문자 그대로 민이 주인이 되는 주의이므로 국민의 참여가 없는 민주주의는 형식적이고 가식적인 민주주의에 불과할 뿐이다. 참여는 정부기관의 계획 및 정책에 대한 정당성과 합법성을 부여할 뿐 아니라 국민에게 학습기회를 제공하고 책임의식을 향상시킨다.

참여성과 함께 숙의성(*deliberation*)이 있어야 한다. 숙의성이란 다수결주의가 다수의 독재로 변화되는 것을 막고, 공중의 이성능력을 발현하기 위해 토론과 다양한 의견교환을 통해 오류를 수정하는 과정을 말한다. 이는 경험을 반성적 사고를 통해 재구성하고 토론을 통해 다른 사람과 상호작용을 하면서, 어떤 사안을 심의하고 소통하는 것이기도 하다. 따라서 참여과정의 숙의성은 이러한 반성적 사고와 토론, 대화의 절차가 포함되는 정책참여 과정을 의미한다.

충분한 숙의 후에는 이를 바탕으로 합의(*consensus*)를 해야 한다. 합의성은 다수의 합의를 통해 의사를 결정하는 것으로 독단적 결정과는 상치되는 개념이다. 다수결의 원칙은 그 과정에 있어서 소수를 배재하거나 억압하는 것을 의미하지는 않는다. 진정한 합의를 이루려는 절차적 타당성을 보장하고, 충분한 토론을 통해 합의에 이르는 과정과 노력 그리고 절차가 중요하다.

충분한 참여, 진정한 토의, 그리고 거기에 따른 합의, 이러한 3가지 원칙이 아름답게 이루어지는 것이 민주주의다. 정책에 있어서도 마찬가지다. 최근 이슈가 되고 있는 새만금정책, 천성산정책, 사패산 정책, 부안 핵방폐장 사태, 디지털 지상파 TV같은 대형 국가정책들이 난항을 겪는 이유는, 바로 정책형성 과정에서 정책이해관계자들의 의사가 충분히 반영되지 못했기 때문이다. 즉, 민주성의 원칙이 지켜지지 않고, 참여성·숙의성·합의성의 원칙이 지켜지지 않고, 여전히 능률성 위주의 정책집행 방식을 감행했기 때문이다.

21세기에 들어오면서 현대사회는 점차 다원화된 이익집단과 이해관계가 복잡하게 얽힌 지식정보사회로 진입하게 되었다. 관료주의·권위주의·집권주의의 사회운영원리가 탈관료주의·탈권위주의·분권주의 원리로 변하게 된 새로운 시대에서의 정책방향은 중앙과 지방, 정부와 국민의 이분법적 사고에 바탕을 둔 상의하달(*top-down*) 방식의 단순한 능률성 집행구조에서 벗어나, 다양성과 창의성, 그리고 이에 기초한 효율성으로 변모되어야 한다. 그리고 이를 위해서 정책이념도 참여성, 숙의성, 합의성에 기초한 민주성과 투명성을 토대로 효율성과 생산성이 강조되는 성찰하는 정부의 모습을 보여주어야 할 것이다.

3. 숙의민주주의

현대 거버넌스에 있어서 시민사회의 역할은 중요하다. 시민은 Government(정부)의 민주주의 형태보다는 Governance(국정운영)의 민주주의 형태를 구현하는데 매우 중요한 역할을 하게 된다. Thorson(1998)은 Governance를 Government와 시민과의 관계성으로 파악하고 있다. 정보사회로의 진행과정에서 정부는 공공기관 전체에 대해 대대적인 디지털화를 할 수 있지만, 시민조직(단체)은 정보화에 대한 정부의 재정적 지원에 의존하게 되고 정책결정 과정에서 자신들의 목소리를 조직화하기 어렵게 될 위험이 있다고 한다. 이는 Governance에서 시민의 역할과 위상을 축소시키고, 어쩌면 정부의 중앙집권화를 강화시킬 우려까지도 있다.

특히 한국과 같이 정부가 사회 모든 부문에서 영향력을 행사하고 있는 국가에서는 이러한 위험성이 더 크다고 볼 수 있다.

현대 자본주의 사회에서 정부-시민관계는 효과성(*effectiveness*)과 참여(*engagement*) 사이의 잘못된 불협화음을 특징으로 하고 있다. 정책결정과 공공서비스의 제공은 이질적인 영역으로 간주되고 있고, 일련의 거래비용 개념에 입각하여 파악되고 있다. 즉, 시장중심적인 분석이 공공부문에 만연되어 있다는 것이다. 그러나 공공부문은 관계성(*relationship*)을 중심개념으로 한다. King은 Public Space를 "개인적 이득보다는 공공선을 위해 의사결정이 행해지는 관계성을 가진 공간(*relational space*)"으로 정의하고, 그 공간에서 정보는 완전하지도 않고 동정이나 형제애가 있지도 않으며, 문화적 결속(*cultural solidarity*)이 추진동인(*motivating forces*)으로 작용한다고 주장한다(Thorson, 1998).

Marshall은 시민권(*citizenship*)을 시민적, 정치적, 사회적 시민권 등 세 가지 차원으로 구분하고 있다. 시민적 시민권(*civic citizenship*)은 개인 자유에 필요한 권리를 말하며, 정치적 시민권(*political citizenship*)은 선거 및 투표에 참여하는 선거권(*franchised rights*)을, 그리고 사회적 시민권(*social citizenship*)은 사회복지에서 문화적 정체성까지 포괄하는 넓은 의미의 권리를 의미하는 것으로 사용하고 있다. 첫 두 가지 권리는 법적 의미에서 확고하게 뿌리를 내리고 있지만, 사회적 시민권(*social citizenship*)은 한 사회가 창출하고 지향하는 사회적, 문화적 분위기에 의존하고 시대에 따라 다양하다(Thorson, 1998). 이와 관련하여 숙의민주주의 및 공공영역의 장(*Public Space*)에 대한 세 가지 관점을 검토하면 다음과 같다.

1) 아렌트의 공화주의(Republicanism) 혹은 시민적 도덕심 (Civic Virtue) 강조

H. Arendt(1958)는 공공영역의 장(*Public Space*)의 원형을 고대 그리스 도시국가에서 찾고 공공영역의 장을 "도덕적, 정치적 아이디어가 다른 사람들에게 표시하고 서로 교환하는 것"으로 파악하고 있다. 그녀는 정치적 영역에 대한 좁은 해석과 시장개념의 확대(이로 인해 경제적 이슈가 공공영역의 장에 점차적으로 침투)가 진행되면서 공공영역은 축소되어 왔다고 주장하였으며, 정보기술을 토대로 한 대화와 토의 그리고 숙의의 과정이 공공영역의 장의 회복에 기여할 것으로 보았다.

2) 공공영역의 장(Public Space)에 대한 자유주의적 관점

자유주의는 통치기구의 확립을 통해 절대권력과 종교적 횡포를 제한하고 안정적인 정치질서를 추구하고자 한다. 자유주의는 합법성에 대해 두 가지 중립성(*neutrality*) 가정을 한다. 첫째, 한 사람의 선에 대한 개념은 동료시민들이 주장하는 개념보다 항상 좋은 것은 아니다. 둘째, 한 사람이 본질적으로 동료시민들보다 우수할 수 없다. 그러나 정보사회에서 필요한 보다 참여적 시민사회(*participatory civil society*)의 동태성을 포용하기에는 자유주의적 관점은 몇 가지 문제점을 내재하고 있다. 첫째, 실제 정치과정에서의 권력투쟁에 적용하기에는 중립성 가정은 너무 제한적이다. 둘째, 자유주의에서는 시민은 관객(*spectator*) 혹은 고객(*client*)이고 정치인은 실질적으로 통치하는 직업적 전문가(*professional*)라는 관점을 견지하고 있다. 이는 King이 말하는 시장주의적 비유(*market or corporate metaphor*)와 매우 유사하다. 이러한 관점은 민주주의와 민주적 구조의 발전에 역으로 작용하고, 정책결정 과정에서 시민들이 배제될 위험을 가지고 있다. 따라서 정부-시민과의 직접적인 관계는 서비스 전달의 마지막 단계에서만 나타날 수 있다. 셋째, 중립성은 대화를 파괴한다. 정치적 대화는 창의성, 개방성, 다양성, 신축성, 복잡성 등을 특징으로 하는데, 중립성에 대한 가정은 이러한 특징을 억제시킬 수 있다.

3) 하버마스의 숙의민주주의 모델

J. Habermas(1981)는 대화 및 참여를 오로지 정치적인 영역에만 국한해서는 안 되며, 사회, 문화적인 영역으로까지 확대되어야 한다고 주장한다. 그래야만 보다 다양화, 복잡화되고 있는 사회의 모든 국면에 적용될 수 있기 때문이다. 또한 민주사회에서 합법성을 확보하는 유일한 방법은 중립성에 대한 제약 하에서가 아니라 실제적인 측면에서 공개적 토론(*public dialogue*)을 통해 이루어진다고 주장한다.

J. Habermas(1971)는 지식이 도구적 합리성(*"instrumental rationality"*)으

로 전락하는 위험성에 대해서 지적하면서, 이러한 위험성을 극복하기 위해서는 소수의 엘리트만이 옳다는 독단적 사고로부터 벗어나 대화와 토론, 숙의와 합의에 기초한 현상탐구가 지적 세계의 인식론적 토대가 되어야 한다는 점을 강조하고(Habermas, 1971: 4), 인간의 실천적 이성에 근거한 숙의민주주의의 중요성을 주장하였다.

4. 정책학 관점에서의 숙의적 정책분석

인간행태와 사회행위는 무엇보다도 맥락을 통해 해석되고 분석되어야 하며, 이러한 행위의 간주관적 해석(*inter-personal interpretation*)이야 말로 정책현상의 결과와 함의를 풍요롭게 하는데 있어서 빼놓을 수 없는 부분이다. 이를 강조하는 이론적 흐름은 논자에 따라서 '숙의적 정책분석'(*deliberative policy analysis*; Forester, 1999; Fischer, 1998), '참여적 정책분석'(*participatory policy analysis*; DeLeon, 1990, 1994; Durning, 1993), '정책담론'(*policy discourse*; Hajer, 1993), '정책논증'(*policy argumentation;* Fischer & Forester, 1993), '해석학적 정책분석'(*interpretative and narrative policy analysis*; Roe, 1994) 등 다양한 형태로 불리고 있다.

숙의적 정책분석의 핵심은 정책분석과 정책연구의 과정에서 정책참여와 토론을 강조한다. 숙의적 정책분석은 정책과정에서 성찰적인 시민들의 보다 많은 참여와 의견 개진의 가능성을 열어둠으로써 정책과정에서의 보다 나은 지식과 정보의 제공을 지향하며, 궁극적으로 보다 민주적인 정책학을 지향한다(DeLeon, 1994: 88).

숙의적 정책분석은 해석학적 정책분석과 밀접히 연계되며, 민주주의 정책연구와도 밀접히 연결되는 개념이다. 숙의와 토의의 기초는 다른 해석의 가능성을 열어둔다는 전제 하에서 그 효과가 배가하기 때문이다. 해석학적 정책분석은 문제정의에 대한 서로 다른 해석과 관점, 갈등과 이념의 가능성을 열어둔다. 불확실성과 권력, 그리고 가치가 담겨있는 정책맥락 속에서 서로 다른 시각과 관점에 대한 다른 해석의 가능성을 열어둘 때만이 맥락지향적 정책분석이 가능해지며, 이러한 열린 토론과 다른 해석의 가능성을 통해서만이 정책학의 민주주의 지향이 가능하게 된다(DeLeon, 1994: 87; DeLeon, 1990; Durning, 1993). 이러한 논의를 토대로 Torgerson(2003: 119)은 숙의와 참여, 그리고 담론에 기초한 정책설계까지도 주장하게 된다(Torgerson, 2003: 119; DeLeon, 1997).

Fischer(1998: 143)는 민주주의 정책학 실현을 위한 탈실증주의와 숙의적 정책분석의 중요성을 단적으로 강조한다. 참여와 숙의에 기초한 탈실증주의 접근이야 말로 정책의 맥락적 배경 하에서 시민의 참여와 토론 그리고 숙의의 장을 열어놓는다는 점에서 그리고 이러한 열린 토론의 장을 통해 정책발견의 경험적 결과(*empirical outcomes*)나 정책결론의 사회적 의미(*social meaning*)에 대해서 논의함으로써 상호신뢰와 협력을 구축할 수 있다는 점에서 민주주의 정책학 구현의 필수적인 요소라는 것이다. 이는 실제로 거버넌스의 정신과도 연계되는 점이다(Fischer, 1998: 143; Barber, 1984).

제 4 절 정책학의 이론 및 방법론적 과제

우리는 이상에서 H. Lasswell(1951, 1970, 1971)과 그의 동료(Y. Dror, 1970; D. Lerner, 1975; A. Kaplan, 1963; P. DeLeon, 1981, 1988)들이 제시한 독특한 학문체계로서의 정책학의 인식구조를 지향하면서 통합지향적인 연구방법론의 논의가 필요함을 지적하였다. 또한 이러한 미래 정책연구의 방법론으로서 탈실증주의와 민주주의 정책학의 접목, 정책네트워크 이론과 제도주의 분석 그리고 숙의적 정책분석에 대해서 검토하였다. 마지막으로, 정책학이 통합지향적 학문체계로서 더 큰 성취와 발전을 구축하기 위해 풀어야 할 이론적·방법론적 과제를 정리해 본다면 다음과 같다.

첫째, 정책학 이론의 발전이라는 관점에서 제도주의 연구와 정책이론 연구가 통합지향적으로 발전될 필요가 있다. 특히 제도적 요인들이 정책결과(*policy outcome*)에 어떤 영향을 미치며, 그에 따른 정책적 쟁점이 무엇인지에 대한 연구들은(J. Ikenberry,

1988: 219-243; S. Krasner, 1983: 359-361; 1984: 223-246; S. Haggard, 1988: 12-15) 그동안 역사적 신제도주의에 포함되어 집중 조명되지 못한 측면이 있었으나, 정책학의 관점에서 제도의 속성(*attributes*), 제도의 형태(*configuration*), 제도의 규범(SOP) 등이 정책의 과정과 결과에 미치는 영향에 대한 정책학적 신제도주의에 대한 연구와 이들을 하나의 공통된 시각으로 조명해보려는 노력 등은 앞으로 정책학도들의 중대한 과제로 남아있다고 하겠다. 국내 정치에 영향을 미치는 사회적 관계(*social dynamics*)들이 정부의 구조적 특성에 어떠한 영향을 미치고, 또한 이러한 정부의 구조적 특성은 정책결정 규칙과 규범 및 절차 등과 같은 정책결정의 제도적 속성에 어떠한 영향을 미치는지에 대해서도 앞으로 많은 연구가 필요할 것이다.

둘째, 정책현상을 설명하는데 있어 다루어지는 정책네트워크의 종류 및 유형, 그리고 이들과 제도와의 관계 등 정책네트워크와 신제도주의적 접근들이 보다 더 정교하게 정책이론을 설명하고 예측하는 분석방법론으로 다듬어질 필요가 있으며, 이들간의 관계규명에 대한 노력과 이를 토대로 통합지향적인 정책이론의 형성에 이들이 어떤 역할을 할 수 있는지에 대해서도 보다 많은 학술적 규명이 필요할 것으로 본다.

셋째, 분석적, 실증적 접근을 강조하는 정책네트워크 및 신제도주의적 접근, 혹은 계량분석적 접근과 인간의 간주관적 해석 및 토론과 논증에 토대를 둔 탈실증적 접근을 강조하는 숙의적 정책분석(*deliberative policy analysis*)의 방법론은 상호연관성 속에서 발전해나갈 필요가 있다. 하지만 여기서 우리가 원하는 민주주의 정책학이 맥락지향의 탈실증주의를 강조한다고 하여, 실증주의나 객관주의를 배제한다는 의미가 아니라는 점을 분명히 해둘 필요가 있다(DeLeon, 1994: 84; Kaplan, 1963: 92; DeLeon & Martell, 2006: 38-39; Kelly, 1986: 521). P. DeLeon(1994: 84)이 정확하게 지적하듯이, 민주주의 정책학은 과학적 접근과 계량적 접근을 포기하는 것은 아니다. Lasswell(1951: 14-15) 역시도 정책지향(*policy orientation*)이 객관성(*objectivity*)을 포기하는 것이 아니라는 점을 강조하면서, 계량기법을 포함한 다양한 접근방법이 요구된다는 점을 분명히 하고 있다. 따라서 정책학에서 정작 필요한 것은 맥락지향적 접근(*context- oriented approach*)이므로, 어떤 경우에는 실증주의적 계량적 연구(*empirical research*)가 특정한 맥락(*specific contexts*)을 제공하는데 도움을 준다는 점을 잊어서는 안 되며, 우리에게 필요한 것은 실증주의와 탈실증주의의 통섭적 접근(*consilience approach*)에 기초한 총체적 맥락(*total context*)에 대한 정책탐구(*policy inquiry*)이다(Kelly, 1986: 527; Lowlor, 1996: 120; DeLeon, 1998; Lynn, 1999).

정책연구가들은 분석을 함에 있어 "이 연구질문은 사회의 문제를 해결하는데 근본적인 문제인가?", "이 연구질문을 분석함에 있어서 중요한 규범적 타당성과 그 근거는 무엇인가?", "이 연구질문을 해결함에 있어서 어떤 방법론적 접근, 특히 어떠한 학제적 접근을 통해, 맥락지향적 정책함의를 도출하는 것이 필요할 것인가?" 등의 질문을 던져야 한다(P. DeLon & C. Martell, 2006: 40). 이러한 방법을 통해서 정책연구는 지엽적인 문제분석의 함정으로부터 벗어날 수 있고, 정책윤리와 정책가치의 문제를 지향할 수 있으며, 실증주의와 탈실증주의에 기초한 맥락지향적 연구를 통해 인간의 존엄성 구현에 도움을 줄 수 있는 통합지향적 학문, 즉 민주주의 정책학으로 거듭날 수 있을 것이다.

정책네트워크, 거버넌스 연구, 신제도주의 연구, 정책집행 이론, 정책평가 기법 등이 많이 쏟아져 나와 있는 지금 이 시점에서 정책연구를 하는 우리에게 필요한 것은 통합지향적 인식론, 예컨대, 가장 시발점으로 규범지향적 인식론을 제공한 'Lasswellian 패러다임'을 재규명하고 재조명함으로써, 규범과 가치에 기초를 둔 통합학문체계로서의 정책학의 인식을 지향하는 것이다. 하지만 이를 지향하는 방법에 있어서는 어느 일 방향만이 특별히 강조된 철학적 방법론이 아니라, 여러 형태의 연구방법론적 접근을 정책학의 가치지향적 목적인식과 결합시키는 노력을 해 나가야 한다(DeLeon, 1994: 86). 이때 필요한 통합은 기계적인 통합이 아니라 학제적인 연구와 실질적인 토론을 통해 이들 방법론의 근저에 존재하는 공통분모를 모색해 나가는 진지한 성찰과 학문의 과정이 필요할 것으로 생각된다.

정책학의 행동지향: 정책윤리와 정책토론

민주주의 정책학은 정책과정에 있어서 민주사회의 성찰적 시민들의 보다 많은
참여와 논증, 숙의와 담론을 강조하는 정책윤리와 정책토론이 요구된다.
보다 바람직한 공공가치와 보다 창조적인 미래를 추구하는 인간 내면의
실천적 이성에 대한 믿음에 기초한 열린 사고와 투명한 윤리는
민주주의 정책학을 실현하는데 있어 중요한 인식적 토대가 된다.

\- Charles Anderson

논의 개요

이 책에서는 정책학의 이상과 과제를 네 가지 차원에서 논의하는데, 이는 정책학의 이상가치, 정책학의 상위목표, 정책학의 연구지향, 정책학의 행동지향이다. 이 장에서는 앞 장에서 정책학의 연구지향으로서 민주주의 정책학과 탈실증주의의 접목이라는 연구방법론적 이슈와 전망에 대해서 논의한데 이어, 마지막으로 정책학의 행동지향으로서 민주주의 정책연구의 실천적 이념인 정책윤리와 정책토론의 중요성에 대해서 논의한다.

정책연구는 가치판단적 기대와 현실판단적 전망 사이에서 드러나는 괴리를 합치시켜 주는 일련의 행동을 탐색-개발-선택하는 과정과 그 과정에서 필요한 내용에 대한 연구를 하는 학문이다. 이는 가치판단(규범의 모색), 사실판단(상황의 정의), 그리고 관리판단(행동의 설계) 등을 함께 통합하는 종합판단의 예술을 요구한다. 따라서 이 종합판단의 예술과정에서 규범을 모색하는 가치판단은 본질적으로 윤리분석을 요구한다. 그리고 이러한 정책학 규범적 기초로서 정책연구는 정책윤리와 개방적 사고 및 정책토론을 절실하게 요구하고 있다. 이 장에서는 이러한 중요성에 따른 이론적 흐름과 논의를 짚어보기로 한다.

제 1 절 정책학과 정책윤리: 정책윤리의 실패

학문으로서의 정책학의 태동은 정책의 윤리성에 대한 특별한 관심에서 비롯되었다. 가치중립적인 추상적 목적을 제시하는 다른 학문과는 달리 정책학은 특정한 내용의 윤리적 목적을 명백히 표방하고 탄생하였다. 이런 의미에서 정책학은 윤리적 학문이며 이것이 정책학의 정체성을 구성하는 본질이다. Lasswell이 소망하는 정책학의 이상도 "인간의 존엄성을 보다 충실하게 실현하는 것"이었으며, 그가 정책학의 주창을 통하여 진정으로 의도하였던 것은 과학적 방법을 통하여 인도주의적 이상을 구현할 수 있는 윤리적 학문을 성립시키는 것이었다. 따라서 정책학의 정체성을 모색함에 있어서 그 윤리적 기초와 목적을 바르게 이해하는 것이 무엇보다 중요하다. 이는 정책학의 윤리적 기초와 목적이 정책학 개념화의 방향과 내용, 패러다임, 그리고 성격을 규범적으로 규정하기 때문이다(허범, 1999a: 319).

허범(1992: 167-175)은, 정책학의 이러한 윤리적 의의에도 불구하고, 정책학의 윤리분석이 실패하였음을 지적하고 있다. 이는 P. DeLeon(1981: 1-7)과 Sir Vickers(1973a: 103)의 지적에서도 공통적으로 나타나는데, 이들은 정책학이 처음 제안된 뒤 한 세대가 경과한 시점에서 정책학이 그 본질인 규범지향성을 상실하고 있다고 진단하였다. 정책이론과 모형의 발전은 가치-규범의 차원으로부터 분리되어가는 경향을 보이며, 정책학의 이름으로 유행하는 이른바 과학적 정책분석은 객관성, 문제의 분할 및 축소, 계량화, 그리고 부분극대화 등에 치우친 협의의 합리적 기법들이라는 것이다. 따라서 이론과 실제의 실천적 접합을 지향하는 정책학이 오히려 이론과 실제를 분리시키는 정책분석을 발전시키고 있다는 역설과 안타까움이 존재하는 것이다(Goodin, 1982: 3-18; Hoos, 1972).

정책학에서 정책윤리와 정책규범이 별리된 채 부분극대화적인 실증주의적 접근이 아무 문제없이 주류를 이루고 있다는 지적은 매우 타당한 지적이라고 생각된다. 정책분석에 있어서 윤리성과 규범성의 기준이 효과성과 능률성보다 앞서 검토되어야 선행적 기준으로서 자리매김되어야 할 것이다. 또한 정책연구에 있어서 단순계량적 분석이 지양되어야 하며, 이는 앞서 논의한 바와 같이, 정책사례와 정책학습, 정책네트워크 및 제도주의 분석을 통한 맥락에 대한 충분한 고찰, 숙의적 정책분석을 통한 정책토론과 논증 강조, 해석주의적 정책분석을 통해 다른 해석에 대해서도 수용하는 열린 사고 등이 강조되어야 함을 의미한다.

제 2 절 정책학과 정책분석의 기준

정책학에서 정책윤리와 정책규범에 대한 강조는 정책분석 기준에 있어서 정책윤리와 정책규범 가치에 대한 공식적 논의에 반영되어야 한다. 이러한 관점에서 여기서는 정책분석의 기준에 대한 선행연구들을 검토하고, 당위성과 규범성이 어떤 방식으로 정책분석의 기준에 포함되어야 하는지에 대해서 먼저 명시적으로 검토하고자 한다.

1. Dunn(2004)의 분석기준

정책분석의 포괄적인 기준을 제시한 W. Dunn(2004)은 정책분석의 기준을 소망성과 실현가능성으로 나누었다. 소망성은 효과성, 능률성, 공평성, 대응성, 적합성, 적정성을 그 하위요소로 두고, 실현가능성은 정치적·경제적·사회적·행정적·법적·기술적 실현가능성을 하위요소로 두고 있다.

1) 소망성

W. Dunn(2004: 530-550)은 정책의 소망성 분석기준으로 효과성, 능률성, 형평성, 대응성, 적합성, 적정성의 여섯 가지 기준을 들었다.

(1) 효과성(effectiveness)

효과성이란 목표의 달성정도(*goal attainment*)로서 '특정 정책이 집행될 경우 그 정책이 의도했던 목표(성취하기를 바라는 것)를 어느 정도나 달성할 수 있겠는가를 판단하는 기준'이다.

(2) 능률성(efficiency)

능률성이란 투입(*input*)에 대한 산출(*output*)의 비율로서 '의도한 정책목표(주어진 효과성의 수준)를 달성하는데 얼마나 많은 노력이 투입되겠는가를 판단하는 기준'이다. 이 능률성을 측정하는 것으로는 '비용-편익분석'(*cost- benefit analysis*)을 들 수 있다.

그림 5-1 정책분석의 기준: W. Dunn의 분석기준 내용

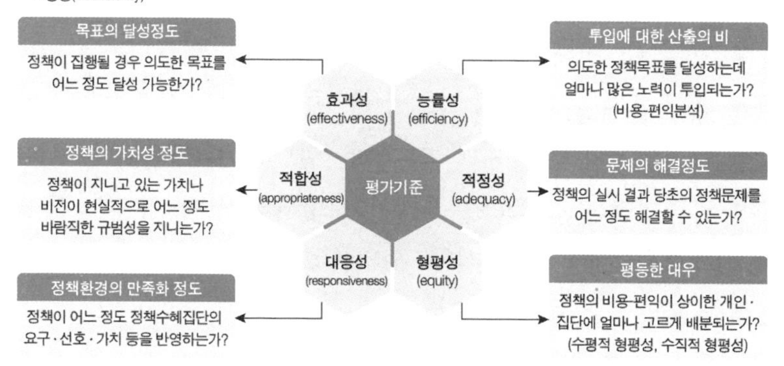

(3) 형평성(equity)

형평성이란 사람들을 평등하게 대해야 한다는 것으로서 '특정 정책에 따른 비용이나 편익이 상이한 개인·집단에 얼마나 고르게 배분되겠는가를 판단하는 기준'인데, MAcRae와 Wilde는 이 형평성 개념을 수평적 형평성(*horizontal equity*) —동등한 자에 대한 동등한 처우(*the equal treatment of equals*)— 과 수직적 형평성(*vertical equity*) —동일하지 않는 상황에 있는 자에 대해서는 동일하지 않은 처우(*the unequal treatment of people in unequal circumstances*)— 으로 구분하고 있다. 이 형평성을 측정하는 것으로는 공리주의자의 원칙에 의한 '파레토 최적'(*Pareto optimum*)과 사회에 존재하는 최빈층에 대한 효용성을 우선적으로 감안해야 한다는 '롤즈 기준'(*Rawls criterion*)을 들 수 있다.

(4) 대응성(responsiveness)

대응성이란 정책환경의 요구·선호·가치의 만족화 정도로서, '특정 정책이 어느 정도나 정책수혜집단의 요구·선호·가치 등을 반영하고 있는가(만족시키고 있는가)를 판단하는 기준'이다. 이 대응성을 측정하는 것으로는 정책이 시행되기 전에 실시한 시민들의 요구조사결과와 정책시행 후의 조사결과 간의 차이에 대한 비교측정 방법을 들 수 있다.

(5) 적합성(appropriateness)

적합성이란 정책에 내포된 가치성의 정도로서 '특정 정책이 지니고 있는 가치나 비전이 과연 현실적으로 어느 정도로 바람직한 규범성을 지니고 있는가에 대한 판단 기준'이다. 아무리 좋은 정책이라도 시대정신이나 이념에 부합하지 않는 정책은 소망스러운 정책이라고 할 수 없다.

(6) 적정성(adequacy)

적정성이란 문제해결의 적정성을 의미하며, 이는 적시와 적절의 의미를 포함하고 있다. 즉, 정책에 있어서 시기(*timing*)의 적정성과 정책 강도(*degree*)의 적정성은 중요한 의미를 갖는다. 아무리 좋은 정책이라도 정책의 타이밍을 놓치거나, 처방 강도가 적정하지 못하면 소망스러운 정책이라고 할 수 없다.

2) 실현가능성

정책대안의 실현가능성은 그것이 정책으로 채택되고 그 내용이 충실히 집행될 가능성을 의미하는 것으로 정치적·경제적·사회적·법적·행정적·기술적 가능성이 있다.

① 정치적 실현가능성(*political feasibility*): 정책대안이 정치체제에 의해 정책결정 과정에서 정책으로 채택되고 이것이 집행될 가능성을 의미한다.
② 경제적 실현가능성(*economic feasibility*): 정책대안이 실현되는 데 소요되는 비용을 현재의 재정적 수준 또는 이용 가능한 자원으로 부담할 수 있는 정도를 의미한다.
③ 사회적 실현가능성(*social feasibility*): 정책대안의 결정과 집행이 사회적으로 인정되고 수용될 가능성을 의미한다.
④ 법적 실현가능성(*legal feasibility*): 정책대안이 헌법의 기본 이념이나 다른 법률의 내용과 모순되지 않을 가능성을 의미한다.
⑤ 행정적 실현가능성(*administrative feasibility*): 정책대안의 집행을 위해 필요한 행정조직, 인력 등의 이용 가능성을 의미한다.
⑥ 기술적 실현가능성(*technical feasibility*): 기술적 실현가능성은 정책대안이 현재 이용 가능한 기술로서 실현이 가능한 정도를 말한다.

2. E. Suchman(1969)

E. Suchman(1969)은 정책분석 기준으로 다음과 같은 다섯 가지 기준을 들었다.

(1) 노력평가(evaluation of effort)

노력평가에서는 수행되는 활동의 양과 질에 따라 정책 및 사업의 성패를 판단한다. 노력평가의 전제는 특정한 활동의 수행을 통하여 보다 높은 목적을 달성할 수 있을 것이라는 점이다. 그러므로 그러한 활동의 양과 질이 정책과 사업의 성패를 결정할 수 있는 기준이 될 수 있다는 것이다.

(2) 성과 및 효과평가(evaluation of performance or effects)

성과평가 혹은 효과평가는 노력평가와는 달리 노력 그 자체를 측정하는 것이 아니라, 노력의 결과를 측정한다. 정부가 수행하는 모든 정책 및 사업의 궁극적인 정당화는 바로 그것이 해결하고자 의도했던 문제를 해소하는데 있어서의 효과성의 여부에 의해 결정된다는 점에서 성과평가는 중요한 의미를 갖는다.

(3) 적정성 평가(evaluation of adequacy of performance)

성과의 적정성 평가에서는 정책 및 사업의 성과가 전체 문제를 해결한 정도를 측정한다. 어느 특정 정책이나 사업을 통하여 해결하고자 하는 문제의 전체적인 규모를 파악한다는 것은 그리 쉬운 일이 아니다. 따라서 이러한 적정성 평가는 그만큼 어려운 것이 사실이다.

(4) 능률성 평가(evaluation of efficiency)

능률성 평가에서는 앞에서 논의한 노력과 성과의 비율을 측정한다. 이러한 능률성 평가는 성과평가의 결과 긍정적인 해답을 얻은 후에 이루어지는 것으로서 동일한 성과를 얻는데 보다 좋은 방법이 있는지에 대한 해답을 제공할 것을 목적으로 수행된다.

(5) 과정평가(evaluation of process)

과정평가는 어떤 정책이나 사업이 어떻게 그리고 왜, 어떠한 성과를 나타냈는가 하는 점을 분석한다. 즉, 과정평가의 결과로 우리는 정책 및 사업의 성패 원인을 찾아낼 수 있다.

3. 정책분석 기준에 대한 수정

정책분석의 포괄적인 기준을 제시한 W. Dunn(2004)은, 전술한 대로, 정책분석의 기준을 소망성과 실현가능성으로 나누고, 소망성은 효과성, 능률성, 형평성, 대응성, 적합성, 적정성으로, 실현가능성은 정치적·경제적·사회적·행정적·법적·기술적 실현가능성으로 제시하고 있다.

그런데 오늘날에는 사회가 다원화되고 민주주의가 발달함에 따라 절차적 타당성이라는 분석 기준도 더불어 강조되고 있다. 즉, 정책형성 과정에서의 참여성·숙의성·합의성이라고 하는 절차적 소망성의 요소가 실체적 소망성 못지않게 강조되고 있는 것이다. 이를 종합하여 정책분석의 기준으로 요약하면 〈그림 5-2〉와 같다. 즉, 정책분석의 기준은 크게 소망성과 실현가능성으로 나누어지며, 실체적 소망성만이 강조되던 W. Dunn의 기존 소망성과 다르게 절차적 소망성까지 확장되어 구성될 필요가 있는 것이다.

그림 5-2 W. Dunn(2004)의 정책분석의 기준: 절차적 소망성 보완

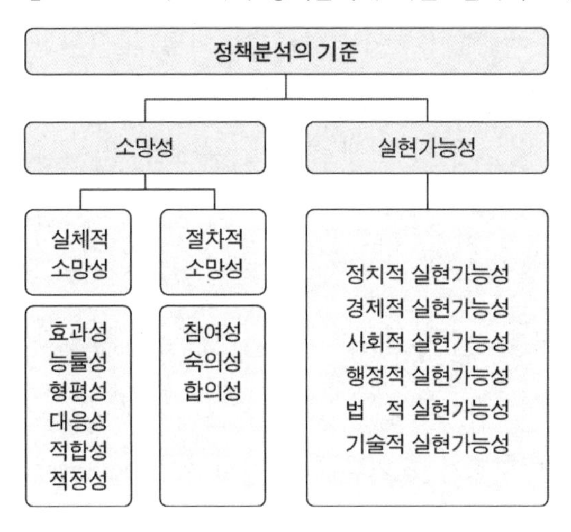

4. 정책분석 기준으로서의 정책규범

정책학의 궁극적 목적은 인간의 존엄성을 실현하는데 있다. 인간의 존엄을 실현하고 인간의 가치를 고양하는 것이 정책학의 나아갈 지향점인 것이다. 이를 H. Lasswell은 민주주의 정책학이라고 불렀다. 즉, 효율성과 민주성을 토대로 성찰성을 추구하는 학문이 정책학인 것이다. 이는 정책학의 당위성-실현성-능률성 차원이라고 부를 수 있다(허범, 1988: 78; 강근복, 2000: 34-36).

규범적이고 당위적인 정책이상을 바라보면서 능률적이고 효과적인 정책을 추구하되 실현 가능한 정책수단을 개발하는 것이 정책분석의 존재이유이다.

이러한 내용은 〈표 5-1〉에 정리되어 있다. 즉, 사회의 다원화와 민주주의의 발달, 시민사회의 성장과 정보기술의 발달 등의 요인들로 인하여 전자정부의 시대에는 W. Dunn이 간과했던 민주적 소망성이 정책분석의 중요한 기준이 되어야 한다. 민주성은 효율성과 대치되는 것이 아니라, 오히려 거버넌스적 해결구조와 참여민주주의에 철학적 기초를 둔 문제해결 방식이 정책집행의 순응 확보를 통해 더 큰 효율성을 가져온다. 국가사회적으로 이미 많이 분권화된 디지털 시대정신이나 시대가치가 더 이상 중앙집권이나 일사 분란한 형태의 효율성 위주의 집행(*top-down*)방식의 문제해결 구조나 접근방식을 용인하지 않고 있기 때문이다. 인터넷 시대, 거버넌스 시대에는 새로운 문제해결

표 5-1 정책분석의 기준: 수정·보완

<table>
<tr><th>학자</th><th>기준</th><th>세부기준
(W.Dunn)</th><th>수정 I</th><th colspan="2">내용</th><th>수정 II</th><th>내용</th><th>비고
(허범)</th></tr>
<tr><td rowspan="4">W.
Dunn
(2005)</td><td rowspan="3">소
망
성</td><td rowspan="2">적합성
적정성
형평성
대응성
효과성
능률성</td><td rowspan="2">실체적
소망성
(Contents)</td><td colspan="2">적합성
적정성
형평성
대응성</td><td>**성찰성**
(Reflexivity)</td><td>인권
정의
존엄
신뢰
성숙</td><td>(실체적)
당위성</td></tr>
<tr><td colspan="2">효과성
능률성</td><td>**생산성**
(Productivity)</td><td>효과성
능률성</td><td>능률성</td></tr>
<tr><td>-</td><td>절차적
소망성
(Procedurse)</td><td>민
주
성</td><td>참여성
숙의성
합의성</td><td>**민주성**
(Democracy)</td><td>민주
투명</td><td>(절차적)
당위성</td></tr>
<tr><td>실
현
가
능
성</td><td>정치적
경제적
사회적
행정적
법적
기술적</td><td>정치적
경제적
사회적
행정적
법적
기술적</td><td colspan="2">정치적
경제적
사회적
행정적
법적
기술적</td><td>정치적
경제적
사회적
행정적
법적
기술적</td><td>정치적
경제적
사회적
행정적
법적
기술적</td><td>정치적
경제적
사회적
행정적
법적
기술적</td></tr>
</table>

구조와 갈등관리 방식이 중요한 정책이념으로 등장하게 되었고, 이는 민주적 소망성과 절차적 타당성이 정책분석에 있어 중요한 위치를 차지하게 된 이유이다.

〈표 5-1〉에서는 1차적으로 수정된 정책분석의 기준에는 W. Dunn의 정책분석 기준 중 소망성이 포함하는 가치에 절차적 소망성, 즉 참여성, 숙의성, 합의성으로 구성되는 민주성이 포함된다. 이는 민주성을 절실하게 필요로 하는 현대 행정과 정책구성의 요구를 반영한 것이라고 할 수 있다. 2차적 수정안에서는 민

주성과 더불어 투입과 산출 비효율성 대신에 수정된 정책분석의 기준에는 가장 일차적이고 기본적인 생산성의 차원과 현대사회에서 빠져서는 안 될 민주성의 차원, 그리고 인간의 존엄과 같은 상위차원의 철학적 성찰을 요구하는 당위성의 차원이 있다.

요컨대, 정책학에서 정책윤리와 정책규범에 대한 강조는 정책분석 기준에 있어서도 정책규범 가치에 대한 강조로 반영되어야 한다. 인권, 정의, 존엄 등을 가치로 하는 실체적 당위성의 기준들이 구체적인 정책사례의 분석에서도 반영되고 이것이 중요하게 다루어져야 할 것이다.

제 3 절 정책분석가의 윤리

정책학에서의 정책윤리의 반영이 실패하고 있는 현상을 타개하기 위해서는 정책연구의 맥락지향적 방법론의 강화와 정책분석의 기준에 있어서 규범가치의 강조가 필요하다. 이와 함께 정책 '실천의 장'에서 정책윤리와 정책토론의 강조가 함께 병행되어야 한다. 이에 여기에서는 먼저 정책분석가의 윤리규범과 정책분석가의 역할 유형을 살펴보고, 정책토론과 정책논증에 기초한 열린 사고와 숙의 정신의 중요성에 대해 검토하기로 한다.

정책분석가는 연구결과를 제시함에 있어서 연구의 정당성과 제시된 결과 및 결론의 타당성을 그들 스스로가 판단할 수 있도록 객관적이고 분명하게 제시해야 한다(William N. Dunn, 2004: 551).

1. 명확한 근거의 제시

정책분석이나 연구는 가능한 한 객관적이고 과학적인 토대 위에서 이루어지는 것이 바람직하다. 하지만 실제에 있어서 정책분석은 정책선택을 위한 추론과정이기에 가치판단이나 주관적인 접근을 완벽히 배제하기 어려운 것이 사실이다. 이에 더하여, 분석결과 제시가 자료에 대한 해석을 포함하는 경우 단순 예측에 그쳐야 하는지 혹은 더 나은 정책대안의 제시까지를 포함하는지의 판단, 그리고 그것을 주창하는 경우에는 가치에 대한 판단을 필연적으로 포함하게 된다. 이러한 가치판단은 주관적인 것이므로 이에 대한 근거를 제시하지 않으면 분석결과뿐 아니라 분석과정 전체에 대해 신뢰할 만한 평가를 받지 못할 수 있다. 때문에 정책분석가는 분석을 수행하는 과정에서 개재되었던 가치관과 가정 및 판단 근거를 명확하게 제시하여야 한다(Quade, 1989: 327-328; Mood, 1983: 285). 또한, 정책분석 결과를 토대로 정책제언을 할 때 정책분석가는 객관적인 발견사실과 규범적인 주장을 명확히 구분해야 한다. 또한 정책제언에 개인적인 또는 사회정치적인 가치판단이 포함되어 있다면 그것을 정확하게 공개해야 한다(Fischer, 1998; Barber, 1984).

2. 타당성의 확보

정책분석가는 가치 간의 갈등(*complex of value*)이 있을 때, 어렵더라도 어느 한 쪽에 치중하지 않아야 하나, 정책대상 및 환경에 따른 정책분석 시에는 가치의 우선순위에 차이가 생기기 마련이다. 때문에 분석결과를 제시할 때에는 가치실현 및 문제해결을 위해서 어느 가치가 더 중요한가, 또는 더 시급한가, 또는 더 효율적인가 등을 규명해 줄 수 있는 타당성 전제를 제시하여야 한다. 즉, 정책분석가는 이해당사자들이 제시된 대안에 대해 반대 주장을 할 수 있다는 것을 예측하여 그들이 수용할 수 있는 타당성 있는 분석결과를 제시할 수 있어야 한다(Mood, 1983: 284). 이에 더하여, 타당성 전제가 확보되었다 하더라도 지나치게 일방적이고 생색을 내는 표현이나 너무 교훈적인 표현양식은 피하는 것이 바람직하다(Fischer, 1998; Quade, 1989: 328).

3. 개방적 관점

정책분석가는 분석결과를 제시할 때 개방적인 사고(*open-mindedness*)를 갖는 것이 중요하다(Fischer, 1998: 143; Barber, 1984). 즉, 정책분석가는 결과를 제시함에 있어 중립성과 객관성을 유지해야 한다. 이론상 바람직한 것은 전제나 주요 변인들에 대한 가정을 달리할 경우에 예상되는 결과들을 개방적으로 복수로 제시해야 하며 경우에 따라 민감도 분석(*sensitivity analysis*)에 따른 결과 제시까지 시도할 필요가 있다.

제 4 절 정책분석가의 역할 유형

1. 객관적 기술자 모형

객관적 기술자 모형은 정책분석가를 합리적인 존재로 상정하며 가치중립적 입장을 띠고 있는 기술자로 본다. 이 모형에서는 분석가의 주요 관심이 가장 경제적으로 능률적인 프로그램을 만드는데 있고, 정책목표 자체보다는 문제해결 방법에 초점을 둔다. 따라서 이 모형에서의 정책분석가들은 자신이 분석한 정책대안에 대한 선호도를 제시하지 않으며 단지 객관적인 정보만을 제공함으로써 바람직한 대안의 선택과 같은 가치판단의 문제는 결정권자에게 남겨놓는다(Lynn, 1999).

2. 고객 옹호자 모형

고객 옹호자 모형은 정책분석가를 정책결정자에 대한 봉사자로 본다. 이때 능동적인 정책분석가는 분석의뢰자의 이익이라는 관점에서 문제의 제시, 목표의 설정, 대안의 평가, 정책결정에 뒤따르는 반응의 처리전략, 정책집행 상황 및 그 결과에 대한 평가 등을 수행한다.

3. 쟁점 창도자 모형

쟁점 창도자 모형은 정책분석가를 가치를 추구하는 규범적 존재로 본다. 이 모형에서는, 정책분석가가 목표달성을 위해 바람직한 수단을 강구할 뿐만 아니라, 목표선택에도 관심을 가진다고 상정한다. 이때 기준이 되는 것은 자기 자신의 가치관이다. 따라서 이 모형의 정책분석가는 정책결정자에 대한 봉사자이기보다는 자기 자신의 신념에 대한 봉사자이다. 이 모형에서 정책분석가가 추구하는 가치는 인간의 존엄성 혹은 사회적 형평과 같은 사회적, 윤리적 원리들일 수도 있고, 체제 유지나 안정 또는 변화와 관련된 정치적, 경제적 이념들일 수도 있다(DeLeon, 1998).

4. 정책토론 옹호자 모형

정책토론 옹호자 모형은 정책분석가를 바람직한 가치를 추구하는 규범적 존재로 파악하며 주창적 입장에서 분석결과를 제시하는 한편, 이성과 증거를 토대로 하여 이루어지는 합리적 정책토론 과정을 거쳐 정책을 결정하는 것이 더욱 바람직하다고 생각한다(Fischer, 1998: 143; Barber, 1984).

제 5 절 정책토론과 개방적 사고의 중요성

정책분석가들은 다양한 역할 유형(객관적 기술자 모형, 고객 옹호자 모형, 쟁점 창도자 모형, 정책토론 옹호자 모형)을 통해 자신들의 역할에 대한 인식을 하게 된다. 여기서 중요한 점은 정책분석가가 객관적 기술자에 그칠 것이 아니라 쟁점 창도자 혹은 정책토론 옹호자의 방향으로 적극적 역할 인식을 할 필요가 있다. 정책내용과 결과는 분석의 시각에 따라 해석의 여지를 달리하기 때문에(Torgerson, 2003: 119; DeLeon, 1997), 정책분석가는 개방된 사고를 기초로 창조적 이성에 기초한 정책토론과 숙의, 정책논증과 담론을 중요시해야 할 것이다(Forester, 1999; Fischer, 1998; Hajer, 1993; Fischer & Forester, 1993; Roe, 1994).

민주주의 정책학을 완성함에 있어 정책토론(*policy discourse*)과 정책숙의(*policy deliberation*)는 매우 중요한 의미를 지닌다. 정책언어(*policy language*)와 정책논증(*policy argumentation*)이야 말로 맥락지향적 정책연구를 함에 있어서 핵심이기 때문이다(M. Danziger, 1995: 435-450). 또한, 이는 정책윤리(*policy ethics*)를 정책맥락(*policy contexts*)에 포함시키는데 있어서도 매우 중요한 의미를 지닌다.

F. Fischer & J. Forester(1993: 1-3)는 "만약 우리의 언어가 실제 세계를 정확하게 반영하는 것이 아니고 우리가 현상으로부터 받아들인 우리의 관점을 표현하는 것이라면?"이라는 사회과학에서 언어가 지니는 인식구조의 한계에 대한 본질적 질문을 던진다. 그리하여 "정책분석가나 연구가의 연구 역시 사회현실(*"reality"*)을 있는 그대로 받아들이기보다는 자신의 입장, 권력관계, 의제설정, 투입과 배제, 제한된 관심 등을 반영하는 지적사고의 반영물일 수도 있다"는 논제를 끌어내고(F. Fischer & J. Forester, 1993: 1), 따라서 정책연구가 보다 본질적 맥락을 파악하고 보다 민주적인 과정과 결과를 투영시키려면 정책토론(*policy discourse*)과 정책숙의(*policy deliberation*)에 기초한 열린 사고야말로 가장 귀중한 가치를 지닌다는 점을 명확히 강조한다.

M. Danziger(1995: 435) 역시 정책분석에 있어서 엘리트 지향적 사고야 말로 정책숙의(*policy deliberation*)가 가져오는 의미 있는 맥락을 배제시키는 위험성에 대해서 강조한다. 따라서 그는 탈실증주의적 관점에서 정책토론(*policy discourse*)과 정책숙의(*policy deliberation*), 정책설득(*policy persuasion*)과 정책논증(*policy argumentation*)이야 말로 정책학습에서 필요한 교수법의 중요한 부분으로 도입되어야 한다고 주장한다(M. Danziger, 1995: 446-447).

H. Longino(1993: 166)는 민주주의 정책학에 있어서 정책토론(*policy discourse*)과 정책숙의(*policy deliberation*)의 중요성을 다음과 같이 강조하고 있다.

> 사회과학 방법론에 있어서 제일 먼저 부딪치는 문제점은 "인간"(*humans*)이라고 하는 것입니다. 사회과학은 그 연구의 분석단위가 인간을 대상으로 하고 있다는 점입니다. 인간은 그들의 사회적 세계(*social worlds*)를 구성하면서 서로 대화하고 이해하고 상호작용하면서 대화와 숙의에 기초한 세계관을 형성해 나갑니다. 자연과학에서는 그 구성단위 간의 상호작용과 이해 그리고 대화를 통한 변화가능성이라는 문제에 직면하지 않지만, 적어도 인간행위 그리고 이에 기초한 정책학 연구에 있어서는 논리적 실증주의 못지않게 인간행위와 정책행위에 대한 해석과 숙의, 담론과 토론이 매우 중요하게 작용합니다(H. Longino, 1993: 166).

J. A. Throgmorton(1991: 153-179)에게 있어서도 정책적 숙의와 토론은 매우 중요한 이슈이다. 그는 특히 정책분석의 담론을 강조하는데, 정책현상의 분석에 있어서 정책과정에서 작용하는 중요한 행위자들, 즉 학자 및 과학자(*scientists*), 정책옹호가(*lay advocates*), 정치인(*politicians*) 사이의 담론과 숙의에 내재된 복합적인 정책맥락을 분석하지 못한다면, 그러한 정책분석은 매우 불완전하고, 비현실적이며, 정당화될 수 없다고 주장한다. J. A. Throgmorton(1991: 174)은 정책분석가의 중요한 역할 중의 하나는 과학자, 정치행위자, 정책옹호자들 사이의 정책적 토론과 담론을 적극적으로 중재하고 조정하는 것이라는 점을 강조한다. 특히 그는 Habermas(1987)가 주장하는 계몽주의 철학가들의 실천

적 이성에 대한 믿음과 역할에 대해 주목하면서, 그의 연장선상에서 포스트모던(*post-modern*) 정책연구 역시 인간의 실천적 이성에 기초한 대화와 토론을 통해 서로 공동선과 공동이익을 찾아나가는 정책담론과 정책숙의에 대해 많은 관심을 기울여야 한다고 주장한다.

제 6 절 실천적 이성과 정책토론의 중요성

민주주의 정책학을 완성하는데 있어서 실천적 이성과 이에 기초한 정책토론은 매우 중요하다. 이때 실천적 이성(*practical reason*)이란 민주사회 시민이라면 누구나 가지는 사회 공동체의 공공선과 보다 창조적인 미래를 추구하는 인간 내면에 존재하는 보편적인 인간의 의지이다(Charles Anderson, 1993: 223). 이것은 J. Dryzek(1990)이 말하는 '숙의민주주의'의 정책학(*policy science of 'discursive democracy'*), B. Barber(1984)가 말하는 정책적 토론(*policy talk*), F. Fischer(1980)가 말하는 정책적 탐구(*policy inquiry*)와 일맥상통하는 개념이다. 이는 또한 J. Dewey(1916, 1920, 1940)의 실용주의 철학(*philosophic pragmatism*)과 J. Habermas(1971, 1987)가 강조하는 정책탐구(*policy inquiry*), 정책담론(*policy discourse*), 정책실험(*policy experimentation*), 개방적 사고(*open-endedness*)에 기초한 비판적 이성(*critical reason*) 및 교정가능성(*corrigibility*)과 일치된 개념이다.

J. Dewey(1916, 1920, 1940)는 인간이라는 유기체가 환경에 적응해가는 모든 과정을 탐구라고 보고, 인간사회를 좀 더 나은 방향으로 진보시키는 것이 바로 지적 탐구(*scientific inquiry*)의 목표이며, 이를 위해 필요한 것이 창조적 지성(*creative intelligence*)이라고 보았다. J. Dewey(1940)는 인간사회의 모든 과정은 인간이 지성을 통해서 문제를 해결해나가는 과정이라고 보았으며, 사회에서 제기된 문제를 풀기 위한 우리의 노력은 제안된 의견을 둘러싸고 여러 사람들이 토론을 벌이는 민주주의적인 방식이 되어야 한다고 주장하였다. J. Dewey(1916, 1920, 1922, 1940)에게 있어 과학적 방법과 민주주의적인 방식 그리고 지성적인 방식은 서로 다른 방식이 아니라 문제해결의 동일한 방식을 일컫는 말이다. 인간의 부단한 실천적 이성의 산물인 지식은 바로 문제해결의 도구이며, 이러한 지식의 사회적용에 있어서 필요한 것은 지식의 맥락지향적 탐구와 민주주의적 사고를 통한 문제해결의 과정이라는 것이다.

J. Habermas(1971: 4)는 실용주의 철학과는 또 다른 각도에서 사회현상에 대한 지식을 이끌어내는 방법론으로서의 실증주의적 도그마에 대해서 신랄하게 비판하면서, 계량분석에 기초한 실증주의적 접근이 종종 기술적 혹은 도구적 합리성으로 전락하는 위험성에 대해서 지적한다. Habermas는 이러한 위험성을 극복하기 위해서는 정책분석 엘리트만이 옳다는 독단적 혹은 일방향적 사고로부터 벗어나 대화와 토론, 숙의와 합의에 기초한 정책논의가 지적 세계의 인식론적 토대가 되어야 한다는 점을 강조하는데, 이는 J. Dewey의 민주주의 방식에 기초한 지적 탐구의

과정과 사상적 맥을 같이한다. 즉, 사회문제 연구에 있어서 필요한 정신은 합의에 이를 때나 혹은 합의에 이르지 못할 때라 할지라도 인간 내면에 존재하는 실천적 이성에 기초한 토론과 숙의의 중요성에 대한 믿음이며, 이러한 정신만이 18세기 말 이후 계몽주의 철학자들이 미처 완성시키지 못했던 "미완의 프로젝트"(*Unfinished Project*)를 실현시키는 유일한 길이라는 것이다.

Charles Anderson(1993: 215-227)은 인간행위의 이성을 설명하고 규정짓는 공통된 틀로서 세 가지 이론적 흐름, 즉 1) 공리주의적 경제모형(*utilitarian calculation*), 2) 자유주의적 정치모형(*liberal rationalism*), 3) 실천적 이성에 기초한 숙의민주주의 모형(*practical reason and deliberative democracy*)을 논의하면서, 실천적 이성에 기초한 숙의민주주의 모형이야 말로 민주주의 정책학을 실현하는 중요한 정책분석의 모형이 되어야 함을 강조하고 있는데, 이는 매우 타당한 지적이라고 생각된다.

Charles Anderson(1993: 215-227)은 먼저, 공리주의적 경제모형(*utilitarian calculation*)과 자유주의적 정치모형(*liberal rationalism*)은 둘 다 인간의 합리적 이성과 개인 이익의 극대화를 추구한다는 점에서는 출발선이 유사하다는 점을 주목한다. 하지만, 전자가 신고전파 경제학(*neoclassical economics*)의 이익극대화 이론을 제공하는 것이라면, 후자는 신자유주의적 다원주의(*neoliberal pluralism*) 혹은 제도주의(*institutionalism*) 정치학의 이론적 기초를 제공한다. 한편, Anderson(1993: 223)은 제3의 관점으로서 실천적 이성에 기초한 숙의민주주의 모형(*practical reason and deliberative democracy*)에 대해 논의하면서, 민주사회의 보편적 시민이라면 대화와 토론, 담론과 숙의를 통해 공공선과 보다 창조적인 미래를 추구하는 인간 내면의 실천적 이성에 대해 제시하고, 이러한 숙의와 담론에 기초한 열린 사고와 실천적 이성에 대한 믿음이 민주주의 정책학을 실현해 나가는 중요한 이론적 토대가 되어야 한다는 점을 역설하는데, 이는 매우 주목할 만한 가치가 있는 주장이라고 생각된다.

A. Cahill & S. Overman(1990: 13-24) 역시 민주주의 정책학에 있어서 실천적 이성에 기초한 정책토론과 정책논증의 중요성을 강조한다. 이들은 정책분석의 그 외관상 눈부신 발전에도 불구하고 하나의 통합된 틀이 없음을 지적하고, 정책연구가 좁은 의미의 합리성에 토대를 둔 기계적인 정책모형으로부터 보다 다양하고 넓은 의미의 유기적인 정책분석으로 진화해야 한다는 점을 주장한다. Toulmin(1958, 1979)이 말하는 정책논증 모형에서 요구되는 다양한 형태의 열린 사고와 주장 및 이에 따른 해석의 가능성에 주목하면서, 정책분석이 좁은 의미의 기계적인 합리모형으로부터 정책문제에 담긴 다양한 형태의 해석적 구조와 주장을 발견해 나가는 실천적 이성의 노력과 과정을 강조하는 방향으로 변모해야 함을 강조한다. 또한 이러한 방향은 정책문제가 위치하는 특정한 시간과 장소에 맥락적 의미를 찾아나가는 정책토론과 논증, 그리고 정책해석의 열린 구조를 강조한다. A. Cahill & S. Overman은 이를 후기 합리주의적 정책분석(*"post-rationalist policy analysis"*)이라고 불렀는데, 이 역시도 앞에서 언급한 J. Dryzek의 숙의적 정책분석, F. Fischer의 정책적 탐구, C. Anderson의 실천

적 이성과 이론적 주장의 맥을 같이한다.

따라서 우리는 이상의 논의를 통해, 민주주의 정책학을 실현하는데 있어서는 인간의 존엄성에 대한 지향, 근본적 문제의 추구, 맥락지향적 정책연구, 실증주의와 탈실증주의의 통섭적 접근과 함께, 이를 정책분석의 행동지향 영역에서 뒷받침해 주는 투명한 정책윤리와 정책토론의 개방적 사고가 필요함을 알 수 있다. 이는 좁은 의미의 기계론적 합리모형이 아니라, 민주사회의 보편적 시민이라면 누구나 지니는 인간 내면의 실천적 이성에 기초한 열린 사고와 토론, 참여 및 숙의를 요구하는 것이다. 정책문제에 담긴 다양한 형태의 해석적 구조와 주장을 발견해 나가려는 노력과, 이를 위해 필요한 정책토론과 논증, 그리고 정책해석의 열린 구조야 말로 민주주의 정책학의 중요한 인식론적 토대가 되어야 할 것이다.

제 6 장

정책학의 통치원리, 거버넌스

거버넌스(Governance)는 H. Lasswell(1951, 1970, 1971)이 인간의 존엄성을 강조한 민주주의 정책학을 주창한 이래, 정책학이 계층제적 관료제의 도구로 전락된 것에 대한 반성과 성찰의 결과이다.

논의 개요

정책학의 이상과 과제가 실현되는 통치구조와 통치원리를 현대적 언어로 표현하면 거버넌스(Governance)가 된다. 거버넌스(Governance)는 H. Lasswell이 인간의 존엄성을 강조한 민주주의 정책학을 주장한 이래, 행정학과 정책학이 계층제적 관료제의 도구로 전락된 것에 대한 반성과 성찰의 결과이다. 이는 수직적 구조 대신에 수평적 통치구조와 Top-down방식의 명령 대신에 Network에 기초한 조정의 통치원리에 기초한다. 전통적 행정학의 모델인 계층제적 관료제 통치가 1990년대 이후 정부-시장-시민사회와의 신뢰와 협력을 기초로 하는 수평적 국정관리로 진화된 것이 거버넌스이다.

이 장에서는 정책학과 거버넌스에 대해 규명한다. 먼저, 행정학 이론사의 발달과정에서 거버넌스가 차지하고 있는 이론사적 위치와 초점에 대해 검토하며, 거버넌스와 뉴 거버넌스의 이론유형, 정책학과 거버넌스의 개념적 연계 등에 대해서 고찰하며, 이를 토대로 정책학의 거버넌스적 재조명이라는 주제를 다루도록 한다.

제 1 절 행정학 이론의 발달과 거버넌스의 재조명

1. 행정이론의 발달과 거버넌스

1) 정치 · 행정이원론(과학성 강조)

행정학 성립 초기에 정치와 행정을 구분하려는 입장을 정치·행정이원론이라고 한다. 행정학의 탄생으로 간주하는 최초의 논문을 W. Wilson의 1887년 『The Study of Administration』(행정의 연구)으로 보았을 때, 이 시기부터 1930년대 후반 정치·행정일원론이 나오기까지의 시기를 행정학 이론 발달사에서 정치·행정이원론이라고 한다. Wilson은 그때까지 행정의 연구가 독자성을 인정받지 못하고 정치 속에 내포되는 것으로 간주되어 왔던 것을 처음으로 행정의 독자성을 주장하였다.

정치·행정이원론은 행정을 정치적 성격이 없는 순수한 관리

현상으로 파악하였는데 W. Wilson은 『행정의 연구』에서 '행정의 분야는 관리의 분야이며, 행정은 정치의 고유영역 밖에 존재하고 행정문제는 정치문제가 아니다'라고 주장하였고, L. D. White는 행정이란 권력현상이 아니라 관리현상이라는 전제 하에 행정에 관한 연구는 관리적 측면에서 이루어져야 한다는 점을 『행정학의 입문』에서 강조하였다. Goodnow는 Wilson의 정치·행정이원론을 구체화시켜 정치를 국가의지 표명으로, 행정을 국가의지의 집행으로 정의하고, 정당은 정치와 행정의 제도적 분리를 보완하는 것이라고 주장하였다.

2) 정치·행정일원론(기술성 강조)

New Deal 정책 이후 1930년대 후반부터 Gaus, Dimock, White 등 여러 학자들이 정치·행정이원론에 회의를 느끼고 이를 비판하기 시작하였고, 이를 주제로 삼아 단행본으로 엮은 것이 P. H. Appleby의 『Policy and Administration』(1949)이다.

이와 같이 1930년대 후반부터 일원론이 대두된 이유는 다음과 같다.

첫째, New Deal 정책결정에 참여한 학자들의 경험 결과, 행정부의 정치적 기능을 이원론으로 정당화할 수 없었다. 본래 이원론도 다분히 반-엽관주의(*anti-spoils*)라고 하는 정책적인 의도를 지니고 제기된 것이었는데, 이제 이미 엽관주의(*spoils*)도 극복된 것이므로 더욱 이원론을 고집할 필요도 없게 된 것이다.

둘째, 시장실패 현상을 해결하기 위하여 행정부의 적극적 개입이 불가피하였다.

셋째, 행정의 고도 전문화, 기술화 및 위임입법의 증가로 인하여 행정의 재량권과 준입법권, 준사법권이 증대되었다.

정치와 행정이 분리될 수 없는 근거는 여러 관점에서 찾을 수 있다.

① 정치와 행정은 모두 정치권력을 내포하고 있다.
② 행정은 넓은 의미의 정치과정 속에 내포되어 있다.
③ 행정은 재량권, 예산권, 준입법권 등 정책결정 기능과 정치적 기능을 내포하고 있다.

3) 새 이원론(행정행태론): 과학성에의 재집념

1930년대 후반에 일원론이 제기된 후 행정권의 강화가 지속적으로 이루어지고 있어 누구나 일원론의 입장을 부정하지는 못하고 있었으나, 1940년대 후반에 H. A. Simon이 중심이 되어 논리적 실증주의에 입각한 새 이원론을 제기하였다. H. A. Simon의 유명한 저술 『Administrative Behavior』(행정행태론, 1945)가 새 이원론의 대표적 저술이다.

행정행태주의는 논리실증주의를 강조하던 H. A. Simon이 『Administrative Behavior』(행정행태론, 1945)를 발표한 이후 행정학 분야에서도 크게 발전되었다. 그는 행정현상에 대한 경험적 연구와 방법론적 엄격성을 통해 행정학의 과학화를 기할 수 있다고 보았고, 행정현상을 의사결정 과정으로 파악하고 의사결정에 있어서의 제한된 합리성(*bounded rationality*)과 만족모형(*satisfying model*) 등 행정연구의 과학화에 많은 기여를 하였다.

행정행태주의는 사회현상도 자연과학과 마찬가지로 엄밀한 과학적 연구가 가능하며, 사회현상을 관찰 가능한 객관적 대상으로 보고 인간의 주관이나 의식을 배제해야 한다고 보며, 인식론적 근거로서 논리실증주의(*logical positivism*)를 주창한다.

또한, 특정 질문에 따른 반응을 통해 파악해 볼 수 있는 태도, 의견, 개성 등도 행태에 포함시키고, 이러한 행태의 규칙성, 상관성 및 인과성을 경험적으로 입증할 수 있다고 보며, 가치와 사실을 명백히 구분하여 가치중립성을 지키고 있다.

또한, 개념의 조작적 정의를 통해 객관적인 측정방법을 사용하며 자료를 계량적인 방법에 의해 분석할 것을 강조한다.

D. Easton은 행태론적 접근방법의 8가지 전제를 제시하고 있다.

① 규칙성(*regularity*): 정치행정행태에는 일정한 규칙이 있으며, 따라서 그것은 이론화가 가능하다.

② 입증(*verification*): 이론화는 사실을 경험적으로 연구함으로써 입증되어야 한다.
③ 계량화(*quantification*): 사실을 경험적으로 연구하기 위해서는 자료의 계량화와 측정이 필요하다.
④ 기술(*technique*): 정확한 분석과 이론의 개발을 위해서는 사회과학 연구 방법론적 기술이 필요하다.
⑤ 가치(*value*)와 사실(*fact*)의 구분: 과학적 연구에는 가치판단이 배제되어야 하며 사실의 경험적 연구에 한정되어야 한다.
⑥ 체계화(*systematization*): 검증된 가설은 명제이며, 명제가 축적되면 법칙과 이론이 된다. 지식의 체계화가 이론이며, 따라서 체계화는 연구에서 중요하다.
⑦ 과학적 이론(*scientific theory*): 순수한 과학적 이론을 발전시키는 것이 행태론의 목적이다.
⑧ 연합학문 접근(*interdisciplinary approach*): 순수한 과학적 이론을 발전시키기 위해서는 종합과학적 접근이 필요하다.

4) 새 일원론(발전행정론): 기술성의 재강조

1960년대 M. J. Esman, E. W. Weidner 등에 의하여 발전행정론이 등장하면서 후진국의 경제·사회발전을 위하여 행정이 정치를 영도해 가야 한다는 새 일원론이 등장하였다. 과거의 일원론이 정치우위에 입각한 정치와 행정의 불가분한 관계를 강조한 것이었다면, 새 일원론은 행정우위에 입각한 행정영도론이라는 점에서 구분된다. 즉, M. J. Esman, E. W. Weidner 등은 행정과 정치와의 관계에서 전통적인 정치우위론을 뒤집어 행정우위론을 주장하였다(행정영도론). 이러한 주장을 하는 이유는 개도국에 있어서 빠른 발전은 필요하고 이러한 발전을 담당할 조직력은 경영인이나 정치인에게서 찾을 수 없으며, 기댈 수 있는 것은 행정관료 조직밖에 없다는 것이다.

F. W. Riggs는 이러한 주장에 대해 행정이 우월한 입장에서 정치를 영도해 가는 경우 권력자에게 가장 중요한 책임성과 정통성의 문제가 발생한다고 주장한다. 후진국의 경우 관료주의는 또 하나의 중요한 가치인 시민의 자유와 권리를 침해하기 쉽다는 우려점이 있다는 것이다. 따라서 신생국의 경우 신중히 정치와 행정의 관계를 검토할 것을 조언하고 있다.

5) 신행정론(후기 행태주의): 민주성과 형평성의 강조

(1) 의 의

후기행태주의는 1960년대 미국 사회의 월남전 실패, 흑인폭동, 소수민족 문제, 루터 킹 목사와 로버트 케네디 암살 등으로 인한 혼란을 해결하지 못하는 학문의 무력함에 대한 반성으로 나타났다.

행정행태주의는 연구대상의 실증적 연구를 통해 사실의 경험적 분석에는 강하지만 사회가 안고 있는 문제점을 개선하기 위한 규범적 처방 혹은 정책적 지향이 약한 점이 한계였다. 1969년 D. Easton은 미국 정치학회에서 「정치학의 새로운 혁명」(New

Revolution in Political Science)이라는 기조연설에서 1) 적절성(*relevance*)과 2) 실행(*action*)을 제시하였다. 적절성이란 사회과학자가 연구하는 문제가 사회개혁과 관련된 적절한 것이어야 하고, 실행이란 연구성과가 정책을 통해 실행되어야 한다는 것이다. 이것은 종래의 행태주의에서 소홀히 했던 가치문제, 처방, 사회적 형평성 등을 강조한 것이다.

행정학에서는 1968년 미국 미노브룩(Minnobrook) 회의에서 왈도(D. Waldo) 교수의 주도 하에 새로운 행정학의 방향 모색과 제시로 태동하게 되었다.

(2) 주요 내용

신행정학은 전통적 행정학의 능률지상주의를 탈피하고, 논리실증주의와 행정행태주의를 비판하면서, 참여(*participation*) 및 고객중심의 행정(*customer-oriented administration*), 가치지향적 관리(*action-oriented administrator*), 사회적 형평(*social equity*), 비계서적 조직(*non-hierarchical organization*)을 강조하는 개방체제 이론이다.

(가) 참여 및 고객중심의 행정

행정조직의 국민에 대한 봉사와 고객지향적 행정을 강조하면서, 시민에 대한 대응성의 향상을 주장한다. 이를 위해 시민참여의 확대, 행정의 분권화, 고객과 행정의 관계를 동료처럼 인간화하기 위한 태도변화 노력 등을 제시한다.

(나) 가치지향적 관리

참여 및 고객중심의 행정 실현을 위해 관료의 책임성을 강조한다. 사회정의에 민감하고 감수성 있는 가치지향적 관리를 양성하는 교육훈련을 주장한다.

(다) 사회적 형평

행정조직은 사회적 불평등을 제거해야 할 의무가 있으므로 부유층이나 대집단 대신 사회적으로 불리한 소외계층을 위하여 보다 나은 행정서비스를 제공함으로써 사회적 형평을 실현해야 한다는 것을 강조한다.

(라) 비계서적 조직

전통적 조직이론에 반발하여 조직을 통한 인간의 성장·발전 욕구의 충족 등을 목표로 제시한다. 이를 위해 조직발전에 있어서 조직 구성원들의 참여를 강조한다. 또한, 미래의 환경변화에 대응하는 다양한 형태의 조직을 제시하였는데, TFT(*Task Force Team*, 임시조직)와 같이 임무가 끝나면 해체되는 조직, Project 조직과 같이 다양한 이해관계와 전문가들이 함께 참여하여 한 조직만으로는 해결이 어려운 문제를 한정된 시간 안에 해결하는 형태의 조직을 제시한다.

(마) 개방체제 이론

개방체제는 불확실성(*uncertainty*)으로 특징지어지는 바, 신행정론은 이 개방성이 최대한 확보되어야 한다고 주장하고, 조직의 참여자들에 대한 감수성 훈련 등 조직발전(*Organization Development*)을 강조한다.

대표적인 학자로는 D. Waldo(1971), H. G. Frederickson(1980), V. Ostrom(1971) 등이 있다.

(3) 기여 및 한계

신행정론은 우리나라와 같이 정치적 책임한계가 불분명하고 관료제에 대한 민주적 통제가 취약한 국가에서는 관료들의 가치 지향적 행동을 지나치게 강조할 경우 정치적 안정성, 행정의 통일성이 희생될 수 있다. 또한 조식에의 충성을 지나치게 경시하고 직업적 충성을 강조하는데, 이는 조직에의 소속감 결여를 초래할 수 있다.

신행정론은 기존의 모든 행정이론을 완전히 부정하는 하나의 확립된 이론체계라기보다는 기존 이론과 상호보완의 관계에 서서 기존 이론의 문제점을 지적해주는 하나의 반대가설(*Anti-Thesis*) 수준이라 할 수 있다. 신행정론이 제시한 개념, 접근방법, 지향정신은 공공선택 이론, 공공관리론 등 1970년대 이후 후기 산업사회의 행정이론의 형성과 발달에 크게 기여하였다.

6) 공공선택론(Public Choice)

(1) 의 의

Vincent Ostrom & Elinor Ostrom(1972)은 경제학에서 Buchanan과 Tullock 등에 의하여 확립된 공공선택 이론을 행정학에 도입하였고, D. Mueller(1979)는 '비시장적 의사결정에 관한 경제학적 연구'라고 정의하였다.

합리적 선택이론의 경제학적 모형을 기초로 하고 있지만, 전통적인 관료제적 행정관을 비판하면서 정치적 입장과 공공재의 선택을 중요시하는 민주적 행정관을 제시하였다(이종수·윤영진, 2002: 165-168).

(2) 기본 가정과 특징

(가) 방법론적 개인주의(*methodological individualism*)

구조나 집단, 환경 위주의 접근방법보다 개인중심의 방법론을 취한다.

(나) 합리적인 이기주의(*rationalistic assumption*)

공공부문의 정책결정과정에 참여하는 개인은 자기이익을 극대화하려고 하며, 정치인은 득표의 극대화, 시민은 개인적 효용의 극대화, 관료는 예산의 극대화를 추구한다.

(다) 집합적 결정 중시(*collective decision-making*)

가급적 많은 사람이 참여하는 집합적 정책결정으로 많은 정보의 제공, 설득과 합의, 정치적 합의 등 민주주의적 방식에 의해 의사결정의 정치적 비용을 최소화시키는 것이 가장 바람직하다고 본다.

(라) 제도적 장치의 마련 강조(*institutional arrangement*)

전통적인 정부관료제 조직은 공공서비스의 생산과 공급에 바람직한 제도적 장치가 되지 못하며 정부실패를 초래하는 원인으로 본다.

(마) 중첩적인 조직장치의 강조(*multiple arrangement*)

정부의 각 수준에 맞는 분권적이고 중첩적인 다양한 규모의 제도적 장치가 마련되어야 한다고 보며, 이러한 관점에서 신제도론적 접근방법을 중요시한다(김중규, 1999: 205).

대표적 학자로는 Vincent Ostrom & Elinor Ostrom(민주행정 패러다임, 1972), A. Downs(정책결정의 공공선택론, 1960), Niskanen(예산극대화모형, 1971) 등이 있다.

(3) 기여 및 한계

공공선택론은 정부관료제에 의한 정부실패 등의 개념을 제시함으로써 신공공관리(NPM)의 이론적 기초를 제공하였으며, 개인(공무원)이 선택하는 상황에서의 개인과 제도적 틀(*institutional arrange-*

*ment)*과의 상호작용을 강조함으로써 신제도주의 연구에 많은 기여를 하였다. 또한 공공선택론은 시민들의 다양한 요구와 선호에 민감하게 대응할 수 있는 제도적 장치의 마련에 관심을 나타내고 있어 민주행정의 구현이라는 점에서 높이 평가될 수 있다.

그러나 효용 극대화를 추구하는 개인에 대한 가정은 비현실적이며, 자유시장의 논리를 공공부문에 도입하려고 하나 시장실패를 가져왔다는 고유한 한계가 있고, 행정과 시장은 엄연히 차이가 있으므로 NPM적 접근을 정부부문에 그대로 적용하기에는 많은 문제점이 있다.

7) 요약 및 결론: 방법론의 다양화

공공선택론에 기초한 신공공관리 접근은 행정이론의 발달에 많은 기여를 하였다. 이와 함께 최근에는 뉴 거버넌스 연구, 신제도주의 이론 및 정책네트워크 분석도 행정 및 정책과정에서의 다양한 이해관계자와 행위자들 간의 상호 역동적인 동태성을 분석하는데 중요한 연구방법론으로 제시되고 있다. 따라서 이제는 어느 한 연구방법론을 고집하기보다는 거버넌스 연구, 제도주의 이론, 정책네트워크 분석 등 다양한 형태의 연구방법론을 통해 정책과정에서의 정책집행과 정책행태를 분석함으로써 인과적 추론의 과학적 타당성과 정책연구의 정책적 적실성을 제고하는데 노력을 기울일 필요가 있다. 이러한 연구동향을 간략히 언급하면 다음과 같다.

① 뉴 거버넌스 연구(*New Governance Study*): 국가통치체제 전반을 연구대상으로 하여, 정책이 진화해 가는 구조와 과정을 고려하고, 그러한 구조와 과정의 설계 및 운영방법, 정책과정 참여자의 다양한 역할분석에 초점을 둔다.

② 신제도주의 이론(*Neo-Institutional Theory*): 다양한 종류의 제도를 분석대상으로 하여, 집행주체의 분석, 집행주체와 대상집단과의 관계분석에 초점을 둔다.

③ 정책네트워크 분석(*Policy Network Analysis*): 다양한 이해관계자 등 집행체제의 다양성과 복잡성을 이해하기 위한 도구로서, 정책참여자 간의 패턴화된 상호작용을 다루는데 정책네트워크 분석에 초점을 둔다.

이러한 현대 정책이론의 분석방법들은 1) 참여자들의 다양성, 2) 역동적이고 동태적 과정, 3) 정책 및 행정문제의 복잡성, 4) 제도와 행태의 상호작용, 5) 정책네트워크의 중요성 등을 강조하는 공통점이 있다.

2. 행정이념의 변천과 거버넌스

행정이념은 고정불변의 것이 아니고 시대의 변화 및 국가가 처한 맥락에 따라 행정이념 역시 변화한다. 이러한 변천을 살펴보면 다음과 같다.

1) 합법성: 근대 입법국가 시대

1880년대에 행정학이 탄생되기 전 자유민주주의적 근대 입법국가 시대에는 시민권의 신장과 자유권의 옹호를 위해 행정의 안정성과 예측가능성이 중요시되었고, 행정이념은 합법성이 강조되었다.

2) 능률성: 정치·행정이원론과 정치·행정일원론 시대

19세기 후반에 이르러 행정 국가화되고, 이에 따라 행정기능이 양적으로 확대, 질적으로 심화됨에 따라 행정부의 예산은 급속하게 팽창하게 되었다. 이러한 상황의 진전은 결과적으로 행정에 능률성을 새로운 행정이념으로 요청하게 되었다. 더욱이 시기적으로 정치·행정이원론이 지배하고 과학적 관리법이 도입되어 행정의 과학화를 추구하던 시대였으므로, 행정이란 설정된 목표를 어떻게 하면 비용을 적게 들이고 달성하는가 하는 능률성의 이념이 강조되었다.

하지만 투입(*input*) 대 산출(*output*)의 비율로 표현될 수 있는 이러한 능률성의 개념도 기계적 능률성과 사회적 능률성으로 나누어진다. 1887년 Wilson의 『The Study of Administration』 이후 기술적 행정학과 정치·행정이원론의 시대에는 기계적 능률성이 강조되었으나, 1930년대 경제대공황 발생 이후 기능적 행정학과 정치·행정일원론 시대에는 사회적 능률성이 강조되었다. 행정을 정치에서 설정해 준 정책의 구체화에만 초점을 두었던 정치·행정이원론 시대에는 과정의 능률화에 만족하였으나, 목표 및 정책결정 자체까지 담당하게 된 정치·행정일원론 시대에는 과정의 능률화만으로는 부족하고 누구를 위한 행정이냐 하는 것까지 관심을 확장하게 되었다(박동서, 1978, 88-89).

3) 효과성: 발전행정 시대

1960년대에 접어들어 발전과 변화가 관심을 끌면서 발전행정론이 대두되자 행정이념에 있어서도 효과성이 강조되기 시작하였다. 1960년대 발전행정의 주요 관심사인 발전과 변화라고 하는 것은 현재와 다른 바람직한 상태로의 전환을 요청하며, 행정을 통한 미래 변화를 창조하는 것이 요청되므로, 행정이념도 정태성을 띤 이념보다는 동태적인 새 이념이 요구되었다. 이때 효과성은 행정의 목표달성도(*degree of goal achievement*)를 의미하며, 능률성은 목표를 성취하는 과정에서의 경제성(투입 대 산출)을 의미하고, 효과성과 능률성을 통합한 개념이 효율성(생산성)이다.

4) 참여 및 사회적 형평성: 신행정론 시대

1960년대 후반 신행정론이 대두되면서 행정에 있어서의 적절성(*relevance*)과 행동(*action*)이 강조되고, 이러한 후기행태주의는 문제지향성과 맥락지향성을 강조하는 정책학의 발달로 이어졌다. 따라서 이러한 신행정론 시대에는 효율성(생산성)과 함께 참여 및 사회적 형평성이 강조되었다.

5) 효율성(생산성): 신공공관리 시대

1980년대 영국의 대처수상, 미국의 레이건 대통령 등 신보수주의 정권의 등장과 함께 공공부문의 개혁의 이론적 도구로서 신공공관리론(NPM)이 대두되었다. 신공공관리론은 공공부문의 방만한 운영과 비능률을 타파하기 위해 공공부문의 축소, 민간위탁·민영화·외부발주 등 민간관리 개념을 도입하고 시장주의 기법을 도입하면서, 효율성(생산성)의 개념이 강조되었다.

6) 민주성(신뢰성): 뉴 거버넌스 시대

1990년대 이후 월드 와이드 웹(WWW)의 등장과 함께 인터넷 시대가 본격적으로 개막되고, WTO 출범과 함께 신자유주의(NL)의 무한경쟁 물결이 전 세계를 휩쓸게 된다. 이러한 정보화와 세계화의 물결로 인해 미국 클린턴/앨고어 행정부에서는 NPR(국가성과위원회)을 중심으로 정부재창조 및 NII(국가정보기반)에 토대를 둔 정부혁신을 강조하게 된다. 시장주의에 기반을 둔 효율성과 함께 시민사회주의에 기반을 둔 민주성을 강조하는 뉴 거버넌스의 개념이 강조되기 시작하였다. 고객·경쟁·유인을 강조하는 시장주의와 참여·신뢰·네트워크를 강조하는 시민사회주의가 함께 강조되면서, 통치중심의 정부관료제에서 협치중심의 국정관리 거버넌스가 등장하게 되었다. 즉, 1990년대 이후 뉴 거버넌스 시대에는 효율성(생산성)과 함께 민주성, 신뢰성, 성찰성의 개념이 강조되기 시작하였다.

제 2 절 거버넌스와 뉴 거버넌스에 대한 이론

1. 거버넌스의 개념

거버넌스(*Governance*)는 H. Lasswell(1951, 1970, 1971)이 인간의 존엄성을 강조한 민주주의 정책학을 주창한 이래, 행정학과 정책학이 계층제적 관료제의 도구로 전락된 것에 대한 반성과 성찰의 결과이다(권기헌, 2007a). 기존의 정책학은 다양한 의견 투입이 원활하게 이루어지지 못하고, 정책의 효율성만을 추구한 결과 정책불응과 같은 또 다른 비효율성을 양산하고 있었다. 이에 대한 반성으로 대두된 거버넌스는 다양한 이해관계자들의 참여를 제도적으로 보장함으로써 정책의 민주성과 효율성을 동시에 추구한다. 현대사회의 정보화 추세는 이러한 경향을 더욱 가속화하고 있다. 결국 새로운 환경변화에 대한 대응으로 등장한 전자정부와 거버넌스 이론은 기존에 배타적으로 추구되고 있던 효율성과 민주성을 조화하는 대안으로서 새로운 행정학과 정책학의 핵심요소로서 부각되었다.

2. 거버넌스 접근의 다양성

거버넌스와 관련한 개념은 개별 학문분야의 특성과 관심영역에 따라 다양하게 해석된다. 행정학 분야에서는 거버넌스가 새로운 국가통치행위 및 방식을 의미하는 국정관리로 해석되고 있으며(정정길, 2000: 433-546; 한국행정학회, 2000), 정치학 관련분야에서는 다원적 주체들 간의 협력적 통치방식을 의미하는 네트워크 통치, 협력적 통치로 정의되며(조명래, 1999: 39), 제도주의 경제학 영역에서는 공동체적 자율관리체계로서의 거버넌스의 역할을 논의하면서 이를 자치체계 또는 자치제도로 번역하며(Ostrom, 1990), 사회학에서는 국가나 시장과 구별되는 사회의 자연스러운 조정양식의 원형(Jessop, 1998: 31)이나 자기조직적 네트워크(Rhodes, 1996) 등으로 정의하고 있다.

이처럼 거버넌스는 학문과 학자들에 따라 다양하게 접근되고 있다. Guy Peters(1995)는 미래의 국정관리 모형으로, 시장모형(*market model*), 참여모형(*participatory model*), 신축모형(*flexibility model*), 탈규제모형(*deregulation model*) 등 네 가지 거버넌스 모형을 제시하였으며, 최근에는 J. Pierre와 함께 정부와 시민과의 관계를 중심으로, 국가통제 모형(*Éatiste Model*), 자유민주주의 모형(*Liberal-democratic Model*), 국가조합주의 모형(*State-centric Corporatism Model*), 사회조합주의 모형(*Societal-centric Dutch Governance Model*), 자기조정 네트워크 모형(*Governance without Government Model*) 등 다섯 가지 거버넌스 모형을 제시하고 있다(Peters & Pierre, 2005: 11-12). Janet Newman(2001)은 거

버넌스를 '집권화-분권화 정도'와 '혁신과 변화-지속성과 질서' 등의 두 가지 기준에 따라, 1) 계층제 유형(*hierarchical*), 2) 합리적 목표(*rational goal*), 3) 개방체제(*open system*) 4) 자치거버넌스(*self-governance*) 등의 4가지로 나누었으며, Jan Kooiman(2003)은 국가-사회의 중심성을 기준으로, 1) 자치거버넌스(*self-governance*), 2) 협력거버넌스(*co-governance*), 3) 계층제거버넌스(*hierarchical-governance*) 등의 3가지로 나누어 접근하고 있다.

3. 거버넌스 이론 유형

1) G. Peters(1995)의 네 가지 모형

Guy Peters(1995)는 『미래의 국정관리』(The Future of Governing: Four Emerging Models)에서 네 가지의 정부모형을 제시하고, 이들 간의 특징을 구분하여 설명하고 있다. 네 가지의 정부모형은 시장모형, 참여모형, 신축모형, 탈규제모형인데, 이들은 모두 전통적 관료모형에 대한 대안으로 제시된 미래의 국정관리 모형이다.

(1) 시장모형(Market Model)

시장모형은 전통적 관료모형의 비효율성의 극복을 위해서 조직 내부에 인센티브를 부여해 시장원리에 의한 효율성을 제고해 보려는 데 초점을 둔 정부모형이다. 즉, 시장모형의 핵심은 새로운 거버넌스를 통한 정부효율성 제고라고 할 수 있다. G. Peters는 전통적 관료모형의 비효율성은 정부관료제의 독점적 지위로 인해 내부경쟁이 발생하지가 않는 것에 기인하는 것으로 파악하였다. 이러한 시장모형에 기초한 거버넌스의 예로서는 행정조직의 분권화, 지방정부에의 권한위임, 성과급 등 민간부문의 관리기법의 도입 등이 있다.

(2) 참여모형(Participatory Model)

G. Peters는 전통적 관료모형의 비효율성이 나타나는 또 다른 문제는 바로 계층제적 권위로 인한 참여부족으로 인식한다. 따라서 참여모형은 정치적이고 민주적인 방식으로 정부효율성을 향상시키고자 하는 것이다. 참여모형에서의 조직구조는 수평적 형태의 조직구조를 추구하며, 관리는 TQM과 팀제의 속성을 지니게 되며, 정책결정은 협의나 협상을 통해 이루어지는 등 참여와 협의를 강조한다.

(3) 신축모형(Flexibility Model)

전통적 관료모형의 중요 특징 중 하나는 조직의 영속성이다. 즉, 장기적이고 지속적인 관료제에 기초한 통치모형이다. 그러나 신축모형은 정부의 인력 및 조직의 영속성이 정부 비효율성 발생의 근본원인이라 생각한다.

신축모형에서는 영속적 조직에서 나타날 수 있는 타성과 변화에의 거부 등을 예방하는데 주안점을 둔다. 이를 위해서 신축모형은 기존 조직의 신축적이고 지속적인 폐지와 신설 등이 필수적이라고 주장한다.

(4) 탈규제모형(Deregulation Model)

탈규제 정부모형은 정부 내부의 규제를 철폐함으로써 공공부문에 내재하고 있는 잠재력과 독창성을 분출시키는데 초점을 둔다. 즉, 내부의 번문욕례 등의 제약요인을 제거함으로써 구성원들이 새롭고 창의적인 활동을 할 수 있도록 하여 효과적인 행정을 달성하고자 하는 것이다. 탈규제모형은 정부 내부의 규제를 철폐함으로써 관리자들의 관리능력을 향상시킬 수 있고, 구성원들의 창의성을 제고할 수 있다고 본다.

이들을 요약하면 〈표 6-1〉과 같다.

표 6-1 Guy Peters의 네 가지 정부모형

구분	시장모형	참여모형	신축모형	탈규제모형
진단기준	독점	계층제	영속성	내부규제
구조	분권화	수평조직	가상조직	특정 제안 없음
관리	성과급 민간관리기법	TQM, 팀제	임시적 관리	관리재량권 확대
정책결정	내부시장 시장유인	협의, 협상	예비실험 (임시성)	기업가적 정부
공익	저비용	참여, 협의	저비용, 신축성	자율성, 창의성

* 자료: G. Peters(1995: 54-206).

2) G. Peters & J. Pierre(2005)의 다섯 가지 모형

G. Peters와 J. Pierre(2005: 11-12)는 그들의 최근 저서, 『복잡한 사회를 향한 거버넌스』(Governing Complex Societies)에서 정부와 시민과의 관계를 중심으로 다음과 같은 다섯 가지 거버넌스 분석 모델을 제시하고 있다.

(1) 국가통제 모형(Étatiste Model)

국가통제 모형은 정부의 통치과정에서 사회적 행위자들의 참여가 배제되어 있는 모형이며, "정부 없는 거버넌스"(*governance without government*)를 반대하는 전형적 국가주의 모형이다. 이 모형의 주요 전제는 정부(*government*)가 모든 거버넌스 측면에서 가장 중요한 행위자이고, 사회적 행위자들에 대한 지배권을 가지게 된다는 점이다. 가장 강한 형태의 국가중심성과 강한 정부 역할을 상정하는 통치모형이다.

(2) 자유민주주의 모형(Liberal-democratic Model)

국가통제 모형이 유럽형 국가주의 모형이라면, 자유민주주의 모형(*liberal-democratic model*)은 미국형 국정운영 모형에 해당된다. 이는 정부의 강한 역할을 인정하는 방향으로 전통적 다원주의 모형을 수정한 신다원주의 모형(*Neo-pluralism*)에 가까운 모형으로 이해할 수 있다. 여기에서는 사회 행위자들이 국가(*state*)에 영향을 미치기 위해 다양한 형태로 경쟁하게 되는데, 하지만 이들 중에서 최종 선택할 수 있는 정책적 권리는 국가가 가지게 된다. 그러나 국가는 사회로부터의 영향에서 완전히 자유로울 수 없다는 점에서 앞에서 제시된 국가통제 모형보다는 국가중심성이 느슨한 형태의 거버넌스 모형이다.

(3) 국가중심 조합주의 모형(State-centric Corporatism Model)

국가중심 조합주의 모형은 국가통제 모형에서 설정하는 강력한 형태의 국가중심성이 사회 쪽으로 약간 이동한 상태이며, 국가조합주의(*state-centric corporatism*)와 정형화된 국가-사회관계(*formalized state-society relationships*)의 다양한 형태들이 이 모델에 해당된다고 볼 수 있다. 국가가 정치과정의 중심에 있지만, 사회적 행위자들과 관련되어 제도화된다. 국가는 사회 행위자 파트너들과의 관계에서 실질적인 권력(*substantial powers*)을 가지지만, 국가-사회 상호작용이 많이 강조되는 모형이다. 국가조합주의(*state-centric corporatism*) 모형은 이 국정운영 패턴의 원형으로 여겨진다.

(4) 사회중심 조합주의 모형 (Societal-centric Dutch Governance Model)

사회중심 조합주의 모형은 국가중심 조합주의 모형보다 국정운영의 중심이 더 사회 쪽으로 이동한 상태이며, 네덜란드 학자들(*Dutch scholars*)이 거버넌스에 접근하는 방식을 지칭한다(Kickert, 1996; Kooiman, 1993). 또한, 이것은 네덜란드 정치 속에 실재하는 사회조합주의(*societal-centric corporatism*) 모형이다.

이 모델은 국정운영(*governing*)에 있어 사회적 네트워크의 역할에 크게 의존하는 것이며, 국가운영 과정에 있어 다수의 행위자들이 수반되는 형태의 거버넌스이다. 이 접근방식에서 사회(*society*)는 더 강력한 행위자가 되는데, 사회적 네트워크는 국가의 권력을 면할 수 있는 자기조직화 능력이 주어지며, 그러한 자기조직화가 스스로를 자율규제(*self-regulation*) 하도록 하는 것이다.

(5) 자기조정 네트워크 모형 (Governance without Government Model)

마지막으로, 국가가 국정운영의 능력을 잃었으며, 따라서 개별 행위자들이 자신의 이익을 위한 자기조정(*self-steering*) 거버넌스를 창조하는 형태가 최선이라고 생각하는 학자들에 의한 모델이다. 사회적 행위자들의 자기조정 네트워크를 강조하며, 이상에서 논의한 모형 중에서 가장 국정운영의 중심이 사회 쪽으로 이동해 있는 순수사회 중심형 거버넌스 모형이다.

3) J. Newman(2001)의 거버넌스 유형

Janet Newman(2001)은 그의 저서, 『현대적 거버넌스』(Modernising Governance: New Labour, Policy and Society)에서 거버넌스를 '집권화-분권화 정도'와 '혁신과 변화-지속성과 질서' 등의 두 가지

기준에 따라, 1) 계층제 유형(*hierarchical*), 2) 합리적 목표(*rational goal*), 3) 개방체제(*open system*), 4) 자치거버넌스(*self-governance*) 등의 4가지로 나누어 설명하고 있다.

(1) 계층제 유형(Hierarchical)

전통적 정부통치 방식인 관료제적 계층제를 통하여 정책의 결정 및 집행과정을 통제하는 올드거버넌스 유형이다. 따라서 법률과 규정이 엄격하며, 집권화와 수직적 통합이 강조되며, 지속성과 질서가 강조된다. 변화에 대한 강한 저항이 있게 되지만, 책임성에 대해서는 강점을 지니게 된다.

(2) 합리적 목표 유형(Rational Goal)

집권화와 수직적 통합을 지니지만 혁신과 변화를 추구하는 거버넌스 유형이다. 단기적 산출의 극대화를 이룰 수 있으며, 인센티브를 통한 보상과 처벌이 이루어진다. 책임의 확보는 계약을 통해 이루어지며, 권력은 세부단위의 각 기관이나 조직에 부여된다.

(3) 개방체제 유형(Open System)

분권화와 차별화의 네트워크 형태 속에서 혁신과 변화를 추구하는 거버넌스 유형이다. 네트워크 형태의 상호작용 및 반복작용이 발생하게 되는 유형으로 권력은 철저히 분산되고 분권화되며, 네트워크 거버넌스에 형태의 속성을 가지게 된다. 이때 네트워크 관계는 역동적이고 새로운 과제와 수요에 따라 재형성되지만, 책임소재는 불분명해지는 단점을 지닌다.

(4) 자치거버넌스 유형(Self-Governance)

분권화와 차별화의 네트워크 형태 속에서 지속성과 질서가 강조되는 거버넌스 유형이다. 자치거버넌스 유형은 장기적인 시각에서 관계의 지속적 구축을 지향하며, 시민사회 역할의 강조에 비중을 둔다. 따라서 민관 파트너십이 중시되며, 정책결정 및 집행과정에의 참여에 있어 호혜적 책임성을 근간으로 하게 된다. 자치거버넌스 유형은 참여적 민주주의에 그 철학적 토대를 두고 있다.

이상에서 논의한 Newman의 거버넌스 유형을 도식화하면 〈그림 6-1〉과 같다.

그림 6-1 Newman의 거버넌스 유형

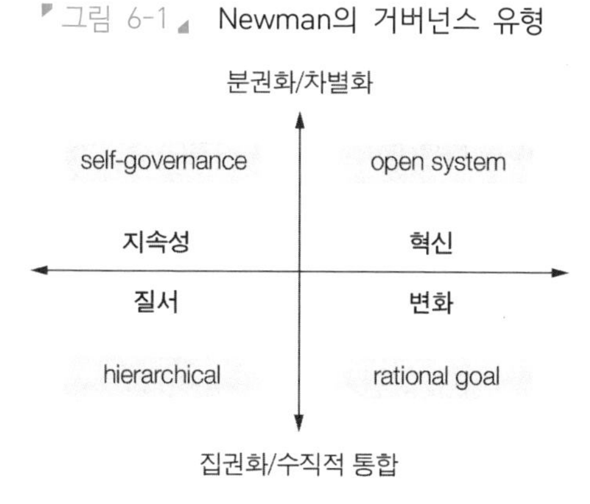

* 자료: J. Newman(2001: 34).

4) J. Kooiman(2003)의 거버넌스 유형

Jan Kooiman(2003)은 『거버넌스로서의 통치』(*Governing as Governance*)에서 거버넌스의 유형을 국가-사회의 중심성을 기준으로, 1) 자치거버넌스(*Self-governance*), 2) 협력거버넌스(*Co-governance*), 3) 계층제거버넌스(*Hierarchical-governance*)로 크게 세 가지로 구분하였다. 자치거버넌스가 순수하게 사회적 행위자들 간의 자기조직적 네트워크 능력을 강조하는 개념이고, 계층제거버넌스가 국가관료제 중심의 계층제를 토대로 한 거버넌스적 국정운영을 강조하는 개념이라면, 협력거버넌스는 민관협력(*Public-Private Cooperation*)과 파트너십(*Public-Private Partnership*)을 토대로 한 커뮤니케이션과 네트워크 조정을 강조하는 개념이라고 볼 수 있다.

(1) 자치거버넌스(Self-governance)

자치거버넌스는 진화생물학에서 말하는 생명 그 스스로의 학습과 그것을 통한 발전이라는 개념을 조직의 탄력적 변화에 차용한 거버넌스이다. Ilya Prigogine(1984)이 말하는 생명의 자기조직화 능력(*self-organizing capacity*)을 사회과학에서 자기조정능력(*self-governing capacity*)이라는 개념으로 차용한 개념이라고 볼 수 있다.

자치거버넌스는 사회 행위자들 간의 상호작용의 결과로서 사회의 자기조직적 네트워크가 생성된다고 파악하며, 국정운영의 관점에서도 사회적 행위자들 간의 상호작용과 자기조정능력을 중시한다. 자치거버넌스 모형에서는 개별 행위자가 스스로의 학습과 성장을 통해 보다 더 큰 사회 조직을 이루어나간다고 보며, 여기에서 중요한 것은 개별 행위자들 각각의 능력보다는 사회 전체적으로 이들 사이에 존재하는 관계 네트워크 능력이라고 본다.

(2) 협력거버넌스(Co-governance)

협력거버넌스는 정부와 민간의 협력을 토대로 양자 간의 긴밀한 의사소통과 네트워크 능력을 강조하는 개념이다. 협력거버넌스는 우선 현대사회의 복잡성, 다양성 및 역동성에 주목한다(*societal diversity, dynamics, and complexity*). 이러한 사회에서는 사회 행위자들이 복잡하고 다양하게 변화하고 있기 때문에 국정관리 방식도 정부와 민간의 다양한 형태의 협업(*collaboration*)과 네트워크 능력(*networking capacity*)이 필요하다는 점을 강조한다. 따라서 협력거버넌스는 정부와 민간의 상호존중의 원리(*principles of reciprocity*)에 기초한 협력관리(*co-management*)와 의사소통거버넌스(*communicative governance*)를 중시하는 거버넌스 개념이라고 할 수 있다.

(3) 계층제거버넌스(Hierarchical-governance)

계층제거버넌스는 국가관료제 중심의 계층제를 토대로 한 거버넌스적 국정운영을 강조하는 개념이며, 거버넌스적 국정운영의 수단에는 시장 메커니즘과 시민사회와의 협력이 포함된다. 정부는 사회의 거버넌스 능력을 강화하기 위해 전통적 막스웨버

식 관료제의 통제(*control*)보다는 사회운영에 있어서의 조정(*steering*)이라는 개념을 강조한다.

4. 거버넌스 개념의 공통요소

이상에서 보듯이 거버넌스 유형은 여러 학자들에 따라 다양하게 접근되고 있지만, 이들을 잘 살펴보면 거버넌스는 공통적으로 국가중심성 vs. 사회중심성을 기준으로 국가중심의 계층제모형과 사회중심의 자치거버넌스 혹은 자기조정 네트워크 모형의 연장선상의 어느 한 지점을 지칭한다는 것을 알 수 있다. 또한, 학자들이 논의하는 거버넌스의 공통점은, G. Stoker(1998: 17-28)가 말하는 거버넌스 5대 명제에서도 발견할 수 있는데, G. Stoker가 언급하는 거버넌스 5대 명제는 다음과 같다. 1) 거버넌스는 정부 혹은 정부를 넘어서는 제도 및 행위자들과의 복합적인 상호작용의 집합물을 의미한다. 2) 거버넌스는 국가가 직면하는 사회문제를 해결하는데 있어서 정부와 사회 행위자들 간의 경계가 무너져가는 일련의 패턴을 지칭한다. 3) 거버넌스는 국가가 해결하고자 하는 집합행동(*collective action*)을 해결하는데 있어서 정부와 사회 행위자들 간의 연계된 권력관계를 포함한다. 4) 거버넌스는 정부를 넘어선 사회 행위자들 간의 독립적인 자치네트워크를 포함한다. 5) 거버넌스는 수직적 정부 권력에만 의존하지는 않는 또 다른 형태의 사회문제 해결방식을 지칭한다는 것 등이다.

5. 뉴 거버넌스

세계적인 정부혁신 논의와 노력들이 진행되면서, 전통적인 국가(정부), 시장(기업), 시민사회(NGO)라는 3분법의 경계가 점차 희석화되고 있고, 각 부문의 독자적인 기능과 역할이 강조되기보다는, 상호 간의 협력과 경쟁을 강조되면서 등장한 대안적인 논의 중의 하나가 뉴 거버넌스(*new governance*) 개념이다. 뉴 거버넌스의 패러다임은 전통적인 행정모델뿐 아니라, 신공공관리와도 엄밀히 구분되는 개념으로 정립되고 있다(Salamon, 2002: 9-19).

뉴 거버넌스는 전통적인 정책 및 신공공관리와도 구분되는 특징을 가지고 있는데, 첫째, 정부 조직의 관료적 계층제에 의한 정책추진 모델에서 정책이해관계자들과의 정책 네트워크에 의존하는 정책추진 모델로 변화되고, 둘째, 정부의 지시와 통제에 의존하기보다, 정책 네트워크에 참여하는 이해관계자들의 협상과 설득이 주요 정책결정 스타일로 부각되며, 끝으로 정부관료제의 내적 관리기술보다는 정책 네트워크 관계자들의 참여와 책임을 공유하도록 하는 정책역량이 강조된다는 것이다(서창록·이연호·곽진영, 2002: 3-9). 즉, 논의를 단순화시킨다면, 국가중심적 거버넌스의 관리주의와 시장중심적 거버넌스의 시장주의를 조화시키는 것을 강조한 개념이 신공공관리론(NPM)이었다면, 뉴 거버넌스는 여기에 시민중심적 거버넌스의 참여 및 네트워크 개념을 통합지향적으로 강조하고 있는 것으로 이해할 수 있겠다. 이를 도식화하여 보면 〈그림 6-2〉와 같다.

「그림 6-2」 뉴 거버넌스로의 통합

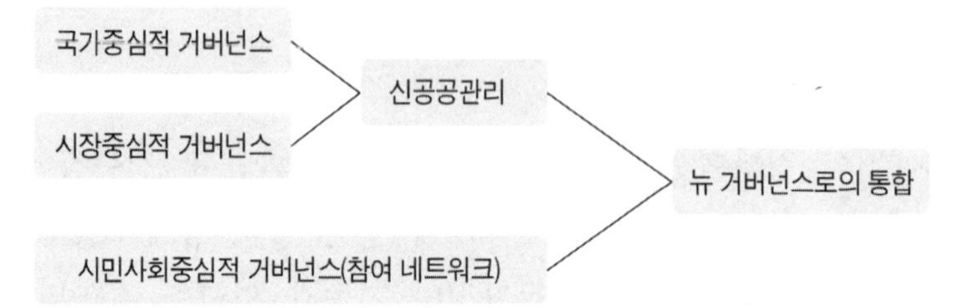

제 3 절 정책학과 거버넌스: 연계구조

정책학을 정책내용과 정책과정으로 나누고, 또 정책학에서 중요시되는 정책결정의 품질향상과 정책집행의 갈등관리라는 요소들이 거버넌스와 어떠한 분야별 연관관계를 맺고 있는지를 고찰해 보기로 하자.

1. 정책내용의 소망성과 거버넌스

좋은 정책의 판단근거가 되는 정책의 내용, 즉 정책의 목표와 수단이 소망성(*desirability*)과 실현가능성(*feasibility*)이 있는가로 내릴 수 있다. 소망성은 목표달성의 정도를 나타내는 효과성, 투입비용과 산출효용의 비율을 나타내는 능률성, 정책의 결과가 공정하게 분배되는지 판단하는 공평성, 정책대상집단의 요구에 제대로 부응하였는가 보는 대응성, 정책목표의 시대적합성, 그리고 정책목표의 적정성의 요소로 구성이 되며, 실현가능성은 정치적, 경제적, 사회적, 행정적, 법적, 기술적으로 집행이 가능한지를 나타내는 것이다.

여러 정책대안들 중에서 실현가능성이 없는 안을 제외하고 실현 가능한 안건 중 가장 소망스러운 것을 선택함으로써 양질의 정책내용을 얻을 수 있게 되는데, 소망성의 충족 기준 중 효과성, 능률성의 지표는 전통적 정책학에서부터 가장 중요한 기준으로서 추구되어 왔다. 그러나 사회가 복잡해지고 여러 집단의 이해관계 및 갈등관계의 표출로 공평성, 대응성 등 민주성과 당위성 지표의 비중이 날이 갈수록 증대되고 있는 실정이다. 이는 전통적 관료제 정부의 기능보다 거버넌스적 접근의 필요성이 날로 높아지고 있으며, 절차적 민주성의 확보를 통해 보다 다양한 계층의 의견과 목소리가 참여, 숙의, 합의되는 과정을 통해 보다 적실성 있고 바람직한 정책의 내용을 확보할 수 있을 것이라는 의미를 시사한다.

2. 정책과정의 합리성과 거버넌스

종래 전통적 정책학이 문제지향성, 맥락지향성, 연합학문성의 특성을 토대로 정책의 효율성을 높이는 것을 목표로 연구되어 왔다면, 최근 거버넌스 시대의 정책학에서는 효율성과 더불어 민주성이 확보되었느냐가 보다 더 중요한 연구과제로 등장하였다. 민주성은 정책결정 절차에 있어서 국민의 참여가 원활히 이루어졌는가의 문제로서 참여성과 숙의성 그리고 합의성을 포함한다.

정책과정에는 공식적·비공식적 참여자가 있다. 공식적 참여자란 정책과정의 참여가 법적·제도적으로 보장된 자들로 의회, 행정수반, 행정부처, 사법부, 집권여당 등이다. 비공식적 참여자란 정부조직 외부에 있으면서 정책과정에의 참여가 법적·제도적인 보장 없이 정책과정에 참여하는 단체와 사람을 말하며 이익집단, 언론기관, 전문가 및 학자, 정당, NGO 등이 있다. 절차적 민주성은 공식적 참여자뿐만이 아닌 비공식적 참여자 또한 정책의 결정에 의견을 개진하고 충분한 숙의와 정책에의 수렴이 이루어질 때 충족되는 것이며, 이를 위해 최근에는 NGO 거버넌스(NGO *Governance*)가 새로운 개념으로 주목받고 있다.

NGO 거버넌스는 정부의 공식적 체제 밖에 존재하면서 정책의제 설정단계에 영향을 미치기도 하고, 정책의 일정부분을 맡아 집행에 관여하기도 하며, 지방정부의 정책을 평가, 감시하기도 한다. 또한 주민들의 다양한 복지적 욕구와 다양한 공공서비스 요구에 대한 적절한 대응으로 지역주민의 참여와 협력의 중요성이 강조되고 있다(주성수, 1999). 실제로 NGO는 의약분업 정책에서 정책과정 참여자의 한 중심축으로 떠올라 정부와 여러 이해집단(약사회, 의사회 등)의 갈등을 완화시키고 정책목표를 달성하는데 기여하였다.

3. 정책품질과 거버넌스

부적절한 정책의 결정 및 집행은 정부에 대한 국민의 신뢰를 떨어뜨리고 국가의 자원을 낭비하는 요인이 되는 바, 이에 따라 정부는 정책의 품질(*quality*)을 제고하기 위한 제도로서 정책품질관리제도를 추진하고 있다. 핵심개념은 정책 의제형성에서부터 정책결정, 정책집행 및 정책평가에 이르는 각 정책단계별로 필수적으로 고려해야 할 기본적인 절차와 기준에 관한 지침의 제시, 정책의 유형과 특성을 고려한 풍부한 매뉴얼의 마련 및 제공, 그리고 정책 성공 및 실패 사례를 다양한 각도에서 분석하고 이에 대한 학습을 통해 지식과 경험을 공유할 수 있도록 하려는 체계적인 노력을 의미한다.

정책품질관리제도는 정책과정의 절차적 합리성 제고를 통해 원천적으로 국가적 차원의 갈등관리를 지향하며, 정책품질관리제도를 통한 정책사례의 정확한 데이터베이스 구축은 지식관리를 의미한다. 또한, 정책과정의 논리적 타당성을 확보하기 위한 노력이 성공하기 위해서는 공무원 개개인에 대한 공정한 성과관리의 구축이 전제되어야 한다. 즉, 갈등관리, 지식관리, 성과관리는 정책품질관리를 중심으로 연결되어 있으며, 이들은 국가혁신체제의 구축에 중요한 정책적 지렛대로 활용될 수 있다. 이 중에서 지식관리와 성과관리가 조직의 생산성과 효율성을 추구하는 개념이라면, 갈등관리는 민주성과 참여성을 강조하는 개념이고, 정책품질관리는 효율성과 민주성을 동시에 추구하는 개념이라고 볼 수 있다.

〈표 6-2〉 정책품질관리 점검표는 최상위목차 중 특히 갈등관리와 연관되어 있는 절차적 합리성을 중시하는 점검항목만을 언급한 것이다. 예컨대, 정책구상, 정책확정, 정책홍보 및 정책집행단계에서 정책관련 이해집단들의 참여와 의견수렴, 사전 협의 등을 강조하고 있는 부분을 볼 수 있는데, 이들은 모두 정책품질관리가 갈등의 사전 관리와 얼마나 밀접히 연계되어 있는지를 보여주는 대목이다. 또한, 정책홍보는 민간기업의 광고처럼

표 6-2 정책품질관리 점검표: 갈등관리 및 거버넌스의 관점

정책단계	점검항목
정책구상	협의가 필요한 관계부처(기관)는 어디이며, 어떤 절차를 거쳐야 하는가? 갈등관리 방안 및 정책영향평가 등의 결과에 따른 대응책은 무엇인가?
정책홍보	관련 정부기관을 확인하고 이들과 사전 협의·협조를 거쳤는가?
	홍보계획이 확정되었는가?
정책집행	관계부처 간 사전 조정협의를 하였는가?
	정책발표의 주체, 시기, 발언강도 등은 적절하였는가?
	정책발표 후 보도내용을 확인하고 필요 시 보도에 대하여 제대로 대응하였는가?
정책평가 및 환류	이해관계집단의 반응을 수시로 확인하고 신속하게 대응하였는가?

* 자료: 국무조정실(2005. 7).

국민이나 주민들에게 정책에 관한 정보를 제공하여 정책의 순응을 일으키는 중요한 요소로 강조되고 있다.

과거와 달리 다양한 집단의 이익분출이 필연적으로 수반되는 지금의 시대에서 필연적으로 정책갈등은 발생할 수밖에 없을 뿐만 아니라, 현재 그 갈등이 양적으로나 질적으로 심화되고 있다. 이러한 시점에서는 종합적인 갈등관리 프로그램이 마련되어야 한다. 즉, 정책갈등에 대한 조기 포착과 사전 관리가 더욱 절실히 필요하며, 정책집행에 따른 다양한 정책참여자들의 분석능력을 제고하고, 이해관계자의 참여 및 갈등조정이 매우 중요하다. 결국 국가적 차원의 갈등관리를 위해서는 거버넌스적 문제해결 접근을 통한 정책과정의 민주성 제고와 정책품질 관리 등 총체적 노력이 필요할 것이다.

4. 갈등관리와 거버넌스

사회가 복잡 다원화되면서 생겨나고, 잠재되어 있는 갈등은 무한대로 커져가고 있는 반면, 이를 적시에, 적절히 관리하지 않으면, 갈등은 곧 국가적인 위기를 가져올 것이며, 원활한 국정운영을 방해하는 요소가 될 것이다. 더욱이 거버넌스 상황에서는 다양한 집단들이 국정운영에 관여하므로 그들 간에 발생할 수 있는 갈등을 사전에 예방하고 해소하며 사후적으로도 유용하게 관리할 수 있는 시스템의 구축이 필요하다. 즉, 과거와 같이 정부에서 일방적·독단적으로 결정하여 명령을 내리는 것이 아닌 이해관계를 가진 다양한 집단들과 정부가 서로 갈등을 표출하고 논의하는 과정을 통하여 갈등의 강도를 낮추고 빈도를 높임으로써 갈등의 비용을 줄여야 하는 것이다. 이것은 현대사회의 민주화에 의한 참여를 의미하는 거버넌스의 개념과 연결된다.

민주화에 의하여 과거와는 다르게 수많은 이해관계들이 표면으로 떠올라 갈등을 일으키고 있는 상황에서 과거와 같이 정부의 권위를 이용하여 일방적으로 갈등을 무시하거나 무마시키는 것은 지금의 상황에 적합하지 않다. 이제는 '함께 다스림'(협치)이라는 개념에서 보듯이 정부나 시민단체와 기업 모두 신뢰와 협동을 바탕으로 서로 견해를 존중함으로써 절차적 민주성을 확보해야 한다. 또한, 이를 위해 사회적 자본(*social capital*)으로서의 신뢰를 강화하여, 이를 바탕으로 참여, 합의, 숙의민주주의의 제도적 기반이 확충되어야 한다.

5. 요약 및 결론

위에서는 정책학과 거버넌스의 연관관계를 정책학 하위요소들로 나누어 살펴보았다. 공식적 논의 전개를 별개로 친다면, 이미 정책학 요소 요소에 여러 형태로 거버넌스적 요소들이 스며들어 논의 전개가 이루어지고 있다는 것을 알 수 있었다. 또한 이러한 환경변화에 부응하여 정책학이 재조명되어야 한다는 것도 이제는 분명해 보인다. 정책학에서 기존에 중히 여기던 정책내용의 소망성과 절차의 합리성이라는 관점에서 거버넌스적 '관계성'이 이미 강조되고 있고, 정책품질 관리와 갈등관리라는 정책관리 관점에서도 뉴 거버넌스의 개념은 매우 중히 다루어져야 할 대목이다. 문제는 향후 정책학에서 이러한 개념들을 어떻게 혼란 없이 통합적으로 수용해 나갈 것인가 하는 점일 것이다. H. Lasswell(1951, 1970, 1971)이 강조한 민주주의 정책학이라는 정책학의 이상을 정책이론에서 어떻게 구현해 나갈 것인가에 관한 문제인데, 그 과정에서 거버넌스와 정책이론의 통합지향적 조화도 중요한 과제 중의 하나가 될 것이다.

제 4 절 정책학의 거버넌스적 재조명

정책학의 최상위목적을 근본적 문제해결을 통한 인간의 존엄성 실현으로 보고, 이를 실현하기 위한 정책학의 이념구조를 효율성(생산성)-민주성(참여·숙의·합의)-성찰성(당위성)으로 볼 때, 거버넌스는 정책학의 이상을 실현하는데 없어서는 안 될 절차적 가치이자 문제해결 방식으로서의 의미를 지닌다.[1]

---

1 여기에서 거버넌스가 주로 의미하는 바는 신뢰와 협동, 참여와 네트워크, 조정과 연결을 핵심개념으로 하는 뉴 거버넌스를 지칭한다는 점을 명확히 해두고 싶다. 사실 거버넌스의 어원을 따지고 들면 서구 정치철학의 역사와 함께하는 용어라고도 볼 수 있다. 탈산업사회, 탈근대적 변화가 시작되면서 통치(Governing)에 대칭되는 수평적 협치(Governance) 개념으로서의 거버넌스가 등장하기 이전에도, 서구에서는 민주주의 철학에 기초한 통치의 개념을 거버넌스라고 불렀고, 이런 의미에서 전통적 거버넌스는 국가의 통치철학을 의미하는 광의의 개념이다. 이러한 광범위한 개념으로서 거버넌스를 지칭한다면 거버넌스는 절차적 가치이자 문제해결 방식이라기보다는 정책학의 목적구조를 모두 아우르는 큰 개념이라고도 볼 수 있을 것이다. 하지만, 여기에서 의미하는 거버넌스의 개념은 현대에 들어와 더욱 강조되고 있는, Kooiman(1993)이 이야기하는 "조정(coordination)과 연계(networking)", 혹은

정책학은 학문 태동 자체가 윤리적인 학문이다. 우리 사회에 존재하는 근본적인 문제해결을 통해 인간의 존엄성을 실현하는 학문이다. H. Lasswell은 "인간이 사회 속에서 봉착하는 근본적인 문제"를 해결하기 위해서는, 좁은 의미의 실험실 과학을 벗어나 탈실증주의적인 문제해결지향이 필요하다고 강조하였다. 그는 또한 역사적 맥락, 세계적 관점, 사회과정 모형의 관점에서 맥락지향적 학문을 제안하였다.

경제정책, 산업정책, 정보정책, 복지정책 등 분과학문 차원에서 정책이라는 단어를 많이 사용하고 있고, 정책의 성공과 실패라는 관점에서 정책학이라는 용어를 무의식적으로 사용하는 경우도 많이 있지만, 우리가 정책학이라고 할 때의 정책학은 본질적으로 H. Lasswell과 D. Lerner, Y. Dror 등이 주도하여 발전시켜온 독특한 학문체계를 의미한다. 즉, 인간존엄성의 실현을 위하여 정책과정과 정책내용의 연구에 문제지향적, 맥락지향적, 그리고 연합학문지향적 접근을 적용하는 학문을 의미하며, 이 개념에서 벗어난 정책학의 개념은, 그것을 무엇으로 부르는가에 상관없이, 정통적인 정책학으로 볼 수 없다(허범, 2002: 1; Brunner, 1996: 65-66).

현대의 정책학이 과연 얼마나 Lasswell과 그의 동료들이 추구하였던 정책학의 이상에 부합하는 학문체계인가 하는 문제에 대해서는 많은 비판적 진단이 있다(허범, 2002: 305; Ascher, 1986;

Rhodes(1996)와 Peters & Pierre (2005)가 이야기하는 "자기조직적 네트워크"의 뉴 거버넌스적 개념에 무게가 실려있는 것임을 밝혀두고자 한다.

Brunner, 1991). 정책학은 우리 사회의 근본적인 문제에 대해서 과연 얼마나 고민하는 학문체계를 제안하고 있는가, 또 정책학은 과연 얼마나 맥락지향적 방법을 통해 좁은 의미의 인과관계를 넘어서는 탈실증구조의 맥락지향적 학문체계를 제안하고 있는가 하는 문제는 우리 정책학도의 큰 숙제로 남아있는 것이다.

따라서 이런 관점에서 정책이론을 정립하고자 할 때, 제일 우선적으로 고려해 보아야 할 것은 정책학의 이상과 목적론적 구조를 다시금 분명하게 세워야 한다는 것이다. 이런 맥락에서 허범 교수(2002)는 민주주의 정책학과 탈실증주의의 접목이야 말로 분명히 하나의 중대한 학설사적 전환이 될 것으로 내다보았다. 민주주의 정책학과 탈실증주의의 접목, 인간존엄성의 실현을 지향하는 정책윤리 분석에 대한 관심 제고, 근본적으로 중요한 문제의 탐색과 함께 가치비판적 정책설계 이론과 방법의 강조가 우선 주목받아야 할 것이다. 도구적 합리성, 기술관료적 지향성, 분석적 오류를 넘어선 민주주의 정책학, 좁은 의미의 인과구조를 넘어선 탈실증주의 정책학, 정책연구와 정책형성에서 '참여와 숙의'(*deliberation*), '토론과 논증'(*argumentation*)이 강조되는 실천적 참여 정책분석(*participatory policy analysis*)과 함께 토의민주주의(*deliberative democracy*)가 신장되어야 할 것이다(허범, 2002: 307-308).

이렇게 보면 정책학과 거버넌스의 관계구조도 비교적 명확해진다. 신뢰와 협력을 중심으로 한 문제해결 방식과 절차적 가치를 강조하는 거버넌스는 정책학의 이상을 실현하는데 필수적인 이론적 요소가 된다는 점을 알 수 있기 때문이다. 특히 우리 사회가 복잡 다양화되고, 이익집단들의 이익분출이 과잉화되고 있는 이 시점에서 정책학의 이상을 실현하기 위해서는 참여, 숙의, 합의를 강조하는 절차적 민주주의와 신뢰와 네트워크 정신에 바탕을 둔 수평적 관계성을 지향하는 거버넌스적 문제해결 방식이 그 어느 때보다도 중요한 요소로 작용하게 될 것이다.

제 7 장

요약 및 결론: 논점 및 함의

21세기 인류사회가 당면한 문제는 인간의 가치가 존중되는 사회를
건설하는데 필요한 정책적 지혜와 선택의 문제로 귀결된다.
- Daniel Bell

제 1 절 주장과 논점: 정책이론의 정향과 과제

1. 정책학의 목적구조

정책학을 처음 제창한 Lasswell의 논문, "The Policy Orientation"(1951)을 살펴보면, 정책학의 궁극적인 목적은 인간의 존엄성을 충실히 실현시키는 것이다. 이러한 목적을 위하여 "인간이 사회 속에서 봉착하는 근본적인 문제", 즉 문명사적 갈등을 일으키는 문제, 시대사적 사회변동 또는 세계적 혁명추세, 체제질서 차원에서 일어나는 문제 등의 해결에 초점을 맞추어야 한다. 이와 같은 중요한 문제를 해결하기 위해서는 정책과정 지향성과 정책내용 지향성이 통합된 형태의 정책지향성(*policy orientation*)의 완성이 필요하다.

2. 정책학의 이념구조

Lasswell의 논의를 종합해 보면, 정책의 궁극적인 목적은 인간의 존엄성 실현이며, 이를 구체적으로 실현하기 위해서는 국가차원의 생산성과 민주성, 신뢰성이 확보되어야 한다. 정책학의 이념구조 역시 이러한 논의의 연장선상에서 발견할 수 있다.

우선 정부차원에서 생산성이 확보되어야 한다. 정부조직 내 관료주의 및 형식주의를 타파하고 관리주의와 시장의 경쟁원리를 도입하여 "일하는 시스템", "일 잘하는 시스템"을 구축함으로써 효율성을 확보하고, 정부조직 내 행정 및 정책과정의 참여성·투명성을 제고해야 하며, 정부조직 내부의 효율성과 투명성을 토대로 국가사회 및 시장의 자율성과 창의성을 창출해야 한다.

또한 전자민주주의(*e-democracy*)를 통한 진정한 민주주의를 실현함으로써 정치적 차원에서 민주성이 확보되어야 하며, 정책과정에서도 참여가 확대되고 숙의와 토의의 과정을 거친 합의의 정신이 실현되어야 한다.

더 나아가, 사회적 차원에서 신뢰성과 성찰성이 확보되어야 한다. 절차적 가치로서의 민주성이 꽃 핀 상태가 성찰성이다. 사회 구성원들의 진정한 주체성과 독립성이 보장되는 사회, 그리고 사회의 열린 의사소통을 활성화(*social networking*)시킴으로써 구성원들 간의 신뢰성을 확보하고, 성찰하는 시민, 주체적인 시민을 통해 보다 신뢰받고 성숙한 사회 공동체를 구현해야 한다. 이것이 바로 Lasswell이 주장한 정책의 최상위가치인 인간의 존엄성(인권·정의·존엄) 실현이며, 정책의 최상위차원인 당위성의 실현이다.

3. Lasswell 정책학의 현대적 재조명

정책학은 학문 태동 자체가 윤리적인 학문이다. 우리 사회에 존재하는 근본적인 문제해결을 통해 인간의 존엄성을 실현하는 학문이다. H. Lasswell은 "인간이 사회 속에서 봉착하는 근본적인 문제"를 해결하기 위해서는, 좁은 의미의 실험실 과학을 벗어나 탈실증주의적인 문제해결지향이 필요하다고 강조하였다. 그는 또한 역사적 맥락, 세계적 관점, 사회과정모형의 관점에서 맥락지향적 학문을 제안하였다.

경제정책, 산업정책, 복지정책 등 분과학문 차원에서 정책이라는 단어를 많이 사용하고 있고, 정책의 성공과 실패라는 관점에서 정책학이라는 용어를 무의식적으로 사용하는 경우도 많이 있지만, 우리가 정책학이라고 할 때의 정책학은 본질적으로 H. Lasswell과 D. Lerner, Y. Dror 등이 주도하여 발전시켜온 독특한 학문체계를 의미한다. 즉, 인간존엄성의 실현을 위하여 정책과정과 정책내용의 연구에 문제지향적, 맥락지향적, 그리고 연합학문지향적 접근을 적용하는 학문을 의미하며, 이 개념에서 벗어난 정책학의 개념은, 그것을 무엇으로 부르는가에 상관없이, 정통적인 정책학으로 볼 수 없다(허범, 2002: 1; Brunner, 1996: 65-66).

이러한 관점에서 현대의 정책학이 과연 얼마나 Lasswell과 그의 동료들이 추구하였던 정책학의 이상에 부합하는 학문체계인가 하는 문제에 대해서는, 우선 비판적 진단이 앞설 수밖에 없다(허범, 2002: 305; Ascher, 1986; Brunner, 1991). 정책학은 우리 사회의 근본적인 문제에 대해서 과연 얼마나 고민하는 학문체계를 제안하고 있는가, 또 정책학은 과연 얼마나 맥락지향적 방법을 통해 좁은 의미의 인과관계를 넘어서는 탈실증구조의 맥락지향적 학문체계를 제안하고 있는가 하는 문제는 우리 정책학도의 큰 숙제로 남아있는 것이다.

따라서 이런 관점에서 정책이론을 정립하고자 할 때, 제일 우선적으로 고려해 보아야 할 것은 정책학의 이상과 목적론적 구조를 다시금 분명하게 세워야 한다는 것이다. 이런 맥락에서 허범 교수(2002)는 민주주의 정책학과 탈실증주의의 접목이야말로 분명히 하나의 중대한 학설사적 전환이 될 것으로 내다보았다. 민주주의 정책학과 탈실증주의의 접목, 인간존엄성의 실현을 지향하는 정책윤리분석에 대한 관심 제고, 근본적으로 중요한 문제의 탐색과 함께 가치비판적 정책설계 이론과 방법의 강조가 우선 주목받아야 할 것이다. 도구적 합리성, 기술관료적 지향성, 분석적 오류를 넘어선 민주주의 정책학, 좁은 의미의 인과구조를 넘어선 탈실증주의 정책학, 정책연구와 정책형성에서 '참여와 숙의'(*deliberation*), '토론과 논증'(*argumentation*)이 강조되는 실천적 참여정책분석(*participatory policy analysis*)과 함께 토의민주주의(*deliberative democracy*)가 신장되어야 할 것이다(허범, 2002: 307-308).

이렇게 보면 정책학과 거버넌스의 관계구조도 비교적 명확해진다. 신뢰와 협력을 중심으로 한 문제해결 방식과 절차적 가치를 강조하는 거버넌스는 정책학의 이상을 실현하는데 필수적인 이론적 요소가 된다는 점을 알 수 있기 때문이다. 특히 우리 사회가 복잡 다양화되고, 이익집단들의 이익분출이 과잉화되고 있는 이 시점에서 정책학의 이상을 실현하기 위해서는 참여, 숙의, 합의를 강조하는 절차적 민주주의와 신뢰와 네트워크 정신에 바탕을 둔 수평적 관계성을 지향하는 거버넌스적 문제해결 방식이 그 어느 때보다도 중요한 요소로 작용하게 될 것이다.

4. 정책이론의 정향과 과제

이상의 논의를 종합해 보면 정책학이 지향해야 할 이론적 정향과 과제는 다음과 같이 추출할 수 있다. 정책이론의 정향은 규범·인식과 처방·역량이라는 양대 축에서 재조명될 필요가 있으며, 이를 방법론 측면에서 지원해 주어야 한다.

첫째, 정책이론은 먼저 거버넌스의 정책역량(*capacity to govern*)이라는 측면이 중요하게 다루어져야 한다. 이는 정책이론의 규범성·인식론을 뒷받침하는 하부구조의 역할을 하게 된다. 이는 국가혁신론과도 불가분의 연관관계를 맺고 있는데, 국가혁신론은 정부혁신론을 핵심개념(*core concept*)으로 해서 국가 전체에 혁신을 확산시키는 전략적 접근을 취하며, 이는 정부 조직의 일하는 시스템(제도), 기술(IT), 절차(과정), 행태(태도) 등의 혁신을 통해 이루어지는 정부혁신을 중심으로 국가혁신을 국가 전반에 확산시키는 것을 말한다. 이러한 제도적 접근은 제도의 내용에 해당하는 정책혁신과 결부될 때 비로소 원래 의도한 '인간의 존엄성 실현'이라는 국가혁신의 목적은 완성될 수 있다.

둘째, 정책이론은 Lasswell이 강조한 민주주의 정책학과 탈실증주의의 접목을 기초로 해야 한다. 민주주의 정책학은 체계질서 차원에서 근본적으로 중요한 문제의 탐색과 해결을 중시하고 궁극적으로는 인간의 존엄성의 실현을 지향한다. 탈실증주의는 좁은 의미의 실험실 과학을 넘어서서 해석과 논증, 사례와 실용까지를 고려한 과학의 합리성을 강조한다(허범, 2002: 308). 현대 정책이론은 사회과학의 실사구시적 전통을 기반으로 우리 국가사회에 존재하는 실천적 문제해결을 지향하며, 국가혁신·거버넌스·전자정부 등의 이론적 토대를 응용하는 연합학문적 접근을 지향하며, 시민사회의 도래에 따라 강조되는 참여성·숙의성·합의성에 기초한 민주지향성을 지향한다. 정책이론의 이러한 민주성 강조는 뉴 거버넌스의 민주성 강조, 전자정부 패러다임의 민주성 강조와 맥이 닿아있다.

셋째, 정책이론은 시장, 참여, 연결을 중심개념으로 하는 뉴 거버넌스 접근방식을 토대로 수립되어야 한다. 즉, 정부관료제의 내부 비효율성과 경직성을 타파하기 위해 새로 도입된 신공공관리론(NPM)의 관리주의 요소와 더불어 경쟁, 고객, 가격체제, 유인체제 등을 활용하는 시장주의 요소(시장중심 거버넌스 기법)의 도입, 이와 더불어 참여와 연결, 신뢰와 협동, 조정과 네트워크를 강조하는 시민사회 요소(시민사회중심 거버넌스 정신)을 중시하는 뉴 거버넌스적 문제해결 방식과 밀접한 연관관계를 갖고 있다.

넷째, 정책이론의 정부모형은 전자정부, 지식정부 등 Post-관료제 모형에 기초한다. 즉, Post-관료제의 모형에서 대두되고 있는 전자정부의 일하는 시스템 혁신과 참여지향적 민주성 개념, 그리고 더 나아가 전자정부의 열린 의사소통 및 담론형성의 정책기제를 통해 우리 사회를 좀 더 신뢰받고 성숙한 사회로 업그레이드시키는 성찰성 개념은 정책이론의 정신에서도 그대로 이어진다. 즉, 정책이론은 궁극적으로 개인의 자유와 창의, 신뢰와 등권이 실현되는 사회적 꿈과 비전(Habermas가 그의 “Unfinished Project”에서 강조했던 바로 그 Social Vision and Dream)을 지향하며, 정책이론은 정부혁신이라는 수단적 개념을 통해 개인의 자아실현과 자아완성의 가능성이 열려 있는 사회의 실현을 지향한다.

마지막으로, 정책이론은 정책윤리와 정책토론을 강조한다. 학문으로서의 정책학의 태동은 정책의 윤리성에 대한 특별한 관심에서 출발한다. 정책학은 윤리적 학문이며 이것이 정책학의 정체성을 구성하는 본질이다. Lasswell이 소망하는 정책학의 이상도 “인간의 존엄성을 보다 충실하게 실현하는 것”이었으며, 그가 정책학의 주창을 통하여 진정으로 의도하였던 것은 과학적 방법을 통하여 인도주의적 이상을 구현할 수 있는 당위적 학문을 성립시키는 것이었다. 이를 Forester(1999)는 '숙의적 정책분석'(*deliberative policy analysis*), Hajer(1993)는 '정책담론'(*policy discourse*), Fischer와 Forester(1993)는 '정책논증'(*policy argumentation*), Roe(1994)는 '해석학적 정책분석'(*interpretative and narrative policy analysis*)이라고 불렀다. 이것은 허범(2002: 307-308) 교수가 정확하게 강조되듯이, 민주주의 정책학과 탈실증주의의 접목을 위한 중요한 방향 설정이 될 것이다. 정책윤리에 대한 강조는, 참여, 토론, 그리고 합의에 기초한 숙의민주주의(*discursive democracy*)의 신장과 함께, 인간의 존엄성의 실현을 위한 중요한 방향 설정이 될 것이다. 즉, 정책이론은 인간의 인권과 존엄, 그리고 개인의 자아실현을 지향하며, 사회 구성원의 자아실현을 통해 정책이론의 목적구조는 완성될 수 있을 것이다.

5. 정책이론의 방법론적 통합과 과제

현대사회의 정책환경 변화는 국정운영에 대한 '참여', '숙의', '협의'를 바탕으로 정책행위자들 간의 관계성(*relationship*)에 대한 연구를 필요로 하고 있다. 특히 다차원적인 정책행위자들 간의 네트워크적 관계성은 정책문제를 해결하는 규범적 지향에서 뿐 아니라, 경험적인 사실로서도 바람직한 것으로 증명되고 있기도 하다.

정책환경의 대표적인 변화는 다음과 같이 요약할 수 있다. 먼저, 과거의 규제적 국가에 의한 통제와 명령주도형의 국가에 의한 정책스타일이 변해, 이제는 작은 국가로 회귀한다는 개념에 입각하여, 사회에 보다 많은 역할을 위해 시장을 허락하고 있다(G. Peters & J. Pierre, 2005; J. Newman; 2001; Osbome and Gaebler, 1992). 둘째, 정책스타일의 변화는 기본으로 돌아간다(*Back to Basic*; Kooiman, 2003; E. Ostrom, 1990). 국가는 더 이상 전체 독점적 공급자가 아니고 심지어 생산된 서비스가 집합재(*collective goods*)라 할지라도 국가는 사회에 많은 역할과 기능을 이양하며, 가능한 한 시장 또는 시민사회와의 협력에 기초한 국정관리 방식으로 변화하고 있다. 이는 거버먼트에서 거버넌스로의 이동을 의미한다(G. Peters, 1995; Kooiman, 2003). 거버넌스에서 국가의 역할은 국가 혼자서 모든 서비스를 생산하지 않으며, 공공부문과 민간부문 행위의 조정(*coordination*)과 연계(*networking*)가 중요한 이슈로 등장한다. 이러한 거버너스 관점에서 정책은 정치적 제도와 사회 행위자 간의 상호작용의 기제로서 중요하게 작용한다.

이처럼 현대 정책환경은 국가중심에서 정부-시장-시민사회와의 수평적 네트워크에 기초한 보다 복합적이고 동태적인 양상으로 이동하고 있으며, 이에 따라 정책은 개인(*actor*)과 제도(*institution*), 생각(*idea*)과 이해(*interest*)의 매우 복합적이면서 역동적인 상호작용(*complex and dynamic interaction*)으로 나타나고 있다.

이러한 정책환경의 복합성(*complexity*)은 정책과정(*policy process*)에서 무슨 일이 일어났는지, 무엇이 복잡한 것인지를 매우 이해하기 힘들게 만들고 있으므로, 지금 이 시점에서 우리에게 필요한 것은 무엇을 연구하고, 어떻게 연구해야 하는지에 대한 연결이 필요하다. 따라서 거버넌스 패러다임에서 정책이론의 궁극적 가치지향을 달성하고, 정책이론의 보다 현실적합한 이론적 설명력을 제고하기 위한 연구가 필요하며, 이에 따르는 분석적 방법의 개발 또한 연구가 될 필요가 있다.

H. Lasswell(1951, 1970, 1971)과 그의 동료(Y. Dror, 1970; D. Lerner, 1951; Y. Dror, 1970; A. Kaplan, 1963; P. deLeon, 1981, 1988)들이 제시한 독특한 학문체계로서의 정책학의 인식구조를 지향하면서 다양한 연구방법론에 대한 통합지향적 논의를 통한 미래 정책연구의 발전이 필요하다. 이를 위해서는 탈실증주의와 민주주의 정책학의 접목, 정책네트워크 이론과 제도주의분석 그리고 숙의적 정책분석이 필요하며, 이를 위해 정책학이 향후 해결해야 할 이론적·방법론적 과제를 정리해 본다면 다음과 같다.

먼저, 정책학 이론의 발전이라는 관점에서 제도주의 연구와 정책이론 연구가 통합지향적으로 발전될 필요가 있다. 제도적 요인들이 정책결과(*policy outcome*)에 어떤 영향을 미치며, 그에 따른 정책적 쟁점이 무엇인지에 대한 연구들은(J. Ikenberry, 1988: 219-243; S. Krasner, 1983: 359-361; 1984: 223-246; S. Haggard, 1988: 12-15) 그동안 역사적 신제도주의에 포함되어 집중 조명되지 못한 측면이 있었으나, 정책학의 관점에서 제도의 속성(*attributes*), 제도의 형태(*configuration*), 제도의 규범(SOP) 등이 정책의 과정과 결과에 미치는 영향에 대한 정책학적 신제도주의에 대한 연구와 이들을 하나의 공통된 시각으로 조명해 보려는 노력이 앞으로 정책이론의 발달의 중요한 과제로 남아 있다. 국내 정치에 영향을 미치는 사회적 관계(*social dynamics*)들이 정부의 구조적 특성에 어떠한 영향을 미치고, 또한 이러한 정부의 구조적 특성은 정책결정 규칙과 규범 및 절차 등과 같은 정책결정의 제도적 속성에 어떠한 영향을 미치는지에 대해서도 앞으로 많은 연구가 필요할 것이다.

둘째, 정책현상을 설명하는데 있어 다루어지는 정책네트워크의 종류 및 유형, 그리고 이들과 제도와의 관계 등 정책네트워크와 신세노수의적 접근들이 보다 더 정교하게 정책이론을 설명하고 예측하는 분석방법론으로 다듬어질 필요가 있으며, 이들 간의 관계규명에 대한 노력과 이를 토대로 통합지향적인 정책이론의 형성에 이들이 어떤 역할을 할 수 있는지에 대해서도 보다 많은 학술적 규명이 필요할 것이다.

셋째, 분석적, 실증적 접근을 강조하는 정책네트워크 및 신제도주의적 접근, 혹은 계량분석적 접근과 인간의 간주관적 해석 및 토론과 논증에 토대를 둔 탈실증적 접근을 강조하는 숙의적 정책분석(*deliberative policy analysis*)의 방법론은 상호 연관성 속에서 발전해 나갈 필요가 있다. 하지만 여기서 우리가 원하는 민주주의 정책학이 맥락지향의 탈실증주의를 강조한다고 하여, 실증주의나 객관주의를 배제한다는 의미는 아니다(DeLeon, 1994: 84; Kaplan, 1963: 92; DeLeon & Martell, 2006: 38-39; Kelly, 1986: 521). 정책학에서 정작 필요한 것은 맥락지향적 접근(*context-oriented approach*)이므로, 어떤 경우에는 실증주의적 계량적 연구(*empirical research*)가 특정한 맥락(*specific contexts*)을 제공하는데 도움을 준다는 점을 잊어서는 안 되며, 우리에게 필요한 것은 실증주의와 탈실증주의의 통섭적 접근(*consilience approach*)에 기초한 총체적 맥락(*total context*)에 대한 정책탐구(*policy inquiry*)이다(Kelly, 1986: 527; Lowlor, 1996: 120; DeLeon, 1998; Lynn, 1999).

정책연구가들은 분석을 함에 있어 "이 연구질문은 사회의 문제를 해결하는데 근본적인 문제인가?", "이 연구질문을 분석함에 있어서 중요한 규범적 타당성과 그 근거는 무엇인가?", "이 연구질문을 해결함에 있어서 어떤 방법론적 접근, 특히 어떠한 학제적 접근을 통해, 맥락지향적 정책함의를 도출하는 것이 필요할 것인가?" 등의 질문을 던져야 한다(P. deLon & C. Martell, 2006: 40). 이러한 방법을 통해서 정책연구는 지엽적인 문제분석의 함정으로부터 벗어날 수 있고, 정책윤리와 정책가치의 문제를 지향할 수 있으며, 실증주의와 탈실증주의에 기초한 맥락지향적 연구를 통해 인간의 존엄성 구현에 도움을 줄 수 있는 통합지향적 학문, 즉 민주주의 정책학으로 거듭날 수 있을 것이다.

정책네트워크, 거버넌스 연구, 신제도주의 연구, 정책집행 이론, 정책평가기법 등이 많이 쏟아져 나와 있는 지금 이 시점에서 정책연구를 하는 우리에게 필요한 것은 통합지향적 인식론, 예컨대, 가장 최초로 규범지향적 인식론을 제공한 'Lasswellian 패러다임'을 재규명하고 재조명함으로써, 규범과 가치에 기초를 둔 통합학문체계로서의 정책학의 인식을 지향하는 것이다. 하지만 이를 지향하는 방법에 있어서는 어느 일 방향만이 특별히 강조된 철학적 방법론이 아니라, 여러 형태의 연구방법론적 접근을 정책학의 가치지향적 목적인식과 결합시키는 노력을 해 나가야 한다. 이때 필요한 통합은 기계적인 통합이 아니라, 학제적인 연구와 실질적인 토론을 통해 이들 방법론의 근저에 존재하는 공통분모를 모색해 나가는 진지한 성찰과 학문의 과정이 필요하다.

P. DeLeon(1994: 83)이 정확하게 지적하듯이, 정책학의 이상과 도전을 포기할 이유가 없다. H. Lasswell과 그의 동료들이 내세웠던 정책학의 이상과 가치를 다시금 찾아오기 위한 통합적 방법론의 학문적 노력을 다시 불붙이지 못할 이유가 없는 것이다. 전적으로 새로운 패러다임이 나와서 그것을 능가한다는 확신이 서기까지 H. Lasswell과 동료들이 제창하고 발전시켜온 정책학의 이상과 가치를 방기(放棄)할 하등의 이유와 명분도 없다. 하지만 이러한 통합과 재생은 논리로만 되는 것은 아니다. 많은 젊고 유능한 소장학자들이 다양한 방법론을 토대로 고상한 인식론적 가치 아래 모여야 한다. 때로는 근엄한 철학과 인식도 필요하지만, 또한 우리에게 필요한 것은 생기발랄한 창의적 접근이다(Torgerson, 1992: 225). 여기에는 계량분석을 하는 학자, 정책이론을 하는 학자, 국가혁신을 하는 학자, 전자정부를 하는 학자, 정책분석을 하는 학자, 분야별 정책을 연구하는 학자, 혹은 정치학, 사회학, 심리학, 미래학, 인류학 등 관련 분야의 학자 모두가 모여야 한다. 그야말로 실증주의와 탈실증주의(*positivism and post-positivism*), 연합학문적 접근(*interdisciplinary approach*)과 학문통섭적

노력(*consilience efforts*)이 모두 필요하다. 이들이 모두 모여야 할 곳은 "인간의 존엄성 실현"과 "민주주의 정책학의 완성"이라는 고상한 가치(*noble value*)와 비전지향적 인식(*vision-oriented spirit*) 아래이다.

제 2 절 에필로그: 미래 정책학의 이상과 도전

현대 정책이론의 궁극적 목적은 인간존엄성을 실현하는데 있다. 인간의 존엄(*dignity*)을 실현하고 인간의 가치(*value*)를 고양시킴으로써 우리 사회 공동체 구성원들의 인권과 정의, 자유와 존엄, 그리고 자아실현과 자아완성의 가능성이 열린 사회를 실현하는데 있다.

정책학의 목적은 정책문제를 가장 바람직스럽게 해결하는데 있으며, 이를 통해 우리 사회에 존재하는 인간의 존엄성을 실현하는데 있다. 이를 위해서 정책학은 정책문제의 바람직한 해결을 위해서는 최선의 수단을 선택하기 위한 연구를 하고, 결정된 정책수단을 올바르게 집행하는데 필요한 연구를 하며, 그리고 처음 해결하려고 시도했던 정책문제가 어느 정도 해결되었는지를 정확하게 평가하는데 필요한 연구를 하게 된다. 결국 이 모두는 정책과정(*policy process*)과 정책내용(*policy substance*)상의 여러 활동을 연구하게 됨을 뜻한다.

과거 관료제 중심의 권위주의적 정부 하에서는 이 정책과정 상의 활동(의제설정, 정책결정, 정책집행, 정책평가)이 정치체제, 즉 오로지 정부기관에 의하여 이루어지는 것으로 인식되어 왔으며 실제로 정부주도의 경제계획, 국토개발 등이 실행되어 왔다. 그러나 시간이 흐르고 사회가 복잡성을 띄면서 나타나는 정치·경제·사회 분야에 있어서 탈산업사회, 탈근대적 변화 등은 조정(*coordination*)과 연계(*networking*)를 통한 새로운 질서를 형성할 수 있는 국가운영의 새로운 방식을 요구하게 되었다(Kooiman, 1993). 이러한 배경에서 등장한 사회과학적 이론 중의 하나가 거버넌스 개념인데, 이러한 거버넌스 개념의 등장으로 정책영역에서도 많은 변화를 초래하게 되었다. 즉, 정책과정에서 정책주체가 정부 단독에서 여러 외부 이해관계자들과의 협력과 조정으로 확장되었고, 정책의 내용이나 절차 면에서도 수직적 관계에서 수평적 관계로 변화되는 등 여러 가지 변화가 생기게 되었다.

사회과학은 사회현상을 반영하는 학문이다. 사회현상이 변화되어 이를 설명하는 새로운 개념적 도구가 요구되면 학문도 이에 맞춰 새롭게 재조명되는 것이 바람직하다. 그동안 거버넌스, 신제도주의, 정책네트워크 등 사회현상이 다양화된 관계를 반영하는 새로운 설명도구들이 많이 등장하였는데,[1] 정작 정책이론

---

1 거버넌스에 대한 논의는 주로 김석준 외(2000, 2001), 거버넌스연구회(2002), 주성수(2004), 유재원·홍성만(2004), 문태현(2005) 등에서, 신제도주의에 대해서는 정용덕 외(1999a, 1999b), 이명석(1999), 하연섭(1999), 염재호(1994), 최창현(1999), 배병룡(1999), 심상용(2005) 등에서 많은 논의가 이루어졌다.

에서 정책네트워크, 신제도주의, 거버넌스 등의 개념을 어떻게 소화하고 이론적으로 통합해 나가야 하는지에 대한 논의는 부족한 실정이었다. 이 책은 이러한 문제제기를 배경으로 집필되었다. Lasswell 정책학의 현대적 재조명이라는 관점에서 향후 정책이론의 지향점과 이론 및 방법론적 과제들에 대해서 고민해 보는 하나의 작은 시도이다.

Lasswell이 정책학이라는 독창적인 윤리구조를 가진 학문체계를 주창한지도 반백년이 넘었다(허범, 2002: 293). 그 뒤 정책상황의 변화도 다양하게 전개되었지만, 앞서 언급한 대로, 과연 초기에 그가 주장하고 발전시켜온 정책학 패러다임의 목적과 이상이 제대로 실현되었는지에 대해서는 비판적 자성이 앞서고 있다.

정책학 패러다임의 목적과 이상을 중심으로 한 학문체계가 제대로 정착되고 발전되기도 전에 그간 학문세계에서는 범 사회과학 분야를 중심으로 거버넌스 이론, 신제도주의 이론, 전자정부 이론 등 많은 이론 내지는 개념적 도구들이 제안되고 나름대로의 발전의 과정을 거치고 있는 상황이 전개되었다.

정책현상을 설명하는데 필요한 이론적 도구들이 풍부하게 제안되고 경합되는 현상은 한편 반길 일이지만, 때로는 중첩되는 개념을 다른 시각에서 설명하기도 하는 등 혼란스러운 점도 없지 않았던 것 또한 사실이다.

이 책에서는, 이러한 관점에서 Lasswell 정책학의 현대적 재조명이라는 관점에서 정책학 이론의 정향과 과제들에 대해서 고찰하였다. Lasswell 정책학이라는 독특한 윤리구조의 학문에서 제시하는 의미 있는 인식론적 가치를 계승하되 현대의 다양한 방법론적인 학문들과의 통합지향적인 발전방안들을 모색해 보았다. 또한 현대적으로 정책학의 거버넌스적 재조명이라는 관점에서 인식론 및 방법론적으로 검토되어야 할 정책이론의 발전과제들에 대해 살펴보았으며, 인간의 존엄성 실현이라는 정책학의 이상을 구현하려는 정책학 본래의 목적론적 관점에서 정책이론과 거버넌스, 정책이론과 신제도주의, 정책이론과 정책네트워크가 어떻게 긴밀한 연관관계를 가져야 하는지에 대해서 고찰하였다.

정책학의 실패라는 불행한 명제가 거론되는 지금, 정책학의 이상을 다시금 지향하기 위해서라도, 정책학과 관련 학문들 간의 연합학문적 연계구조가 더욱더 명확히 밝혀지고, 이들을 통합지향적으로 정련화하고 토론을 통해 발전시켜 나가는 이론적 작업은 앞으로도 더욱 활성화되길 기대해 본다. 그리하여 인간의 존엄성을 꽃피우려던 H. D. Lasswell의 정책학적 이상이 우리나라의 정책현실에서 다시금 활성화되어 풍요로운 결실을 맺는 계기가 되길 간절히 바래본다.

참고문헌

● 국내문헌

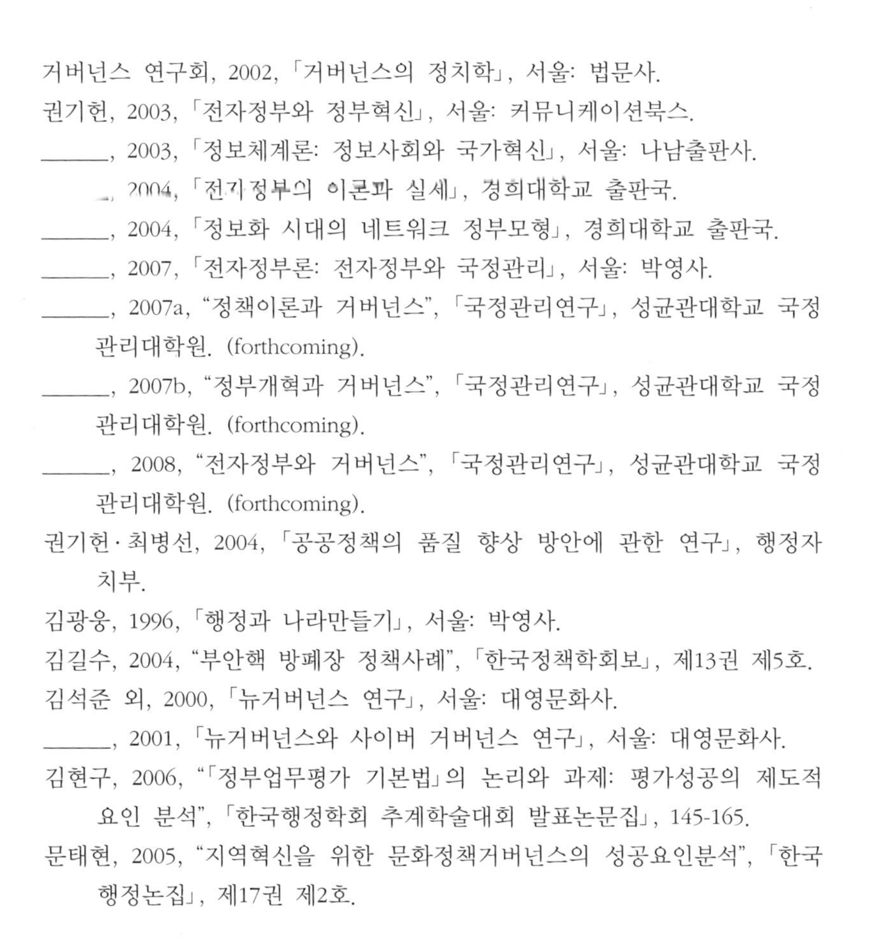

거버넌스 연구회, 2002, 「거버넌스의 정치학」, 서울: 법문사.

권기헌, 2003, 「전자정부와 정부혁신」, 서울: 커뮤니케이션북스.

______, 2003, 「정보체계론: 정보사회와 국가혁신」, 서울: 나남출판사.

______, 2004, 「전자정부의 이론과 실제」, 경희대학교 출판국.

______, 2004, 「정보화 시대의 네트워크 정부모형」, 경희대학교 출판국.

______, 2007, 「전자정부론: 전자정부와 국정관리」, 서울: 박영사.

______, 2007a, “정책이론과 거버넌스”, 「국정관리연구」, 성균관대학교 국정관리대학원. (forthcoming).

______, 2007b, “정부개혁과 거버넌스”, 「국정관리연구」, 성균관대학교 국정관리대학원. (forthcoming).

______, 2008, “전자정부와 거버넌스”, 「국정관리연구」, 성균관대학교 국정관리대학원. (forthcoming).

권기헌·최병선, 2004, 「공공정책의 품질 향상 방안에 관한 연구」, 행정자치부.

김광웅, 1996, 「행정과 나라만들기」, 서울: 박영사.

김길수, 2004, “부안핵 방폐장 정책사례”, 「한국정책학회보」, 제13권 제5호.

김석준 외, 2000, 「뉴거버넌스 연구」, 서울: 대영문화사.

______, 2001, 「뉴거버넌스와 사이버 거버넌스 연구」, 서울: 대영문화사.

김현구, 2006, “「정부업무평가 기본법」의 논리와 과제: 평가성공의 제도적 요인 분석”, 「한국행정학회 추계학술대회 발표논문집」, 145-165.

문태현, 2005, “지역혁신을 위한 문화정책거버넌스의 성공요인분석”, 「한국행정논집」, 제17권 제2호.

배병룡, 1999, "조직환경론에서의 신제도주의", 정용덕 외, 「신제도주의 연구」, 서울: 대영문화사.

심상용, 2005, "과거 성장전략의 경로의존성과 혁신주도 동반성장의 과제에 대한 연구", 한국정책학회, 「한국정책학회보」, 제14권 제4호: 223-399.

안성민, 1999, "갈등관리의 제도화", 「한국행정학회」, 제12권 제10호.

염재호, 1994, "국가정책과 신제도주의", 「사회비평」, 제11호.

유재원·홍성만, 2004, "정부 속에서 꽃핀 거버넌스: 대포천 수질개선 사례", 한국정책학회, 「한국정책학회보」, 제13권 제5호.

이명석, 1999, "합리적 선택론의 신제도주의", 정용덕 외, 「합리적 선택과 신제도주의」, 서울: 대영문화사.

장하준, 1996, "제도경제학의 최근 동향", 「경제학연구」, 제44집 제1호.

정용덕 외, 1999, 「신제도주의 연구」, 서울: 대영문화사.

______, 1999, 「합리적 선택과 신제도주의」, 서울: 대영문화사.

최창현, 1999, "조직사회학 이론과 신제도주의", 정용덕 외, 「신제도주의 연구」. 서울: 대영문화사.

하연섭, 1999, "역사적 신제도주의", 정용덕 외, 「신제도주의 연구」, 서울: 대영문화사.

허 범, 1982, "가치인식과 정책학", 성균관대학교 사회과학연구소(편), 「현대사회과학의 이해」, 서울: 대왕사, 275-291.

______, 1985, "정책학 개론 교과 내용에 대한 토론", 「한국정책학보」, 제19권 제2호: 83-89.

______, 1988, "공공정책의 형성과 집행", 성균관대학교 사회과학연구소(편), 「행정학개론」, 서울: 대영문화사, 74-101.

______, 1992, "정책윤리분석의 구조와 기준", 「중앙공무원교육원 연구 논집」, 12: 165-187.

______, 1997, "대통령 선거정책공약의 설계를 위한 개념적 틀과 지도지침", 「한국정책학회보」, 제6권 제2호: 11-41.

______, 1999a, "개혁정책의 탐색과 설계", 성균관대학교 행정대학원(편), 「21세기 강좌교재」, 1-23.

______, 1999b, "정책학의 패러다임에 관한 연구: 개념전제에 입각한 해석을 중심으로", 한국정책학회(편), 「정책학의 정체성: 한국적 정책학과 미래의 정책학(1999년도 동계학술대회 발표논문집)」, 317-327.

______, 2002. "정책학의 이상과 도전", 「한국정책학회보」, 제11권 제1호: 293-311.

______, 2006. "공직자의 삶과 윤리", 「정책학이론세미나」, 강의자료.

● 국외문헌

Anderson, Charles W. 1990, Pragmatic Liberalism, Chicago: University of Chicago Press.

______. 1993, "Recommending a scheme of reason: political theory, policy science, and democracy", *Policy Science*, 26(3): 215-227.

Ascher, W. 1987, "The Evolution of Policy Sciences: Understanding the Rise and Avoiding the fall", *Journal of Policy Analysis and Management*, 5: 365-373.

Atkinson, Michael M. and William D. Coleman. 1992. "Policy Networks, Policy Communities and the Problems of Governance", *Governance: An International Journal of Policy and Administration*, 5(2): 154-180.

Barber, Benjamin. 1984, Strong Democracy, Berkeley: University of California Press.

Bellah, Robert N. 1983. "Social Science as Practical Reason", In Callahan, Daniel & Bruce Jennings (eds.), Ethics, *The Social Science, And Policy Analysis*, New York: Plenum Press, 37-68.

Brewer, G. & DeLeon, P. 1983, The Foundation of Policy Analysis, *Homewood*, Ill: The Dorsey Press.

Brunner, R. D. 1991, "The Policy Movement as Policy Problem", *Policy Sciences*, 24: 65-98.

______. 1996, "A Milestone in the Policy Sciences", *Policy Sciences*, 29(1): 45-68.

Cahill, Anthony G. and E. Sam Overman. 1990, "The Evolution of Rationalicy in Policy Analysis", In Stuart Nagel (ed.), Policy Theory and Policy Evauation: Concept, Knowlege, Causes, and Norms, New

York: Greenwood Press, 11-27.

Castells, Manuel. 1996, The Rise of Network Society, Oxford: Blackwell.

Churchman, C. West. 1968, Challenge to Reason, New York: McGraw Hill.

Coleman, William D. and Grace Skogstad. 1990, "Policy Communities and Policy Networks: A Structural Approach", In William D. Coleman, and Grace Skogstad (eds.), Policy Communities And Public Policy in Canada, Toronto: Copp Clack Pitman.

Danziger, M. 1995. "Policy Analysis Postmodernized: Some Political and Pedagogical Ramifications", *Policy Studies Journal*, 23(3): 435-450.

DeLeon, P. 1981, "Policy Sciences: The Discipline and the Profession", *Policy Sciences*, 1(13): 1-7.

______. 1988, "Advice and Consent: The Development of the Policy Sciences", N.Y.: Russell Sage Foundation, 23(3): 435-450.

______. 1990, "Participatory Policy Analysis: Prescriptions and Precautions", *Asian Journal of Public Administration*, 12: 29-54.

______.. 1994, "Reinventing the Policy Sciences: three steps back to the Future", *Policy Sciences*, 27: 77-95.

______. 1997, Democracy and The Policy Sciences, Albany, N.Y.: State University of New York Press.

______. 1998, "Models of Policy Discourse: Insights vs. Predition", *Policy Studies Journal*, 26(1)(Spring).

______. 1999, "The Stages Approach to the Policy Process: What Has It Done? What Is It Going?", In Sabatier, Paul A. (ed.), Theories of the Policy Process, Boulder, Colorado: Westview Press.

DeLeon, P. and Martell, C. R. 2006, "The Policy Sciences: Past, Present, and Future", In G. Peters & J. Pierre (ed.), Handbook of Pubic Policy, SAGE Publicactions: London.

Dewey, J. 1916, Essays in Experimental Logic, Chicago: University of Chicago Press.

______. 1920, Reconstruction in Philosophy, N.Y.: Holt.

______. 1922, Human Nature and Conduct: An Introduction to Social Psychology, N.Y.: Holt.

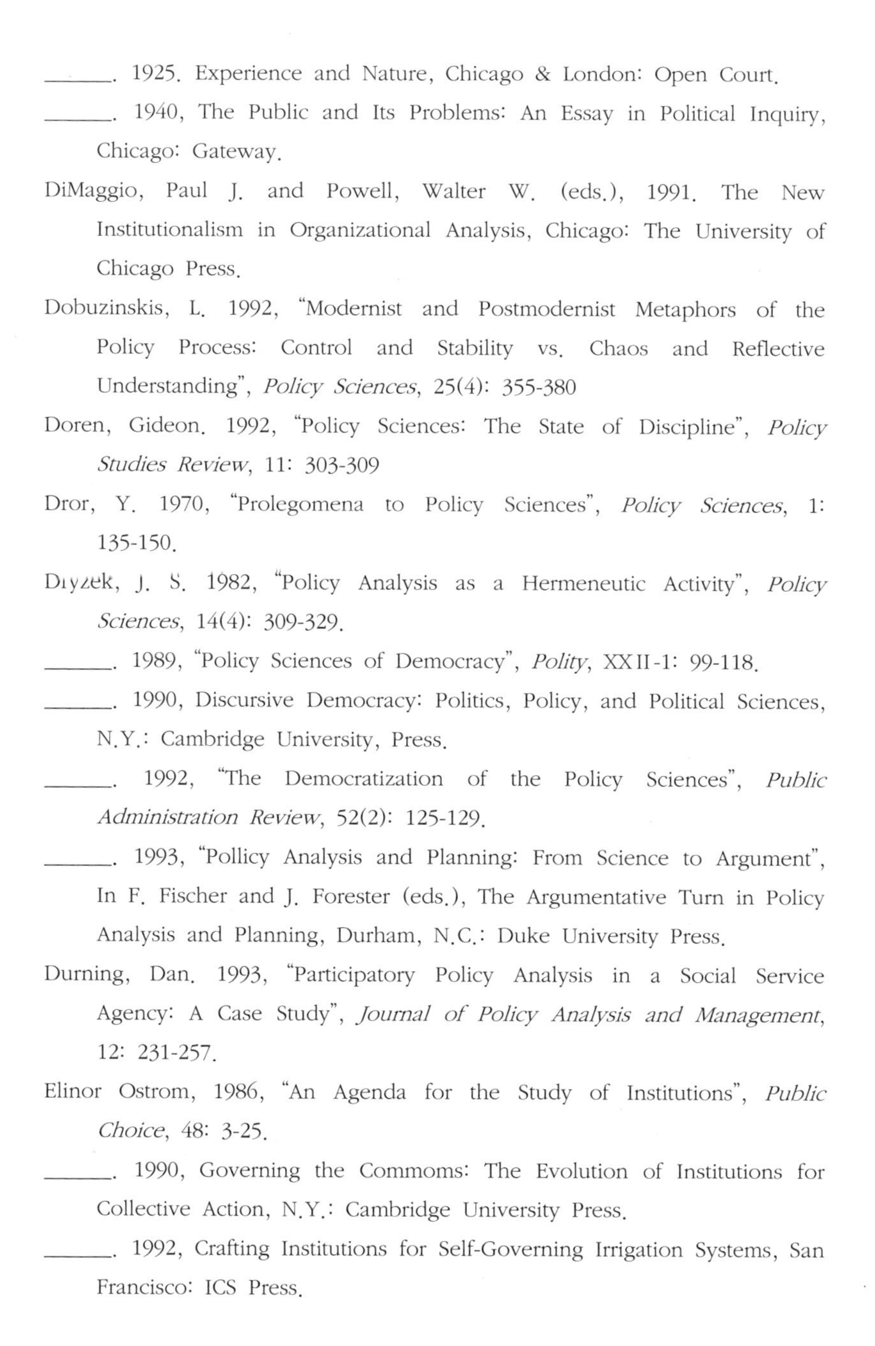

______. 1925. Experience and Nature, Chicago & London: Open Court.

______. 1940, The Public and Its Problems: An Essay in Political Inquiry, Chicago: Gateway.

DiMaggio, Paul J. and Powell, Walter W. (eds.), 1991. The New Institutionalism in Organizational Analysis, Chicago: The University of Chicago Press.

Dobuzinskis, L. 1992, "Modernist and Postmodernist Metaphors of the Policy Process: Control and Stability vs. Chaos and Reflective Understanding", *Policy Sciences*, 25(4): 355-380

Doren, Gideon. 1992, "Policy Sciences: The State of Discipline", *Policy Studies Review*, 11: 303-309

Dror, Y. 1970, "Prolegomena to Policy Sciences", *Policy Sciences*, 1: 135-150.

Dryzek, J. S. 1982, "Policy Analysis as a Hermeneutic Activity", *Policy Sciences*, 14(4): 309-329.

______. 1989, "Policy Sciences of Democracy", *Polity*, XXII-1: 99-118.

______. 1990, Discursive Democracy: Politics, Policy, and Political Sciences, N.Y.: Cambridge University, Press.

______. 1992, "The Democratization of the Policy Sciences", *Public Administration Review*, 52(2): 125-129.

______. 1993, "Pollicy Analysis and Planning: From Science to Argument", In F. Fischer and J. Forester (eds.), The Argumentative Turn in Policy Analysis and Planning, Durham, N.C.: Duke University Press.

Durning, Dan. 1993, "Participatory Policy Analysis in a Social Service Agency: A Case Study", *Journal of Policy Analysis and Management*, 12: 231-257.

Elinor Ostrom, 1986, "An Agenda for the Study of Institutions", *Public Choice*, 48: 3-25.

______. 1990, Governing the Commoms: The Evolution of Institutions for Collective Action, N.Y.: Cambridge University Press.

______. 1992, Crafting Institutions for Self-Governing Irrigation Systems, San Francisco: ICS Press.

Feenstra, R. C. and Hanson, Gordon. 1996, "Globalization, Outsourcing, and Wage Inequality", *American Economic Review*, 86(2).

Fischer, F. 1980, Politics, Values, and Public Policy: the Problem of Methodology, *Boulder*, colorado: Westview Press.

______. 1993, "Policy Discourse and the Politics of Washington Think Tanks", In F. Fischer and J. Forester (eds.), The Argumentative Turn in Policy Analysis and Planning, Durham, N.C.: Duke University Press.

______. 1995, Evaluating Public Policy, Chicago: Nelson-Itall.

______. 1998. "Beyond Empiricism: Policy Inquiry in Postpositivist Perspective", *Policy Studies Journal*, 26(1): 129-146.

Fisher, F. & Forester, J. (eds.), 1993, The Argumentative Turn in Policy Analysis and Planning, Durham, N.C.: Duke University Press.

Forester, J. 1993, Critical theory, Public Policy and Planning Practice: Toward a Critical Pragmatism, Albany, N.Y.: SUNY Press.

Gourevitch, P. 1978, "Second Image Reversed", *International Organization*, 32(Autumn).

Habermas, J. 1971, Knowledge and Human Interests, Translated by J. Shapiro, Boston M.A.: Beacon Press.

______. 1979, Communication and the Evolution of Society, Translated by J. Shapiro, Boston M.A.: Beacon Press.

______. 1987, The Philosophical Discourse of Modernity, Translated by F. Lawrence, Cambridge: MIT Press.

Haggard, S. 1988, "The Institutional Foundations of Hegemony: Explaining the Reciprocal Trade Agreements Act of 1934", In G. John Ikenberry, David A. Lake, and Michael Mastanduno (eds.), The State and American Foreign Economic Policy, Ithaca: Cornell University Press.

Hajer, Maarten A. and Hendrik Wagenarr (eds.), 2003, Deliberative Policy Analysis: Understanding Governance in the Network Society, Cambridge, N.Y.: Cambridge University Press.

Hall, P. A. 1986, Governing the Economy: The Politics of State Intervention in Britain and France, N.Y.: Oxford University Press.

Helco, Hugh. 1978, "Issue Networks and the Executive Establishment", In The American Political System, Anthony King (ed.), Washington: American Enterprise Institute.

Ikenberry, G. J., D. A. Lake, and Mastanduno, M. 1988, "Introduction: Approaches to Explaining American Foreign Economic Policy", In G. John Ikenberry, David A,. Lake, and Michael Mastanduno (eds.), The State and American Foreign Economic Policy, Ithaca: cornell University Press.

______. 1988, "Conclusion: An Institutional Approach to American Foreign Economec Policy", In G. John Ikenberry, David A,. Lake, and Michael Mastanduno (eds.), The State and American Foreign Economic Policy, Ithaca: cornell University Press.

Immergut, E. M. 1998, "The Theoretical Core of the New Institutionalism", *Politics & Society*, 26(1): 5-34.

Jantsch, Erich. 1970, "From Forecasting and Planning to Policy Sciences", *Policy Sciences*, 1(1): 31-47.

Jenkins-Smith, Hank C. and Paul A. Sabatier. 1993, "The Study of Policy Process", In Paul A. Sabatier and Hank C. Jenkins-Smith (eds.), Policy Change and Learning, Boulder, CO: Westview Press, Chap. 1.

Kaplan, A. 1963, American Ethics and Public Policy, N.Y.: Oxford University Press.

Kelly, Rita Mae. 1986, "Trends in the Logic of Policy Inquiry: A Comparison of Approaches and A Commentary", *Policy Studies Review*, 5(3): 520-529.

Kiser, L. and E. Ostrom. 1982, "The Three World of Action: A Metatheoretical Synthesis of Institutional Approaches", In Elinor Ostrom (ed.), Strategies of Political Inquiry, London: Sage Publication, 179-222.

Kooiman. Jan. 2003, "Modes of Governance", In Kooiman, Governing as Governance, London: Sage.

Krasner, S. 1983, "Regimes and the Limits of Realism: Regimes as Autonomous Variables", In Krasner (ed.), International Regimes,

Ithaca: Cornell University.

Lasswell, H. D. 1943a, "Memorandom: Personal Policy Objectives (October 1)", *Archived at Sterling Library*, Yale University, New Haven, CT.

______. 1943b, "Proposal: The Institute of Policy Sciences (October 1)", *Archived at Sterling Library*, Yale University, New Haven, CT.

______. 1949, Power and Personality, N.Y.: Norton.

______. 1951, "The Policy Orientation", H.D. Lasswell and D. Lerner (eds.), Policy Sciences, Stanford, California: Stanford University, Press, 3-15.

______. 1955, "Current Studies of the Decision Process: Automation versus Creativity", *The Western Political Quarterly*, 8: 381-399.

______. 1965a, World Politics and Personal Insecurity, New York: The Free Press.

______. 1965b, "The World Revolution of Our Time: a Framework for Basic Policy Research", H.D. Lasswell and D. Lerner (eds.), World Revolutionary Elites: Studies in Coercive Ideological Movements, Cambridge, M.A.: The MIT Press, 29-96.

______. 1970, "The Emerging Conception of the Policy Sciences", *Policy Sciences*, 1: 3-14

______. 1971, A Pre-View of Policy Sciences, N.Y.: Elsevier.

______. & Myres S. McDougal. 1992, "Jurisprudence of a Free Society", Studies in Law, *Science and Policy*, 2, New Haven, C.T.: New Haven Press.

Lawlor, Edward F. 1996, "Book Review", *Journal of Policy Analysis and Management*, 15(1)(Winter).

Lerner, Daniel. 1975, "From Social Science to Policy Science: An Introductory Note", Stuart S. Nagel (ed.), Policy Studies, Lexington, Mass: Lexington Books.

Longino, H. E. 1993, "Economics for whom?", In M. Ferber & J. Nelson (eds.), Beyond Economic Man, Chicago, Ill & London: University of Chicago Press, 158-168.

Lynn, Laurence E., Jr. 1999, "A Place at the Table: Policy Analysis, Its

Postpositive Critics, and the Future of Practice", *Journal of Policy Analysis and Management*, 16(3)(Summer).

Marsh, D. and Smith, M. 2000, "Understanding Policy Network: Towards a Dialectical Approach", *Political Studies*, 44: 4-21.

Marshall, J. and Peters, M. 1985, "Evaluation and Education: the Ideal Learning Community", *Policy Sciences*, 18: 263-288.

Meyer, J. W. and B. Rowan. 1977, "Institutionalized Organizations: Formal Structure as Myth and Ceremony", *American Journal of Sociology*, 83: 340-363.

______. 1978, "The Structure of Educational Organizations", In John W. Meyer and W. Richard Scott (ed.), Organizational Environments: Ritual and Rationality, 71-97, Beverly Hills, CA: Sage.

Newman. Janet. 2001, Modernising Governance: New Labour, Policy and Society, London: Sage.

North, Douglass C. 1994, "Economic Performance Through Time", *American Economic Review*, 84(3): 359-368.

Painter, M. and Pierre, J. (eds.), 2005, Challenges to State Policy Capacity, N.Y.: Palgrave Macmillan.

Paris, David C. and James F. Reynolds. 1983, The Logic of Policy Inquiry, N.Y.: Longman.

Peter A. Hall. 1996, "Political Science and the Three New Institutionalisms", *Political Studies*, XLIV: 936-957.

Peters G. 1995, The Future of Governing, University Press of Kansas.

Peters G. & Pierre J. 2005, "Toward a Theory of Governance", In Peters G. & Pierre J. Governing Complex Societies: Toward Theory of Governance: New Government-Society Interactions, Palgrave: Macmillan.

Pierre, Jon. 2000, "Introduction: Understanding Governance", In Jon pierre (ed.), Debating Governance, Oxford: Oxford University Press.

Prigogine, I & Stengers, I. 1984, Order out of Chaos: Man's New Dialogue with Nature, New York: Bantam Books.

Putnam, R. 1992, Making Democracy Work, Princeton: Princeton University

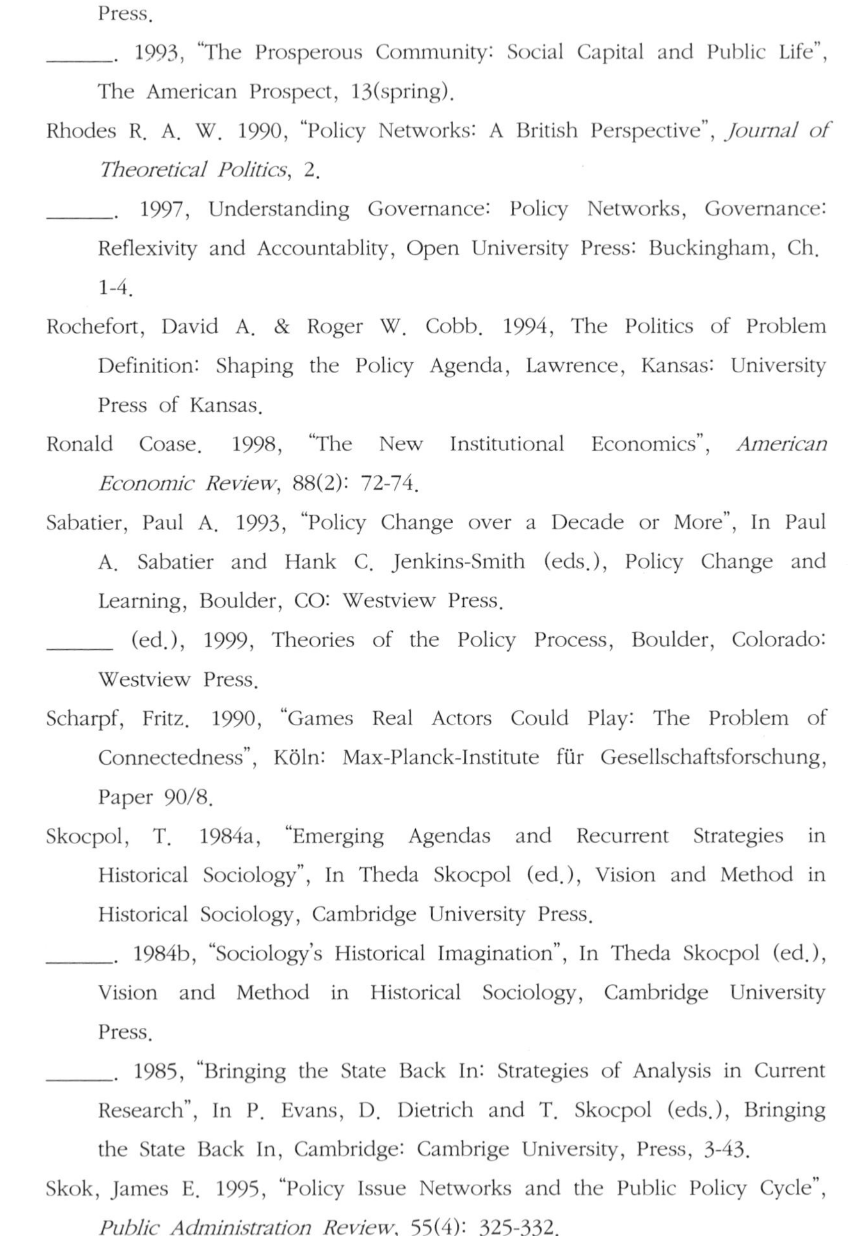

Press.

______. 1993, "The Prosperous Community: Social Capital and Public Life", The American Prospect, 13(spring).

Rhodes R. A. W. 1990, "Policy Networks: A British Perspective", *Journal of Theoretical Politics*, 2.

______. 1997, Understanding Governance: Policy Networks, Governance: Reflexivity and Accountablity, Open University Press: Buckingham, Ch. 1-4.

Rochefort, David A. & Roger W. Cobb. 1994, The Politics of Problem Definition: Shaping the Policy Agenda, Lawrence, Kansas: University Press of Kansas.

Ronald Coase. 1998, "The New Institutional Economics", *American Economic Review*, 88(2): 72-74.

Sabatier, Paul A. 1993, "Policy Change over a Decade or More", In Paul A. Sabatier and Hank C. Jenkins-Smith (eds.), Policy Change and Learning, Boulder, CO: Westview Press.

______ (ed.), 1999, Theories of the Policy Process, Boulder, Colorado: Westview Press.

Scharpf, Fritz. 1990, "Games Real Actors Could Play: The Problem of Connectedness", Köln: Max-Planck-Institute für Gesellschaftsforschung, Paper 90/8.

Skocpol, T. 1984a, "Emerging Agendas and Recurrent Strategies in Historical Sociology", In Theda Skocpol (ed.), Vision and Method in Historical Sociology, Cambridge University Press.

______. 1984b, "Sociology's Historical Imagination", In Theda Skocpol (ed.), Vision and Method in Historical Sociology, Cambridge University Press.

______. 1985, "Bringing the State Back In: Strategies of Analysis in Current Research", In P. Evans, D. Dietrich and T. Skocpol (eds.), Bringing the State Back In, Cambridge: Cambrige University, Press, 3-43.

Skok, James E. 1995, "Policy Issue Networks and the Public Policy Cycle", *Public Administration Review*, 55(4): 325-332.

Stephen Krasner. 1984, "Approaches to the State: Alternative conceptions and Historical Dynamics", *Comparative Politics*, 16(2): 223-246.

Stone, Deborah. 1997, Policy Paradox: The Art of Political Decision Making, N.Y.: W. W. Norton & Co.

Taylor, Paul W. 1961, Normative Discourse, Englewood Cliffs, N.J.: Prentice-Hall.

Throgmorton, J. A. 1996, "The Rhetorics of Policy Analysis", *Policy Sciences*, 24(2): 153-179.

Torgerson, D. 1985, "Contextual Orientation in Policy Analysis: The Contribution of Harold D. Lasswell", *Policy Sciences*, 18: 241-261.

______. 1992, "Priest and Jester in Policy Sciences: Developing the Focus of Inquiry", *Policy Sciences*, 25: 225-235.

______. 2003, "Democracy through Policy Discourse", In Maarten A. Hajer and Hendrik Wagenaar (eds.), Deliberative Policy Analysis: Understanding Governance in the Network Society, Cambridge: University Press.

Toulmin, Stephen. 1958, The Uses of Argument, Cambridge: Cambridge University Press.

______, R. Rieke, and A. Janik. 1979, An Introduction to Reasoning, N.Y.: Macmillan.

Williamson, O. 1975, Market and Hierarchies: Analysis and Antitrust Implications, New York, The Free Press.

______. 1985, The Economic Institution of Capitalism, New York, The Free Press.

인명색인

사항색인

ㅊ

ㅌ

ㅍ

ㅎ

저자약력

한국외국어대 행정학과 졸업(행정학 학사)
서울대 행정대학원 졸업(행정학 석사)
미국 하버드대 졸업(정책학 석사, 정책학 박사)
제26회 행정고시 합격
상공부 미주통상과 근무
세계 NGO 서울대회 기획위원
미국 시라큐스 맥스웰 대학원 초빙교수
중앙공무원교육원 정책학교수
행정자치부 정책평가위원
행정고시 및 외무고시 출제위원
한국연구재단 전문위원(Review Board-PM)
한국정책학회 편집위원장 역임
현재 성균관대학교 행정학과 및 국정관리대학원 교수
국무총리 정부업무평가위원
차기 한국정책학회장 선임(2015)

수 상

국무총리상 수상(제26회 행정고시 연수원 수석)
미국정책학회(APPAM) 박사학위 최우수논문 선정
한국행정학회 학술상 수상
미국 국무성 풀브라이트 학자(Fulbright Scholarship) 선정
대한민국 학술원 우수학술도서 선정(정보체계론)
대한민국 학술원 우수학술도서 선정(정책학의 논리)
문화체육관광부 우수학술도서 선정(정책학)

주요 저서

《정책학》 《행정학》 《정책분석론》 《정책학의 논리》
《행정학 콘서트》 《정의로운 국가란 무엇인가》
《미래예측학: 미래예측과 정책연구》 《전자정부론: 전자정부와 국정관리》
《정보체계론: 정보사회와 국가혁신》 《정보사회의 논리》
《전자정부와 행정개혁》 《과학기술과 정책분석》 《정보정책론》
《창조적 지식국가론》 《시민이 열어가는 지식정보사회》
《정보의 신화, 개혁의 논리》 《디지털 관료 키우기》
《정의로운 공공기관 혁신: 전략과 해법은 무엇인가》 등

제 2 판
정책학의 논리

추판발행 2007년 4월 25일
중판발행 2008년 10월 15일
제 2 판인쇄 2014년 7월 25일
제 2 판발행 2014년 8월 1일

지은이 권기헌
펴낸이 안종만

편 집 김선민 · 김효선
기획/마케팅 강상희
표지디자인 최은정
제 작 우인도 · 고철민

펴낸곳 (주) 박영사
서울특별시 종로구 평동 13-31번지
등록 1959. 3. 11. 제300-1959-1호(倫)
전 화 02)733-6771
f a x 02)736-4818
e-mail pys@pybook.co.kr
homepage www.pybook.co.kr
ISBN 979-11-303-0099-3 93350

정 가 20,000원